COMO MUDAR

*Katy Milkman*

# Como mudar
## As novas pesquisas para superar desafios e transformar nosso comportamento

PREFÁCIO
Angela Duckworth

TRADUÇÃO
Fernanda Abreu

Copyright © 2021 by Katherine L. Milkman
Copyright do prefácio © 2021 by Angela Duckworth
Publicado mediante acordo com Portfolio, um selo do Penguin Publishing Group, uma divisão da Penguin Random House LLC.

Grafia atualizada segundo o Acordo Ortográfico da Língua Portuguesa de 1990, que entrou em vigor no Brasil em 2009.

*Título original*
How to Change: The Science of Getting from Where You Are to Where You Want to Be

*Capa*
Filipa Damião Pinto | Foresti Design

*Preparação*
Mariana Rimoli

*Índice remissivo*
Probo Poletti

*Revisão*
Jane Pessoa
Natália Mori Marques

Dados Internacionais de Catalogação na Publicação (CIP)
(Câmara Brasileira do Livro, SP, Brasil)

Milkman, Katy
    Como mudar : As novas pesquisas para superar desafios e transformar nosso comportamento / Katy Milkman ; tradução Fernanda Abreu ; prefácio Angela Duckworth. — 1ª ed. — Rio de Janeiro : Objetiva, 2022.

    Título original: How to Change : The Science of Getting from Where You Are to Where You Want to Be
    ISBN 978-85-470-0150-6

    1. Autoajuda 2. Autoconhecimento 3. Conduta de vida — Aspectos psicológicos 4. Mudança de hábitos 5. Psicologia comportamental I. Abreu, Fernanda. II. Duckworth, Angela III. Título.

22-99181                            CDD-158.1

Índice para catálogo sistemático:
1. Mudança de hábitos : Conduta de vida : Psicologia aplicada     158.1

Aline Graziele Benitez — Bibliotecária — CRB-1/3129

[2022]
Todos os direitos desta edição reservados à
EDITORA SCHWARCZ S.A.
Praça Floriano, 19, sala 3001 — Cinelândia
20031-050 — Rio de Janeiro — RJ
Telefone: (21) 3993-7510
www.companhiadasletras.com.br
www.blogdacompanhia.com.br
facebook.com/editoraobjetiva
instagram.com/editora_objetiva
twitter.com/edobjetiva

*Este livro é dedicado às duas famílias que tornaram
possível a minha carreira científica:
Em primeiro lugar, ao meu marido, Cullen,
ao meu filho, Cormac; e aos meus pais, Bev e Ray
Em segundo lugar, à minha família acadêmica: meu mentor, Max; meus colegas
orientandos e colaboradores de Max, John, Todd, Dolly e Modupe; minha atual
parceira no crime, Angela; e meus mentorandos, Hengchen, Edward, Erika e Aneesh*

# Sumário

*Prefácio*......................................................................................................... 9
*Introdução* .................................................................................................. 13

### COMO LIDAR COM OS OBSTÁCULOS QUE IMPEDEM A MUDANÇA

1. Como começar................................................................................... 23
2. Impulsividade ..................................................................................... 44
3. Procrastinação.................................................................................... 64
4. Esquecimento..................................................................................... 86
5. Preguiça ............................................................................................. 109
6. Autoconfiança ................................................................................... 131
7. Conformidade ................................................................................... 153

### FECHAMENTO

8. Mudar para valer ............................................................................... 175

*Agradecimentos* ........................................................................................ 181
*Notas* ......................................................................................................... 185
*Índice remissivo*........................................................................................ 203

# Prefácio

Antes de conhecer Katy pessoalmente, ouvia de colegas que a conheciam bem:
"A pessoa mais inteligente que você já viu."
"Loucamente produtiva. Vai fazer você se sentir uma lesma."
"Uma máquina. Sério, o que eu faço em uma semana ela faz num dia."
Que tipo de criatura sobre-humana é Katy Milkman?
Como agora faço parte de seus estarrecidos colegas, posso dizer que, sob muitos aspectos, Katy é *mesmo* a pessoa mais inteligente que eu já vi, de longe a mais produtiva, e que, sim, em comparação com o que ela consegue realizar, sinto como se estivesse me movimentando em câmera lenta.
Mas Katy na verdade não é sobre-humana. Ela é, isso sim, o que você e eu desejamos ser, e o que este livro mostra que todos nós podemos ser: uma *super*-humana.
O que quero dizer com isso é que Katy Milkman é uma mestre da natureza humana. Ela entendeu como alinhar suas ações com seus objetivos e sonhos. Sua primeira tentativa, seja do que for, pode não ser perfeita, mas literalmente tudo que tem importância para Katy ela aprende rapidamente a fazer cada vez melhor, cada vez mais depressa, e de forma cada vez mais eficiente. E como uma cientista comportamental mundialmente reconhecida, que dedicou toda a sua carreira a esses temas, ela entende o quanto pode ser difícil ser humano, e como todos nós podemos fazer isso melhor, num nível mais profundo.

Embora não estivesse óbvio no início da nossa amizade, hoje vejo que Katy precisa lidar com os mesmos aspectos falíveis que todos nós compartilhamos. Ela quer comer cookie e batata frita em vez de maçã e espinafre. Prefere procrastinar a voltar ao trabalho. É capaz de sentir raiva e impaciência.

Engenheira de formação e temperamento, Katy aborda cada um desses desafios como um problema a ser solucionado. É esse mindset, na minha opinião, que faz de Katy uma *super*-humana.

Em outras palavras, o que Katy aprendeu é que o segredo para uma vida melhor não é erradicar os impulsos que nos tornam humanos, mas sim compreendê-los, ser mais astutos do que eles, e sempre que possível fazê-los trabalhar a nosso favor e não contra nós.

Para mim, as lições que Katy tem a compartilhar causaram uma melhora gigantesca na minha vida. Eu dou meus 10 mil passos com mais frequência. Escrevo e-mails com mais rapidez. De mil maneiras, ela me ajudou a encontrar jeitos de tornar minha vida melhor e mais fácil.

Muitas das lições que ela compartilha neste livro nasceram do trabalho que fazemos juntas na Behavior Change for Good Initiative [Mudança de Comportamento para uma Boa Iniciativa], um projeto ambicioso que temos comandado nos últimos cinco anos e investiga o que é necessário para mudar hábitos. Estudamos novas maneiras de aumentar a frequência diária na academia, as doações para instituições de caridade, a taxa de vacinação e o desempenho escolar, e desenvolvemos novos métodos para promover a ciência da mudança comportamental. Só que, como duas pessoas jamais poderiam assumir sozinhas uma questão desafiadora como essa, Katy e eu reunimos um time com mais de cem intelectuais importantes do mundo inteiro, cada qual formado numa tradição diferente, incluindo economia, medicina, direito, psicologia, sociologia, neurociência e ciências da computação. Neste livro você vai aprender não só sobre o trabalho de Katy e o trabalho que fazemos juntas, mas também sobre o trabalho de muitos colaboradores notáveis.

Todo livro consiste numa conversa com seu autor. Sendo assim, é preciso ter critério com os livros que se lê. Como seu tempo é limitado, você quer um parceiro de conversa capaz de lhe ensinar algo que você não sabia. E quer *gostar* da pessoa com quem está dialogando. Quer que o tempo que vocês passem juntos seja agradável. Quer saber se a pessoa de fato deseja o que é melhor para você.

E é por esse motivo que você deveria continuar a ler este livro até o final. Você sem dúvida deve ser como a maioria das pessoas que eu conheço, e deve estar tentando mudar um ou outro hábito para melhor. Muito provavelmente já tentou mudá-lo antes, repetidas vezes. Ficou pensando: *Por que será que é tão difícil ir de onde estou para onde quero estar?*

Nestas páginas, Katy vai lhe ensinar coisas que você não sabia. Você vai aprender como é importante saber o momento certo de dar o pontapé inicial num novo hábito. Vai aprender que o esquecimento é o assassino silencioso até mesmo das nossas decisões mais empenhadas. Vai aprender que fazer coisas difíceis parecerem divertidas é uma estratégia muito melhor do que fazer coisas difíceis parecerem importantes.

E, acima de tudo, ao longo de toda a conversa você vai ouvir Katy perguntando, com simpatia, bom humor e uma saudável consciência das próprias limitações, além de uma exímia compreensão da motivação e do comportamento humanos: "Qual é o seu problema?".

Vai sentir que ela de fato se importa em ajudar você a mudar. Vai sentir que ela é sua amiga, essa renomada cientista comportamental que está caminhando ao seu lado, ajudando você a se entender melhor e a se tornar um *super*-humano, como ela.

Você vai experimentar algumas das ideias que ela sugere. Vai se perguntar por que não tinha pensado nelas antes de Katy as sugerir. E vai aprender a encarar a vida de uma forma que criará estratégias nas quais nem Katy pensou ainda.

Um dia, pessoas que você acabou de conhecer poderão se perguntar por que você é de alguma forma imune aos impulsos e conflitos que afligem as pessoas normais. Talvez elas elogiem sua louca produtividade. Talvez lhe peçam conselhos sobre como conseguir fazer mais coisas num dia só.

E pode ser que você decida apresentar essas pessoas à sua amiga Katy. "Leia isto aqui", você dirá com um sorriso cúmplice. "Todos nós lutamos para alinhar aquilo que fazemos com aquilo que queremos. Eu também lutava. Aí aprendi a ver qualquer impasse na minha vida como um problema específico a ser solucionado."

Você vai lhes garantir que o segredo para uma vida melhor não é ser sobre-humano, desprovido de desejos, idiossincrasias e vulnerabilidades, mas sim ser um solucionador de problemas equipado com os últimos conhecimentos científicos.

Acredito de fato que este livro pode ser um novo começo para você. Fico muito feliz que esteja pronto para começar.

Angela Duckworth

# Introdução

Era início de 1994, e a carreira de tenista de Andre Agassi estava saindo perigosamente dos trilhos. Agassi havia passado a vida inteira ouvindo que entraria para a história como um dos maiores nomes do seu esporte. Ao se profissionalizar, em 1986,[1] com dezesseis anos, os especialistas o louvavam por seu talento natural, impressionados com sua capacidade extraordinária de controlar os pontos e com seu dom para acertar jogadas defensivas aparentemente impossíveis. Oito anos depois,[2] no entanto, não fora um histórico irrepreensível nas quadras que fizera sua fama como jogador, mas sim seu estilo. Num esporte conhecido pela discrição, Agassi competia de jeans rasgados e camisetas *tie-dye*. Usava os cabelos compridos e um brinco na orelha. Falava mais palavrões em quadra do que um estivador. Chegou a participar de uma vistosa campanha publicitária[3] da Canon cujo slogan provocador era "Imagem é tudo".

No quesito tênis, porém, Agassi estava ficando ridiculamente aquém do esperado. Com demasiada frequência, perdia na fase inicial dos torneios para jogadores bem menos habilidosos: uma eliminação na primeira rodada[4] numa competição menor na Alemanha, uma derrota na terceira rodada[5] num Grand Slam. Sua posição no ranking não parava de cair,[6] de sétimo do mundo para 22º, depois para 31º. Seu técnico de uma década[7] acabara de abandoná-lo sem a menor cerimônia; Agassi soube da notícia lendo o *USA Today*.[8] Tinha começado a dizer por aí que odiava tênis.

Agassi precisava mudar.

E foi por isso que certa noite ele se pegou jantando num de seus restaurantes preferidos de Miami,[9] o Porto Cervo, diante de Brad Gilbert, outro tenista profissional. A abordagem que Gilbert tinha do tênis era oposta à de Agassi: meticulosa, metódica e deselegante. Gilbert não tinha o dom evidente de Agassi para o jogo; apesar disso, então com 32 anos,[10] ele vinha sendo classificado entre os vinte melhores tenistas do mundo havia anos, chegando inclusive à quarta posição[11] em 1990, para grande surpresa dos fãs do esporte. Poucos meses antes do jantar com Agassi, Gilbert havia descrito em detalhes[12] sua abordagem incomum do tênis num best-seller intitulado *Jogue para vencer*.

O livro fora o pretexto do jantar. Depois de lê-lo,[13] o empresário de Agassi havia incentivado seu cliente em crise a conversar com Gilbert. Agassi precisava de um novo coach, e seu empresário intuiu que Gilbert, com idade suficiente para pensar em se aposentar do circuito profissional, talvez pudesse ser a pessoa capaz de promover uma reviravolta na carreira de Agassi. O tenista havia aceitado o encontro, mas, como contaria mais tarde na brilhante autobiografia publicada em 2009, estava cético. Gilbert era conhecido por suas peculiaridades tanto dentro quanto fora das quadras, e no decorrer do jantar só fez contribuir para a hesitação de Agassi. Em primeiro lugar, Gilbert recusou uma mesa do lado de fora com vista para o mar (alegando uma fobia de mosquitos). Depois, ao descobrir que sua cerveja preferida não constava do cardápio, correu até um mercadinho próximo para comprar um engradado e insistiu para as cervejas serem postas para gelar no freezer do restaurante.

Foi preciso algum tempo para o grupo se acomodar, mas quando isso finalmente aconteceu o empresário de Agassi começou com uma pergunta para Gilbert.[14] O que ele achava do jeito de seu cliente jogar? Gilbert sorveu um grande gole da sua cerveja e engoliu devagar. Ele não mediu as palavras. Se tivesse as habilidades e o talento de Agassi, respondeu, estaria dominando o circuito profissional. Na opinião dele, Agassi estava desperdiçando seus dons. "Você tenta ganhar em todas as bolas", falou. Isso é uma falha grave. Ninguém consegue ganhar em todas as bolas, assinalou Gilbert, e tentar fazer isso é extenuante. Por ter enfrentado (e derrotado) Agassi muitas vezes, Gilbert havia testemunhado em primeira mão aquele padrão de comportamento.

Agassi pôde ver a sensatez daquela afirmação. Sempre tinha sido perfeccionista, mas até ouvir os comentários de Gilbert considerava esse traço uma força, não uma fraqueza. Quando era menino, aprendera a atacar para matar com o pai,[15] um boxeador olímpico que vivia à caça do nocaute, o soco capaz de derrotar o adversário. Durante os treinos na quadra caseira no quintal, o atleta olímpico repetia os conselhos de seu antigo treinador de boxe. "Bata com *mais força*!",[16] gritava ele para o filho de cinco anos. "Bata antes!" Durante muito tempo, Agassi havia considerado sua capacidade excepcional de acertar golpes matadores uma vantagem. Gilbert estava dizendo que aquele era o seu calcanhar de aquiles.

Para vencer, continuou Gilbert, Agassi precisava mudar de foco. "Pare de pensar em si mesmo",[17] repreendeu ele, "e lembre que o cara do outro lado da rede tem fraquezas." O que permitia a Gilbert derrotar jogadores muito melhores do que ele era a sua incrível capacidade[18] de avaliar os adversários. Ele não tentava um golpe matador para ganhar cada ponto, mas encontrava uma estratégia para aliviar esse fardo. "Em vez de ter sucesso, faça o adversário fracassar", disse Gilbert. "Melhor ainda, *deixe* que ele fracasse."

Como passava o tempo inteiro em busca da bola perfeita, explicou Gilbert, Agassi estava "diminuindo suas chances" e "assumindo riscos demais".

A mensagem de Gilbert era simples: a abordagem do tênis focada em si mesmo sobre a qual Agassi tinha construído sua carreira não era a melhor, não se ele quisesse vencer. Havia um jeito mais adequado, e este exigia avaliar a concorrência e adaptar seu jogo para tirar proveito das fraquezas dos adversários. Esse estilo de tênis podia ser menos fascinante do que o que Agassi estava acostumado a jogar, mas seria mais eficiente.

Quinze minutos depois de iniciada a conversa, Gilbert se levantou para ir ao banheiro. Agassi na mesma hora se virou para seu empresário. "Esse é o nosso cara",[19] falou.

Alguns meses mais tarde,[20] Agassi entrou no US Open sem ser cabeça de chave; ninguém esperava sequer que ele ficasse entre os dezesseis melhores. Sob a orientação de Gilbert, porém, seu estilo havia mudado. Logo no início do torneio, ele enfrentou um antigo rival — Michael Chang, o sexto cabeça de chave da competição — e não se deixou abalar num jogo nervoso, que conseguiu vencer por uma margem ínfima. Enfrentou o nono cabeça de chave com facilidade após reconhecer um dos "sinais" do adversário — a tendência a olhar para o ponto no qual pretendia acertar seus saques — e explorá-lo.

E de repente Agassi chegou à final. Em jogo estava um prêmio em dinheiro de 550 mil dólares,[21] mas bem maior em matéria de orgulho. Aquela era a chance de Agassi provar seu valor, de mostrar a todo mundo que, afinal, era capaz de fazer jus à sua fama.

Seu adversário foi Michael Stich,[22] campeão alemão e quarto cabeça de chave do torneio. Agassi começou com força, e ganhou vários pontos com bolas limpas e precisas. Levou o primeiro set com folga, em seguida arrancou o segundo no tie-break. Mas Stich não estava pronto para se entregar. No terceiro set, aguentou longas trocas de bola com Agassi e o fez suar por cada ponto; o set acabou empatado[23] em cinco games a cinco. O caminho mais direto rumo à vitória exigiria de Agassi quebrar o saque de Stich, ou seja, ganhar do alemão quando ele estivesse com a vantagem de iniciar cada ponto.

A confiança de Agassi começou a fraquejar. Stich não estava desistindo: seguia dando saques potentes, um após o outro. Mas Agassi então viu o alemão apertar a lateral do corpo, o sinal revelador de uma cãibra, e identificou sua oportunidade. Ele quebrou o saque de Stich. Estava a quatro pontos de levar sua primeira vitória no US Open, a vitória mais doce possível para um antigo fenômeno em crise que nem sequer entrara nas previsões.

Antes de contratar Gilbert, Agassi era famoso por não segurar a pressão em partidas difíceis. Tentava bolas matadoras demais, corria riscos demais e estragava tudo quando devia aguentar firme. Mas dessa vez Agassi manteve o foco. Em vez de tentar jogadas decisivas, concentrou-se em manter a bola em quadra. Ele podia ouvir a voz de Gilbert na cabeça: "Mire no *forehand* dele. Quando estiver em dúvida: *forehand, forehand, forehand*".[24] E Agassi se concentrou nisso. Não parou de mandar bolas para o *forehand* de Stich, o golpe mais fraco do adversário. E então, no match point, Stich não acertou a bola.

Era o fim do torneio. Agassi caiu de joelhos, aos prantos. Tornara-se o primeiro jogador não cabeça de chave[25] a levar o troféu do US Open em 28 anos. Ele acabara de entrar para história.

Se você algum dia tentou fazer uma grande mudança na sua vida — trabalhar ou estudar mais, treinar para correr uma maratona, poupar para a aposentadoria —, sabe que existem muitos conselhos por aí sobre como ter sucesso. Na verdade, você já deve ter tentado aplicar alguns deles. Pode ser que tenha controlado seu número de passos com um contador eletrônico ou criado lembretes no calendário do celular para fazer exercícios de respiração no seu intervalo de almoço. Pode ser que tenha parado de tomar café à tarde e posto na poupança o dinheiro que teria gastado com esse hábito. Você sabe que seus objetivos precisam ser específicos e mensuráveis. Conhece o poder do pensamento positivo e do progresso lento. Sabe que ter um grupo de apoio ajuda.

Graças a um interesse crescente das pessoas pela ciência comportamental, nas duas últimas décadas houve uma explosão de pesquisas e informações novas — TED Talks, livros, workshops, aplicativos — sobre ferramentas práticas que podem ajudar você a mudar de comportamento e incentivar os outros a fazerem o mesmo.

Mas, como você já deve ter percebido, técnicas amplamente recomendadas nem sempre ajudam você ou os outros a mudar. Você esquece *mais uma vez* de tomar seu remédio, apesar de ter baixado aquele aplicativo que fixa objetivos. Adia aquele relatório trimestral para seu chefe, mesmo tendo criado lembretes diários para trabalhar nele. Seus funcionários não aproveitam programas educacionais ou benefícios de aposentadoria propostos pela empresa, ainda que sejam oferecidas recompensas.

Por que essas ferramentas e técnicas projetadas para incentivar mudanças fracassam com tanta frequência? Uma das respostas é: porque mudar é difícil. Mas uma resposta mais útil é que você não encontrou a estratégia certa. Da mesma forma que Andre Agassi passou anos sem atingir seu potencial porque jogava tênis com a abordagem errada, nós muitas vezes fracassamos porque aplicamos as táticas erradas em nossas tentativas de mudar. Como Agassi, ficamos buscando soluções que trarão uma vitória rápida por nocaute e temos tendência a ignorar a natureza específica do nosso adversário.

Para garantir a melhor chance de sucesso, porém, é fundamental avaliar o adversário e desenvolver uma estratégia criada sob medida para superar os desafios específicos que precisam ser enfrentados. O caminho mais seguro para o sucesso não é sempre igual. É preciso, isso sim, adaptar a abordagem para cada adversário.

No tênis, existe um guia genérico que funciona razoavelmente bem: saque com força; faça o adversário correr de um lado para outro da quadra; chegue perto da rede sempre que puder. Não é uma estratégia ruim. Mas se você for muito bom em tática, como Gilbert, vai tirar vantagem do fato de que adversários específicos têm fraquezas específicas. Talvez o jogador que você está enfrentando seja incapaz de lidar com uma bola baixa no lado do seu backhand. Você pode torturá-lo com essa bola repetidamente, e vencer vai ser muito mais fácil.

Com a mudança de comportamento é parecido. Você pode usar uma estratégia genérica que funciona bem na média. Criar objetivos difíceis e dividi-los em várias etapas. Visualizar o sucesso. Esforçar-se para criar hábitos pequenos, atômicos, centrais, seguindo os conselhos dos best-sellers de autoajuda. Mas vai chegar mais longe rapidamente se customizar sua estratégia: isolar as fraquezas que impedem o progresso e só então atacar.

Na graduação, e mais tarde no doutorado em engenharia, eu ficava profundamente incomodada com os problemas humanos irritantes que meus amigos e eu parecíamos incapazes de evitar. Por que eu achava tão difícil parar de assistir *Lost* e estudar para as provas? Por que não conseguia frequentar mais a academia? Por que minhas colegas de quarto sempre deixavam o trabalho para a última hora e comiam cereal de caixinha em todas as refeições? Como uma engenheira que passava a maior parte do tempo solucionando problemas mais técnicos, eu tinha certeza de que devia haver um jeito de superar essas dificuldades humanas.

Então, um belo dia, durante uma disciplina obrigatória de microeconomia da pós, fui apresentada à economia comportamental, uma área inteira dedicada a compreender, com rigor analítico e profundidade empírica, quando e por que as pessoas tomam decisões equivocadas. Senti particular atração pela ideia de dar um "empurrãozinho" nas pessoas em direção a escolhas melhores, que estava ganhando popularidade por volta da época em que iniciei meu doutorado. Os criadores do "movimento do empurrãozinho" (nudge),[26] os estudiosos Cass Sunstein e Richard Thaler, argumentavam que, como os seres humanos tomam decisões previsivelmente imperfeitas, administradores e criadores de políticas públicas podem e devem ajudá-los a evitar os erros mais comuns. A ideia era que, ao dar um empurrãozinho nas pessoas em direção a escolhas objetivamente melhores (por exemplo, posicionando os alimentos saudáveis no nível dos olhos no refeitório ou simplificando a papelada necessária para solicitar auxílio financeiro ao governo), era possível melhorar sua vida a um custo baixo ou nulo sem restringir sua liberdade.

De repente me dei conta de que talvez fosse possível desenvolver empurrõezinhos para lidar com problemas conhecidos, como maratonar alguma série ou faltar à academia. Então me juntei à turma do empurrãozinho e passei a explorar como poderia incentivar a mim mesma e as outras pessoas a fazer escolhas mais saudáveis e tomar decisões financeiras melhores. Em pouco tempo, passei a frequentar assiduamente a academia e maratonar séries virou coisa do passado.

Mas meu interesse pelo poder do empurrãozinho se tornou mais urgente alguns anos depois, quando, recém-nomeada professora assistente na Wharton School, fui confrontada com evidências robustas de que nossos pequenos fracassos cotidianos em nos exercitar ou nos alimentar de forma saudável não são falhas humanas banais, mas sim questões graves de vida ou morte. Durante uma apresentação acadêmica em tudo o mais maçante, deparei-me com um gráfico em formato de pizza que desde então ficou gravado na minha mente. O gráfico detalhava o motivo pelo qual a maioria dos norte-americanos morria precocemente. Na realidade, a principal causa não é a falta de cuidados com a saúde nem as circunstâncias sociais difíceis, a genética ruim ou as toxinas do meio ambiente. Estima-se, isso sim, que 40%[27] das mortes prematuras sejam resultado de comportamentos passíveis de mudança. Refiro-me a decisões cotidianas, aparentemente pequenas, relacionadas ao consumo de alimentos, de bebidas, à prática de exercícios, ao tabagismo, ao sexo e à segurança no trânsito. Essas decisões se somam para produzir centenas de milhares de cânceres fatais, ataques cardíacos e acidentes de carro por ano.

Fiquei sem chão. Endireitei um pouco as costas e pensei: "Talvez eu possa fazer alguma coisa em relação a esses 40%".

E o que chamou a minha atenção foi mais do que as questões de vida ou morte. Embora eu nunca tivesse visto um gráfico em formato de pizza que dissecasse de que modo nossas decisões cotidianas afetam nossa prosperidade e nossa felicidade, é óbvio que nossos erros também se acumulam nessas áreas da vida.

Ansiosa por fazer a diferença, mudei meu foco e passei a dedicar quase todas as horas do meu dia a examinar artigos científicos, tanto antigos quanto recentes, que explorassem a ciência da mudança comportamental. Conversei com dezenas de estudiosos de várias disciplinas sobre suas ideias mais bem-sucedidas, bem como sobre seus estudos que tinham fracassado. E trabalhei tanto com pequenas start-ups quanto com gigantes da indústria, como Walmart e Google, no desenvolvimento de ferramentas que pudessem dar um empurrãozinho em direção a decisões melhores. Enquanto tentava entender o que funcionava e o que não funcionava, comecei a enxergar um padrão recorrente. Quando os responsáveis pela formulação de políticas públicas, as empresas ou os cientistas aplicavam uma estratégia única para mudar o comportamento, os resultados eram irregulares. Mas quando começavam perguntando o que estava impedindo a evolução — por que seus funcionários não estavam poupando o suficiente ou se vacinando contra a gripe, por exemplo — para *depois* desenvolver estratégias específicas para mudar o comportamento, os resultados eram bem melhores.

Não pude evitar ver os paralelos com o modo como eu fora ensinada a pensar na faculdade de engenharia. Um engenheiro não é capaz de projetar uma estrutura de sucesso sem primeiro levar em consideração as forças de oposição (a resistência do vento ou a gravidade, por exemplo). Assim, sempre tenta solucionar problemas identificando primeiro os obstáculos ao sucesso. Agora que estava estudando a mudança de comportamento, comecei a entender o poder e o potencial de aplicar essa mesma estratégia. É exatamente a mesma que deu uma reviravolta na carreira de Andre Agassi como tenista ao ajudá-lo a mudar seu foco para as fraquezas do adversário.

É claro que quando se trata de mudar o próprio comportamento, seu adversário não está na sua frente, do outro lado da quadra. Ele está dentro da sua cabeça. Talvez seja o esquecimento, ou a falta de autoconfiança, ou então a preguiça ou a tendência a sucumbir às tentações. Seja qual for o desafio, os melhores táticos avaliam seu adversário e adaptam seu comportamento conforme a necessidade.

A intenção deste livro é ajudar você a fazer exatamente isso. Ele pega a estratégia vencedora de Gilbert e a aplica à mudança de comportamento. Os capítulos a seguir mostram como você pode identificar seu adversário, compreender como ele tenta impedir seu progresso e aplicar técnicas comprovadas cientificamente e feitas sob medida para vencê-lo. Cada capítulo se concentra num obstáculo interno que o impede de alcançar o sucesso. Ao terminar a leitura, você saberá reconhecê-los e o que pode fazer para superá-los.

Tive a sorte de colaborar com dezenas[28] dos melhores economistas, psicólogos, cientistas da computação e médicos do mundo, e todos têm o mesmo objetivo que eu: entender como podemos modificar comportamentos para melhorar vidas. Nossa pesquisa coletiva[29] gerou entendimentos importantes que já ajudaram universidades a melhorar o desempenho dos alunos, consultórios médicos a diminuir as receitas desnecessárias de antibióticos,[30] ONGs a ampliar o trabalho voluntário[31] e patrões a aumentar a participação em programas de benefícios.[32] Também encontramos técnicas que podem levar qualquer um a iniciar uma prática de exercícios,[33] melhorar a dieta,[34] aumentar o saldo da poupança[35] ou comparecer às urnas nos dias de eleição.[36]

Ao usar essas ferramentas de modo regular e contínuo, minha esperança é de que você veja pequenas mudanças se acumularem até virarem grandes resultados. Essa foi a abordagem que ajudou Andre Agassi a transformar sua carreira. Ele aplicou a filosofia de Brad Gilbert jogo a jogo, usando estratégias criadas especificamente para derrotar cada oponente em seu caminho. E os sucessos foram acontecendo. Logo depois da vitória surpreendente de Agassi no US Open de 1994,[37] ele chegou ao primeiro lugar do ranking mundial, posição que viria a manter por 101 semanas enquanto durou sua hoje lendária carreira.[38]

Os conselhos de Brad Gilbert tornaram possível a transformação de Agassi. E, com a ajuda deste livro, minha esperança é de que você também consiga pôr as chances a seu favor.

# 1. Como começar

Em minha primeira visita à imensa sede corporativa do Google, em 2012, eu me senti uma criança entrando na fantástica fábrica de chocolate de Willy Wonka. O campus da empresa em Mountain View, na Califórnia, tem tudo de última geração, além de ser superlúdico. Ao passear entre os prédios, topei com quadras de vôlei de praia, esculturas rebuscadas, uma loja de souvenirs com objetos de marca e restaurantes premiados gratuitos. Era espantoso.

O Google tinha me convidado para visitar sua sede junto com um grupo de outros acadêmicos a fim de participarmos de um retiro destinado a seus diretores de recursos humanos mais seniores, mas não pude evitar me perguntar por que aquela empresa, uma das mais inovadoras e bem-sucedidas do mundo, poderia precisar de nós. Os funcionários sorridentes que passavam zunindo montados em bicicletas pintadas com as cores do logotipo da companhia com certeza não pareciam ter nenhum problema. No ano anterior à minha visita, o Google tinha faturado 38 bilhões de dólares.[1]

Mas todo mundo tem problemas. Inclusive o Google.

A empresa havia organizado aquele retiro para encontrar novas formas de ajudar seus funcionários a tomar decisões melhores tanto no trabalho quanto em casa, com uma ênfase especial na melhoria da produtividade,[2] além da segurança de saúde e financeira[3] (ambas foram vinculadas a um melhor desempenho profissional). Com o evento a meio caminho, Prasad Setty,[4] ex-aluno da Wharton e vice-presidente do Google que trabalhava havia muitos anos na área de recursos humanos, me fez uma pergunta aparentemente inócua que me poria no rumo de uma das minhas mais importantes descobertas.

O Google, explicou ele, oferecia a seus funcionários[5] um amplo leque de benefícios e programas destinados a melhorar suas vidas e seus empregos, e a solucionar problemas como a poupança insuficiente para se aposentar, o uso excessivo de redes sociais, a falta de atividades físicas, os maus hábitos alimentares e o tabagismo. Estranhamente, no entanto, esses programas não eram muito usados. Prasad estava ao mesmo tempo intrigado e frustrado com o fato de muitos dos programas criados por sua equipe (e pelos quais o Google desembolsava muito dinheiro) serem em grande parte ignorados. Por que os funcionários não estavam se estapeando para aproveitar as aulas gratuitas de desenvolvimento de competências? Por que não estavam todos se inscrevendo no plano de previdência privada ou marcando horário com os personal trainers da empresa?

Prasad havia pensado em algumas explicações possíveis, todas elas bastante plausíveis. Talvez os programas estivessem sendo mal divulgados. Ou talvez os funcionários estivessem simplesmente ocupados demais para aproveitá-los. Mas ele também se perguntava se haveria um problema de timing. Eu por acaso saberia *quando* o Google deveria incentivar os funcionários a aproveitar esses recursos?, ele perguntou. Será que havia algum momento ideal[6] do calendário ou da carreira da pessoa para incentivar essas mudanças de comportamento?

Não respondi na hora. Apesar de a pergunta de Prasad ser obviamente importante, pelo que eu sabia os acadêmicos tinham em grande parte a ignorado. Se nossa intenção era promover de modo efetivo as mudanças de comportamento, é claro que precisaríamos entender *quando* começar.

Embora eu não tivesse uma resposta fácil para Prasad, tinha um palpite. Eu disse a ele que, antes de poder lhe dar uma resposta fundamentada em indícios sólidos, eu precisaria revisitar a literatura acadêmica e coletar eu mesma alguns dados. E comecei a ficar inquieta para reencontrar minha equipe de pesquisa na Filadélfia.

## O PODER DE UMA TÁBUA RASA

Prasad não foi de forma alguma o primeiro líder que encontrei a se mostrar perplexo com a persistência obstinada de comportamentos não saudáveis ou não produtivos. Já passei um número incontável de horas conversando com gestores de saúde pública frustrados em relação a como reduzir o tabagismo, aumentar a atividade física, melhorar a alimentação e aumentar a taxa de vacinação, e isso é só o começo. Com frequência, escuto a mesma súplica irritada: se você não consegue convencer as pessoas a mudarem de comportamento dizendo que a mudança é simples, barata e vai lhes fazer bem, qual é o ingrediente mágico capaz de operar o milagre?

Este livro vai oferecer muitas respostas para essa pergunta (a mais importante é: "Depende"), mas uma delas é particularmente relevante para o problema de Prasad. Começa com uma impressionante história de sucesso na medicina.

A síndrome da morte súbita do lactante [SMSL] é tão aterrorizante quanto seu nome indica. A cada ano, dezenas de milhares de bebês[7] no mundo inteiro morrem de modo súbito e inexplicável durante o sono. Por anos, a SMSL foi uma das maiores causas de morte de bebês entre um mês e um ano de idade nos Estados Unidos.[8] Lembro-me de ficar petrificada quando meu pediatra me explicou os fatores de risco durante uma consulta de rotina do meu filho recém-nascido.

Por muitas décadas, os médicos não sabiam o que fazer em relação à SMSL. Mas então, no início dos anos 1990, os pesquisadores fizeram uma descoberta importante: os bebês postos para dormir de barriga para cima corriam metade do risco de morrer de SMSL do que bebês postos para dormir de bruços.[9] Metade do risco.

Era uma descoberta que merecia comemoração — e também uma ação rápida. Como ela apresentava a oportunidade de salvar centenas de milhares de vidas, a comunidade de saúde pública naturalmente não perdeu tempo para divulgar a informação. O governo dos Estados Unidos lançou a ambiciosa campanha De Barriga para Cima, para educar os pais de recém-nascidos sobre a importância de pôr seus bebês para dormir nessa posição.[10] Os institutos nacionais de saúde inundaram as rádios com anúncios, e encheram os hospitais e os consultórios médicos de folhetos.

É claro que não havia garantia alguma de sucesso. Muitas campanhas desse tipo fracassam, o que explica minhas frequentes conversas telefônicas com gestores de saúde pública frustrados. Basta pensar na tentativa recente, e de grande visibilidade, de reduzir a obesidade exigindo que cadeias de restaurantes indicassem o número de calorias de seus pratos. Descobriu-se que informar às pessoas quantas calorias tem um Big Mac ou um Frappuccino reduz o consumo calórico em... bem, em praticamente nada.[11] Ou pensem nos esforços das autoridades de saúde norte-americanas, desde 2010, para convencer a população a se vacinar anualmente contra a gripe.[12] No melhor dos casos, os efeitos foram mínimos: 43% dos americanos hoje se vacinam contra a gripe,[13] em comparação com 39% antes de a política ser implementada.[14] Sendo assim, havia motivos de sobra para pensar que a campanha De Barriga para Cima fosse seguir o mesmo caminho e gerar apenas um efeito mínimo num problema gigante.

A campanha felizmente foi um grande sucesso. Entre 1993 e 2010, a porcentagem de bebês postos para dormir de barriga para cima nos Estados Unidos disparou e mais do que quadruplicou, passando de 17% para 73%, e as mortes por SMSL despencaram.[15] A mensagem não saiu de moda. Em 2016, décadas depois de iniciada a campanha, meu médico me passou um folheto da De Barriga para Cima quando dei à luz na Filadélfia.

Mas se a De Barriga para Cima foi um imenso e inquestionável sucesso, por que tantas outras campanhas parecidas naufragaram? A pergunta de Prasad sobre o momento certo me inspirou a formular uma hipótese.

O momento em que você se torna pai ou mãe é sem dúvida alguma um grande divisor de águas. Um dia antes da chegada do seu filho não há nenhum bebê indefeso para alimentar, vestir, proteger e acalmar; e então, bum!, tudo isso muda. Tudo em relação à maternidade e à paternidade é novo e diferente, e consequentemente você não tem nenhum mau hábito para superar, nenhuma rotina antiga para modificar. Está de fato começando do zero, com tudo que isso tem de bom e de ruim. A mensagem da De Barriga para Cima vem nesse momento crítico, quando você ainda não se engessou em seus comportamentos e está motivado para tentar fazer tudo certo. Meu palpite era que o momento não poderia ser melhor para modificar os padrões de comportamento das pessoas. Independentemente do que seus pais fizeram ou do que os pais deles fizeram antes deles, quando um médico lhe diz que é vital pôr seu bebê para dormir de barriga para cima, você faz questão de obedecer e não precisa lutar contra maus hábitos.

Compare isso com uma campanha de saúde pública que tenta influenciar os hábitos alimentares, o tabagismo ou a taxa de vacinação na população adulta. Esse tipo de iniciativa nos pega no meio de nossas vidas atribuladas, com rotinas estabelecidas que limitam nossa receptividade à mudança. Embora a informação possa fazer diferença entre a vida e a morte, não é de espantar que nós com frequência a ignoremos.

Depois da minha ida ao Google, passei a desconfiar que essa era uma compreensão incrivelmente importante, mas não devidamente valorizada: se você quer mudar seu comportamento ou o de outra pessoa, terá uma enorme vantagem se partir de uma tábua rasa, de um recomeço, sem nenhum hábito antigo jogando contra.

Há apenas um problema: as verdadeiras tábuas rasas são extremamente raras. Quase todos os comportamentos que desejamos mudar são cotidianos, costumeiros e entranhados em nossas rotinas caóticas e já bem estabelecidas.

Felizmente, porém, a mudança sem uma tábua rasa não é impossível, apenas difícil. O palpite que tive no Google foi que poderia haver um jeito de criar a *sensação* de uma tábua rasa, até mesmo nas horas em que ela na verdade não existe.

O EFEITO RECOMEÇO

Assim que voltei da minha visita ao Google em 2012, marquei uma reunião com minha doutoranda Hengchen Dai (hoje professora da UCLA) e com Jason Riis, professor visitante de Harvard. Estava ansiosa para contar a eles sobre a pergunta de Prasad e minha intuição de que as pessoas talvez ficassem mais receptivas à mudança se sentissem estar recomeçando.

Conforme eu explicava meu raciocínio, Hengchen e Jason foram ficando muito animados. Assim como eu, eles entenderam na hora que o momento certo pode ter uma importância vital para a mudança. Nós sabíamos que, quando as pessoas desejam mudar algo, elas gravitam instintivamente em direção a momentos que dão uma sensação de recomeço. Pense nas resoluções de Ano-Novo, por exemplo. Apesar disso, a teoria econômica sempre afirmou que nossas preferências permanecem estáveis ao longo do tempo, a menos que precisemos enfrentar circunstâncias diferentes, como novas limitações, novas informações ou um choque de preços que nos force a ajustar nossas crenças ou nosso orçamento. Hengchen, Jason e eu desconfiávamos que essa suposição estivesse incorreta e que na verdade houvesse momentos sistemáticos e previsíveis nos quais nossas circunstâncias não mudam, mas mesmo assim nos sentimos impelidos a mudar. Animados, começamos a compartilhar histórias sobre momentos em que recomeços tinham nos levado a nos comportar de outro modo, a debater o que cada exemplo tinha em comum e a buscar compreender por que nossa motivação tinha se modificado.

A maioria das mudanças que havíamos iniciado num momento próximo a um recomeço fora pequena: um esforço para deixar de roer as unhas, voltar a dirigir após um susto ao volante ou explorar novas estratégias românticas depois de uma decepção amorosa. Mas eu também tinha ouvido histórias de mudanças mais importantes. É o caso de Scott Harrison, por exemplo, autor do best-seller *Thirst*.[16] É notório que Scott se inspirou no primeiro dia do ano para abandonar sua profissão de promoter da cena noturna em troca de uma vida sem drogas e dedicada ao trabalho voluntário. Recomeços parecem capazes de inspirar mudanças significativas.

Durante nossa reunião de equipe, Hengchen, Jason e eu logo reconhecemos o poder do Ano-Novo, mas tivemos uma intuição de que isso era apenas um exemplo conhecido de um fenômeno mais amplo, um dos muitos momentos em que as pessoas se sentem especialmente impelidas a mudar por terem a sensação de que um recomeço lhes foi oferecido. O desafio seria identificar outros momentos que provocam a mesma reação e entender como e por que eles podem nos desengessar e motivar a mudança.

Para começar, Hengchen começou a destrinchar as pesquisas já feitas sobre como as pessoas veem datas especiais como o Ano-Novo e trouxe uma descoberta intrigante. Sua pesquisa a conduziu à literatura da área de psicologia sobre como as pessoas veem a passagem do tempo. Ela aprendeu que, em vez de perceber o tempo como algo contínuo, nós temos tendência a enxergar nossas vidas como "episódios", e criamos arcos narrativos a partir dos incidentes ou capítulos importantes.[17] Um capítulo pode começar no dia em que você se muda para o alojamento da universidade, outro com seu primeiro emprego, outro no seu aniversário de quarenta anos, e outro ainda no início de um novo ano ou milênio.

Essa pesquisa nos ajudou a desenvolver a ideia de que o início de um novo capítulo de vida, por menor que seja, poderia ser capaz de dar às pessoas a impressão de uma tábua rasa. Esses novos capítulos são momentos em que os rótulos que usamos para descrever quem somos e o que estamos vivendo se modificam, levando-nos a nos modificar também. Nós passamos de "universitário" a "profissional do mercado"; de "inquilino" a "proprietário"; de "solteiro" a "casado"; de "adulto" a "pai" ou "mãe"; de "nova-iorquino" a "californiano"; de "jovem nos anos 1990" a "cidadão americano do século XXI", tudo com o simples acionar de um interruptor. E os rótulos influenciam nosso comportamento. Quando somos rotulados[18] de "eleitores" (em vez de pessoas que votam), "comedores de cenoura"[19] (em vez de pessoas que comem cenoura sempre que podem) e "leitores de Shakespeare"[20] (em vez de pessoas que leem muito Shakespeare), isso influencia nosso modo de *agir*, não apenas a maneira como descrevemos a nós mesmos.

Se você algum dia já tomou uma decisão de Ano-Novo, confiante na previsão de que o "novo você" no "novo ano" seria capaz de operar uma mudança, talvez compreenda o poder dos rótulos. Provavelmente minha história preferida sobre o poder do Ano-Novo é a de Ray Zahab, que foi convidado ao podcast sobre tomada de decisões que apresento. Ray usou a chegada de um novo milênio,[21] que pôs fim ao capítulo dos anos 1990 de sua vida e deu início a outro, para virá-la de cabeça para baixo.

Antes de conseguir transformar sua vida, Ray fumava e bebia muito, e às vezes fazia todas as refeições do dia no McDonald's. Quando chegou aos trinta e poucos anos, porém, estava louco para mudar. Estava cansado de viver sem dinheiro e fora de forma.

Ficou se perguntando se conseguiria ser mais parecido com o irmão, um bem-sucedido maratonista, mas sabia que correr maratonas estava fora de cogitação para um fumante. O primeiro passo evidente seria largar o cigarro. Só que ele simplesmente não conseguia. Tentou, tentou, mas a fissura sempre o fazia recair. Ele precisava de mais alguma coisa para fazê-lo dar o salto.

Ray então teve uma ideia. Usaria a virada do século — o dia de Ano-Novo de 1999 — para parar de vez. "Usei essa data pelo fato de ela aparentemente ter um caráter muito definitivo na mente de todo mundo", explicou ele. "Afinal, era o fim do século, né? Essa data era um botão de reset para a humanidade."

Pouco antes da meia-noite no dia 31 de dezembro, Ray fumou seu último cigarro. "Se eu não conseguir agora, nunca mais vou conseguir", pensou.

Na manhã seguinte, acordou louco de vontade de fumar. "Mas era dia 1º de janeiro de 2000", recordou ele, e com a chegada do novo milênio ele havia cruzado uma linha importante: não era mais o mesmo Ray incapaz de se livrar do hábito de fumar. "Algo dentro de mim, uma faiscazinha, disse: 'Eu vou conseguir.'"

E Ray conseguiu: largou de vez o cigarro.

Em 2003, ele venceu as cem milhas do circuito Yukon Arctic Ultra, uma das corridas de resistência mais extremas do mundo. Nunca deixa de observar que sua vitória começou naquele primeiro dia do ano 2000. Aquele instante tornou possível todo o resto.

Ray é um exemplo drástico de alguém que se inspirou no começo de um novo ano para fazer uma mudança de vida. Mas todo dia 1º de janeiro[22] cerca de 40% dos americanos decidem fazer alguma melhoria na vida: entrar em forma, poupar mais dinheiro, parar de beber ou aprender outro idioma.

Com a entrada de um novo ano, é quase como se as tentativas anteriores de ficar longe das redes sociais, tirar dez na escola, ser um colega mais bacana e comer de forma mais saudável pudessem ser descartadas como os fracassos de outra pessoa. Ano passado você não conseguiu estar à altura no trabalho ou não conseguiu parar de fumar, mas aquele "era o antigo eu", você pensa, "e este aqui é o novo eu".

Hengchen, Jason e eu desconfiávamos de que, se as pessoas se sentissem de fato uma versão nova e melhorada de si mesmas, em alguns casos isso poderia bastar para ajudá-las a superar um obstáculo importante à sua mudança. Mas nós precisávamos pôr essa ideia à prova.

Para começar, coletamos informações sobre quando as pessoas naturalmente tentam mudar.[23] Em todos os conjuntos de dados encontramos os mesmos padrões. No centro de educação física do campus, os alunos de graduação tinham mais probabilidade de ir malhar não apenas no mês de janeiro, mas também no começo da semana, depois de um feriado, no início de um novo semestre e logo depois de fazer aniversário. (Exceto quando era o aniversário de dezoito anos... consegue adivinhar por quê?) Da mesma forma, em janeiro, às segundas-feiras, e depois de férias ou feriados, verificamos um aumento no estabelecimento de objetivos na internet (monitorados pelo stickK, um site muito utilizado) e no número de pesquisas sobre "dieta" no Google. Descobrimos também que o aniversário das pessoas estava relacionado a mais criações de objetivos no stickK.

Nossas análises produziram um retrato de uma solidez impressionante daquilo que Hengchen, Jason e eu passamos a chamar de "efeito recomeço".

Quando perguntamos a uma amostra de americanos como eles se sentiam em relação a datas de recomeço como o primeiro dia do ano ou o dia do seu aniversário, escutamos repetidas vezes que recomeços proporcionam uma espécie de "lifting" psicológico. As pessoas sentem um distanciamento em relação aos seus fracassos anteriores;[24] sentem-se pessoas diferentes, com motivos para serem otimistas em relação ao futuro.

Nossa probabilidade de tentar mudar é maior em datas que nos dão a sensação de recomeço porque esses momentos nos ajudam a superar um obstáculo frequente para tentar alcançar um objetivo: a sensação de que já fracassamos antes e, portanto, voltaremos a fracassar.

Isso explica por que toda segunda-feira eu tenho certeza de que a semana que está começando vai ser mais produtiva do que a que passou, e por que tantos amigos meus estabelecem objetivos não só no Ano-Novo, mas também no dia do aniversário. Esses recomeços[25] também podem nos fazer parar para refletir e tentar ver a situação como um todo, o que aumenta nossa chance de cogitar fazer uma mudança.

Agora que Hengchen, Jason e eu tínhamos esses indícios em mãos e uma sólida compreensão de por que os recomeços parecem ter importância, não pudemos evitar nos perguntar se haveria outros momentos com grande potencial para mudar a vida das pessoas.

## ALÉM DO CALENDÁRIO

No início dos anos 1970, o advogado Bob Pass, membro da Comissão Federal de Energia Elétrica do governo dos Estados Unidos, estava visitando o Jardim Zoológico Nacional com a namorada quando parou em frente ao recinto dos grandes primatas. Ao ver os gorilas nas jaulas,[26] virou-se para ela e disse, num tom de lamento: "Sei exatamente como eles se sentem".

Pouco depois disso, Bob fez uma pausa na carreira jurídica para arejar a cabeça, viajar e dar aulas de tênis num clube perto de casa. Descobriu que estava mais feliz do que jamais tinha sido enquanto era advogado, mas sabia que aquilo não duraria: ele queria se casar e ter filhos, e pensava que sustentar uma família exigiria um emprego fixo como o que tinha abandonado.

Em pouco tempo, Bob se viu outra vez metido num terno e sendo entrevistado por um escritório de advocacia da cidade. Estava tudo correndo bem até ele começar a passar tão mal que alguém precisou levá-lo para casa. Dois dias depois, ele foi internado com uma infecção por estafilococo numa das válvulas do coração, sem saber se iria se recuperar.

No fim das contas, essa experiência se revelaria um divisor de águas. Enquanto estava deitado na cama de hospital, entre a vida e a morte, Bob pensou muito no seu passado e no seu presente, inclusive na proposta de emprego que acabara de receber. A conclusão a que chegou foi cristalina: ele detestava advogar. O fato de ter escapado por um triz da morte era uma oportunidade para imaginar um novo caminho. Nas suas palavras: "Aquilo me obrigou a confrontar minha própria vida".

Bob se deu conta de que adorava dar aulas de tênis. Recusou o emprego fixo na área do direito e, em 1973, abriu uma academia de tênis com apenas um punhado de alunos. Décadas depois, quando fui aluna da sua bem-sucedida academia, ele compartilhou comigo sua história e me disse que tinha sido a melhor decisão da sua vida.*

Quando comecei a pensar noite e dia sobre recomeços, pude ver que o susto com a saúde de Bob tinha encerrado um capítulo de sua vida e lhe dado coragem para começar um novo. Só que o calendário não tinha nada a ver com a história: o recomeço de Bob ocorreu por causa de um acontecimento importante na vida dele.

Para meu antigo professor de tênis, a doença serviu de ímpeto para recomeçar. Mas as pesquisas sugerem que poderia ter sido também uma mudança para o outro lado do país, uma promoção no trabalho ou mesmo algo tão banal quanto uma perturbação na sua rotina de transporte cotidiano.

Num artigo publicado em 1994, dois psicólogos fizeram uma pesquisa[27] com mais de cem pessoas que tinham tentado fazer uma mudança de vida importante, como trocar de carreira, terminar uma relação ou começar um regime. Numa descoberta notável, constataram que 36% das tentativas bem-sucedidas ocorriam quando as pessoas mudavam de casa, enquanto apenas 13% das tentativas malsucedidas seguiam-se a uma mudança. Essas estatísticas sugerem que, quando estamos buscando mudar, as perturbações criadas em

---

* Se estiver reparando que o tênis é um tema recorrente nas minhas histórias, não fique receoso, o tênis não vai dominar estas páginas. Mas devo admitir que ter competido seriamente nesse esporte no começo da vida adulta me ensinou muitas lições que influenciaram meu pensamento e minhas pesquisas sobre mudança de comportamento.

nossa vida por transições físicas podem ser tão potentes quanto os recomeços provocados por novas datas em nossos calendários.

No entanto, ao contrário das datas do calendário, esses recomeços *não* contradizem as previsões da teoria econômica, já que eles *de fato* modificam nossas circunstâncias de vida, e não apenas nosso ponto de vista. E, ao fazer isso, podem nos ajudar a descobrir novos caminhos para a mudança que nunca tínhamos notado. Pense na greve do metrô de Londres em fevereiro de 2014,[28] que fez algumas estações de metrô londrinas fecharem e obrigou centenas de milhares de passageiros a experimentarem novas rotas para seus deslocamentos. Essa perturbação apresentou a algumas pessoas itinerários novos e mais eficientes, e produziu mudanças positivas e duradouras nos hábitos de deslocamento de mais ou menos 5% dos usuários do metrô. Perturbações físicas, como uma mudança de casa ou uma greve nos transportes, podem abalar antigos comportamentos e nos ajudar a identificar uma abordagem melhor. Mas elas também vêm acompanhadas dos mesmos benefícios que acompanham recomeços puramente *psicológicos*, abrindo novos capítulos em nossa memória autobiográfica que podem fazer a mudança parecer mais atraente ou mais possível de administrar.

Porém, há um fato importante: nem todas as perturbações são iguais. Veja por exemplo um estudo sobre os alunos transferidos da universidade Texas A&M,[29] alguns dos quais vinham de fora da cidade e outros tinham sido transferidos após o ciclo básico em uma faculdade local. O estudo comparou aqueles cujo ambiente permaneceu o mesmo com aqueles para os quais o ambiente mudou. Alguns alunos transferidos tiveram apenas mudanças menores em seu ambiente e puderam manter a maior parte de suas rotinas e continuar interagindo com os mesmos amigos nos mesmos lugares, enquanto outros experimentaram perturbações mais importantes.

O estudo examinou se o tipo de mudança experimentada por um aluno poderia alterar seus hábitos de assistir televisão, ler jornais e fazer exercícios. E, de fato, a magnitude da mudança fez bastante diferença. Os alunos cujo ambiente não tinha se modificado de forma significativa (muitos vindos do ciclo básico em uma faculdade próxima) em geral se atinham a suas rotinas de antes, enquanto seus colegas que haviam feito uma transição maior tinham mais probabilidade de mudar de comportamento. Da mesma forma, em nossa pesquisa, Hengchen, Jason e eu tínhamos notado[30] que algumas datas do calendário parecem provocar reações maiores do que outras. O Ano-Novo, por exemplo, em geral exerce mais influência no comportamento do que, digamos, uma segunda-feira qualquer. Quanto maior o marco, mais chances ele tem de nos ajudar a dar um passo para trás, reorganizar os pensamentos e fazer uma ruptura radical com o passado.

Quanto mais eu pensava nessa pesquisa, mais claro ficava para mim que o potencial de mobilizar recomeços é subutilizado. Quando queremos mudar, temos uma oportunidade de tentar remoldar nosso ambiente para nos ajudar a mexer em antigas rotinas e modos de pensar. Isso podia ser tão simples quanto encontrar um café novo no qual trabalhar ou uma academia nova para malhar. E deveríamos buscar oportunidades para capitalizar também outras mudanças de vida, de modo a reavaliar o que é mais importante. Seja uma doença, uma promoção ou uma transferência para outra cidade, essas mudanças podem proporcionar justamente a perturbação necessária para virar sua vida de cabeça para baixo.

## A DESVANTAGEM DOS RECOMEÇOS

Dois anos depois da minha visita ao Google, minha aluna do doutorado Hengchen me procurou com uma ideia para sua tese. Ela queria estudar a Major League Baseball (MLB), a primeira divisão do beisebol americano, o que me deixou surpresa, porque nunca a tinha considerado uma fã de esporte.

Mas o fascínio recente de Hengchen com a MLB fez sentido quando ela explicou um aspecto curioso das regras que regem as trocas de jogadores entre as duas ligas da primeira divisão, a National League e a American League. Ela me perguntou se eu sabia que, quando os jogadores são trocados entre uma liga e outra no meio da temporada, suas estatísticas são zeradas, como se a temporada para eles estivesse começando naquele momento. Para as trocas dentro da mesma liga, porém, as estatísticas da temporada continuavam sendo contabilizadas como se nada tivesse mudado.

E de repente eu entendi. Hengchen estava animada com o beisebol porque o ato de "zerar" as estatísticas relacionado às trocas de jogadores entre ligas diferentes representa uma espécie de recomeço para esses atletas. Literalmente uma tábua rasa para suas estatísticas. Em todas as pesquisas que fizéramos juntas sobre recomeços, nós ainda não tínhamos nos concentrado nesse movimento de zerar os números.

Mas eles existem à toda nossa volta. Todos os dias, quando acordo, meu contador eletrônico me diz que até aquele momento eu dei zero passos; meu total da véspera já é passado, e posso começar de novo. Da mesma forma, todo semestre, quando os alunos entram na minha sala de aula pela primeira vez, tudo que eles estudaram nas disciplinas anteriores não tem impacto algum sobre a nota que vão tirar no meu curso. Para onde quer que você olhe, relatórios de faturamento, registros de vendas e outras compilações estatísticas relacionados ao desempenho estão constantemente sendo zerados, anual, mensal ou semanalmente. No entanto, quando Hengchen foi me procurar com a ideia para sua tese, nós sabíamos muito pouco sobre como o ato de zerar esses números afeta o percurso das pessoas em direção a seus objetivos.

Para mudar isso, Hengchen queria explorar o que acontece quando dois jogadores de beisebol estatisticamente idênticos passam por uma mudança importante — uma troca para outro time —, mas somente um deles tem a pontuação zerada. Imagine dois jogadores, Jackie Robinson e Jackie Robins, que tenham tido o mesmo desempenho em rebatidas na temporada até determinado ponto. Agora imagine que ambos são trocados para outro time, mas Jackie Robinson vai para uma liga diferente, e, portanto, suas estatísticas da temporada até ali são zeradas, enquanto Jackie Robins mantém suas estatísticas da temporada, por ser trocado dentro da mesma liga. O que aconteceria depois?

Ao analisar quarenta anos de dados da MLB,[31] Hengchen descobriu que a resposta depende de qual foi o desempenho dos dois Jackies até ali. Em primeiro lugar, ela determinou que os jogadores que estavam tendo um desempenho ruim* melhoravam ao trocarem de liga. Em achados condizentes com nossos trabalhos anteriores sobre recomeços, Hengchen descobriu que esses jogadores melhoravam mais no período posterior à troca do que aqueles que eram trocados dentro da mesma liga.

Quando eu estava na graduação, em 2004, o time da minha cidade (Boston Red Sox) se beneficiou de uma estatística zerada no meio da temporada

---

* Na pesquisa de Hengchen, desempenho ruim era definido como uma média de rebatidas pelo menos um desvio-padrão abaixo da média na liga num determinado ano da sua pesquisa.

quando o interbases Orlando Cabrera[32] veio do Montreal Expos numa troca entre ligas. No início da temporada, Orlando tinha uma estatística de apenas 0,246, muito abaixo da média da MLB naquele ano, que era 0,265. No entanto, ao ser transferido para o Red Sox, sua estatística daquela temporada foi zerada, e sua média de rebatidas disparou e subiu 29%, para 0,294, provocando grande alegria nos fãs de beisebol de Boston.

Mais impressionante ainda, Hengchen encontrou também indícios de que os recomeços nem sempre são positivos. De modo geral, jogadores que tinham médias altas de rebatidas\* antes de uma troca (sugerindo que estavam tendo realmente uma boa temporada) tendiam a ver seu desempenho *cair* depois da mudança. E, de modo impressionante, a piora era bem maior quando a média de rebatidas de um jogador era zerada por causa de uma troca entre ligas (mostrando que esse padrão não era apenas um retorno à média). Em vez de ter seu desempenho impulsionado pela troca, como fora o caso dos jogadores com desempenho ruim, os atletas de média mais alta eram *prejudicados* ao terem suas estatísticas zeradas, o que fazia seus sucessos recentes parecerem mais distantes no passado e os forçava a reconstruir sua média do zero.

Jarrod Saltalamacchia aprendeu do jeito mais difícil[33] que recomeços podem ser algo negativo quando tudo estava correndo bem na sua vida. Recebedor que vinha tendo um ótimo desempenho, com 0,284 de média no Atlanta Braves em 2007, Saltalamacchia foi trocado para o Texas Rangers no meio da temporada. E, exatamente como Hengchen teria imaginado, em outubro sua média tinha caído 13% para 0,251.

O estudo sobre beisebol foi um dos vários conduzidos por Hengchen a revelar o mesmo padrão. Em experimentos nos quais ela contratava pessoas para desempenharem tarefas como buscas de palavras ou acompanhamento de objetivos pessoais,[34] Hengchen constatou repetidamente que ter as estatísticas zeradas ajudava os jogadores com mau desempenho a melhorar seu jogo, mas prejudicava as pessoas que já estavam indo bem.

Era uma lição e um alerta importante: nem todo mundo se beneficia de um recomeço. Quando você está indo bem, qualquer perturbação pode ser prejudicial. Nós vemos isso em casa e no trabalho, e embora a perturbação em

---

\* Definida na pesquisa de Hengchen como um desvio-padrão abaixo da média da liga no ano considerado.

si possa parecer sem importância ou até banal, as consequências podem pesar. Pense em como é estar no meio de um fluxo de trabalho quando uma ligação indesejada ou um colega tagarela interrompe o que você estava fazendo. Essa única intrusão pode bastar para atrapalhar você pelo resto do dia. Ou talvez você estivesse evoluindo bem numa nova rotina de saúde: suco verde num café da manhã saudável, salada no almoço, jantar em casa todas as noites. Mas aí vieram as férias de verão, e incontáveis guloseimas depois você nunca mais conseguiu retomar os hábitos saudáveis.

Os achados de Hengchen me fizeram ver com outros olhos alguns estudos mais antigos. Em dois projetos nos quais os pesquisadores tentaram ajudar alunos de graduação a desenvolver novos hábitos de prática de exercícios (um deles conduzido por mim), o mesmo padrão negativo havia surgido. Em ambos os estudos, feriados escolares se revelaram más influências:[35] alunos que tinham conseguido criar novos hábitos de prática de exercícios não conseguiam retomá-los[36] depois de voltar para o campus. O efeito das perturbações era total, anulando o progresso dos alunos.

Essas constatações, somadas aos achados de Hengchen, deixam claro que, embora os recomeços sejam úteis para iniciar mudanças, eles podem também constituir perturbações nada bem-vindas em rotinas que estavam funcionando bem. Qualquer um que deseje *manter* bons hábitos deve tomar cuidado.

## QUANDO INCENTIVAR A MUDANÇA

Um dia, no outono de 2014, milhares de pessoas nos Estados Unidos abriram suas caixas de correio e encontraram uma carta. Em grandes letras brancas sobre um fundo vermelho, todas essas correspondências afirmavam enfaticamente: "Chega de esperar — Comece a poupar!".

Todo mundo que recebeu essa mensagem tinha duas coisas em comum: trabalhava para uma das várias grandes universidades que eram parceiras de pesquisas feitas por mim e por uma equipe de colaboradores num estudo e tinha uma poupança pequena para se aposentar, quando não nula.

Pesquisas anteriores haviam mostrado[37] que muitas pessoas que não poupam na realidade *querem* reservar uma parte de cada contracheque para o futuro. Elas apenas não começaram ainda. Assim, Hengchen e eu nos unimos a dois especialistas em poupança,[38] John Beshears e Shlomo Benartzi, para encontrar um jeito de tornar essa reserva fácil de verdade: nossas cartas eram também formulários que as pessoas podiam mandar num envelope pré-endereçado e já selado. Tudo que os destinatários precisavam fazer para começar a poupar mais era assinar e marcar com um X o quadradinho certo. Nós cuidaríamos do resto e garantiríamos que uma pequena parte dos seus futuros contracheques fosse direcionada para uma conta de previdência privada.

Embora estivéssemos animados para ajudar mais gente a poupar, o mais interessante para minha equipe era descobrir se *o momento em que convidávamos* essas pessoas para começar a fazer suas contribuições fazia diferença. Dávamos a todo mundo a oportunidade de começar a poupar imediatamente, mas imaginamos que muita gente preferiria adiar pelo menos por um tempo a dor de receber um contracheque menor. E tínhamos um palpite de que conseguiríamos convencer mais pessoas a começar a poupar com o simples fato de sugerir a mudança no momento certo. E isso me leva de volta à pergunta sobre timing que Prasad Setty me fez quando visitei o Google.

Até aqui, tudo que eu disse sobre recomeços sustenta minha desconfiança de que eles eram a resposta para a pergunta de Prasad. Mas a pesquisa que descrevi prova apenas que recomeços são momentos em que as pessoas empreendem mudanças *naturalmente*. Na verdade, ela deixa a pergunta de Prasad sem resposta: ele queria saber quando o Google deveria *incentivar* mudanças.

Alguns experimentos de pesquisa que fiz com Hengchen e Jason apontavam para uma resposta a essa pergunta específica. Em vários estudos, recrutamos alunos da graduação da Universidade da Pensilvânia que tivessem objetivos a alcançar e prometemos ajudá-los a dar o pontapé inicial. Então propusemos a esses estudantes assinar um serviço de lembretes por e-mail para iniciar comportamentos novos e melhores numa data futura específica. A diferença do experimento era que variamos a maneira de caracterizar as datas futuras. Num dos estudos, descrevemos 20 de março como "primeiro dia da primavera" para alguns alunos e "terceira quinta-feira de março" para outros.[39] Em outro estudo, descrevemos 14 de maio como "primeiro dia das férias de verão da Penn" para alguns alunos e "dia de recesso administrativo da Penn" (uma denominação sem significado que inventamos) para outros.[40]

Confirmando nossas suspeitas sobre a utilidade das datas de recomeço, em ambos os estudos (e em outros), quando sugerimos que uma data estava associada a um recomeço (por exemplo, o "primeiro dia da primavera"), os alunos a consideravam uma data mais atraente para começar a perseguir objetivos do que quando a apresentamos como um dia normal ("terceira quinta-feira de março"). Fosse para começar um novo hábito de atividade física, melhorar a rotina de sono ou passar menos tempo nas redes sociais, quando a data que sugeríamos estava associada a um recomeço, mais alunos aceitavam receber imediatamente nossos lembretes para mudar. Pesquisas subsequentes feitas por outros cientistas comportamentais[41] revelaram um padrão semelhante entre pessoas que pretendiam fazer regime.* E pesquisas mais recentes conduzidas por outra equipe descobriram que benefícios semelhantes eram obtidos mostrando calendários semanais modificados a pessoas que estivessem tentando alcançar um objetivo. Quando os calendários mostravam o dia atual (fosse segunda ou domingo) como primeiro dia da semana, as pessoas diziam se sentir mais motivadas a ter progresso imediato em seus objetivos.[42]

Mas todos esses resultados vinham de pequenas pesquisas de opinião, algumas das quais apenas pediam às pessoas para prever o que fariam, em vez de realmente acompanhar seu comportamento. Além disso, muitas foram feitas com alunos da graduação, que não necessariamente tomam decisões da mesma forma que o restante de nós. Eu queria saber se a intenção de mudar de fato se transformava em ação. Por isso, meus colaboradores e eu mandamos nossas cartas com afirmações em vermelho-vivo para milhares de funcionários de universidades, incentivando-os a poupar para a aposentadoria: queríamos ver se os recomeços podiam ajudar adultos mais velhos, com rotinas mais estabelecidas, a fazer mudanças significativas em suas vidas.

---

* Dois psicólogos fizeram experimentos que alteraram os tipos de calendário que as pessoas inclinadas a fazer regime consultavam ao se planejar. Alguns calendários mostravam apenas os dias da semana, como domingo, segunda e terça, enquanto outros identificavam apenas dias do mês, como 28 de fevereiro, 1º de março e 2 de março. Os pesquisadores descobriram que as pessoas potencialmente inclinadas a fazer regime relatavam uma probabilidade maior de começar suas rotinas de alimentação melhores no primeiro dia de um novo mês quando consultavam um calendário com os dias do mês. Quando diante de um calendário que apresentasse os dias da semana, eram as segundas-feiras que se tornavam uma data de começo altamente desejável.

O planejamento da aposentadoria tem uma importância imensa para o bem-estar de longo prazo,[43] mas a maioria dos norte-americanos poupa muito pouco. Se os recomeços pudessem influenciar decisões importantes sobre quanto dinheiro as pessoas guardavam em suas contas de previdência privada, nós saberíamos estar no caminho certo. Assim, além da opção de começar a poupar imediatamente, propusemos a algumas pessoas começar a poupar numa data futura. Para algumas delas foi numa data de recomeço: depois do seu próximo aniversário, ou no início da primavera. Outras não foram direcionadas para uma data de recomeço, mas sim para uma data futura arbitrária e sem rótulo, ou para um feriado futuro sem conotações de recomeço, como o Dia de Martin Luther King Jr.

O poder do recomeço rotulado foi impressionante.[44] Os cartões-postais que incentivavam os funcionários a começarem a poupar depois do seu aniversário seguinte ou no início da primavera tiveram de 20% a 30% mais resultado em comparação com as correspondências "normais", que permitiam às pessoas começarem a poupar numa data futura mais arbitrária. Ao lembrar às pessoas um recomeço futuro, nós conseguimos tornar a mesma oportunidade de mudança de comportamento mais atraente. Esses achados mostram que talvez seja possível encorajar uma vasta gama de comportamentos orientados por objetivos se acertarmos o momento de fazer nossas sugestões, seja para se matricular num curso on-line, comprar aparelhos eletrodomésticos mais eficientes energeticamente ou agendar consultas de saúde de rotina.

Com tantos indícios convergentes, eu hoje me sinto bem mais confiante para fazer previsões em relação ao melhor momento de incentivar uma mudança de comportamento do que me sentia quando visitei o Google em 2012, e pelo menos algumas pessoas estão escutando. Depois que compartilhei minha pesquisa sobre os recomeços com Prasad, os programadores do Google criaram um "gerador de momentos"[45] que identifica quando os funcionários da empresa têm mais probabilidade de estarem abertos a mudanças (depois de serem promovidos, digamos, ou de se mudarem para um escritório novo). O gerador de momentos então dá empurrõezinhos nos funcionários para incentivá-los a agir nessas ocasiões.

Felizmente, o Google não é a única empresa a pensar de maneira mais estratégica sobre quando incentivar a mudança de comportamento. De ONGs decidindo o momento de suas campanhas de arrecadação de fundos[46] a consultorias de RH agendando seus empurrõezinhos, cada vez mais organizações estão usando os recomeços para ajudar as pessoas a darem um pontapé inicial em alguma mudança.

## PROCURE OPORTUNIDADES DE RECOMEÇO

Desde que publiquei minhas pesquisas com Hengchen e Jason sobre o efeito dos recomeços, todos os anos por volta do Ano-Novo minha caixa de entrada fica lotada de e-mails de repórteres, âncoras de TV, personalidades do rádio e podcasters querendo que eu compartilhe com eles meu conhecimento sobre o tema.

Mas, depois de conversarmos um pouco sobre o poder dos recomeços, muitos jornalistas mencionam uma estatística conhecida e desanimadora de uma pesquisa de opinião feita em 2007: um terço das resoluções de Ano-Novo dos norte-americanos cai por terra ao final de janeiro,[47] e quatro em cada cinco fracassam totalmente. Como resultado disso, todos os entrevistadores me fazem a mesma pergunta cínica, porém justa: se tantas resoluções fracassam, por que se dar ao trabalho? Não deveríamos simplesmente eliminar essa tradição boba?

É claro que eu entendo por que eles dizem isso. Também já me senti frustrada com resoluções fracassadas e estou comprometida a ensinar a mais pessoas a ciência que pode ajudá-las a ter sucesso. Mas essa pergunta ainda me deixa um pouco louca. Como disse certa vez o ator David Hasselhoff: "Se você não está no jogo, não tem como fazer um home run".[48]

Na minha opinião, as resoluções de Ano-Novo são ótimas! As resoluções de primavera, de aniversário e de segunda-feira também. Seja qual for o momento em que você toma uma decisão, está se colocando no jogo. Com muita frequência, a sensação de que mudar é difícil e desafiador nos impede de dar o salto para tentar. Pode ser que a ideia de mudar lhe agrade, mas realmente fazer isso parece difícil, então você não sente motivação para tentar. Pode ser que tenha fracassado ao tentar mudar antes e imagine que vai fracassar outra vez. Com frequência, mudanças precisam de várias tentativas para dar certo.

Gosto de lembrar aos cínicos que, se você virar do avesso as estatísticas desanimadoras sobre as resoluções de Ano-Novo, verá que 20% dos objetivos estabelecidos a cada mês de janeiro dão *certo*. Isso representa muitas pessoas que mudaram suas vidas para melhor pelo simples fato de terem decidido tentar. Basta pensar em Ray Zahab, que passou de fumante infeliz e fora de forma a um atleta de nível mundial. Para algumas pessoas, recomeços podem ajudar a impulsionar pequenas mudanças. Mas eles podem também inspirar mudanças transformadoras proporcionando a *vontade* de tentar alcançar um objetivo desafiador.

Portanto, se você estiver querendo fazer uma mudança positiva na sua vida, mas estiver pessimista em relação às suas chances, talvez por ter fracassado antes e recear que outra tentativa provavelmente vá ter um desfecho parecido, meu conselho é procurar oportunidades de recomeço. Existe alguma data próxima que poderia representar uma ruptura radical com o passado? Pode ser um aniversário, o começo do verão, ou mesmo uma simples segunda-feira. Você consegue mudar suas circunstâncias físicas (ou ajudar seus funcionários a mudarem as deles)? Mudar-se para uma casa ou escritório novo pode não ser prático, mas trabalhar num café ou modificar algumas das suas outras rotinas pode ser suficiente para fazer diferença. Ou será que existe algo que você possa fazer para zerar o modo como está medindo seu sucesso? Certo, você não é treinador de um time profissional de beisebol, mas talvez possa dividir suas metas de vendas anuais em metas mensais, de modo a proporcionar a si mesmo (ou a seus funcionários que estiverem tendo um desempenho ruim) uma frequência maior de recomeços do zero. Só cuidado para não perturbar rotinas que estejam funcionando bem.

Depois de encontrar ou criar o momento certo de começar, a pergunta seguinte é como ter sucesso na jornada rumo à mudança.

## DESTAQUES DO CAPÍTULO

- Um momento ideal para considerar fazer uma mudança é depois de um recomeço.
- Recomeços aumentam sua motivação para mudar porque proporcionam ou uma verdadeira tábua rasa ou então a impressão de uma; eles relegam seus fracassos ao passado de modo mais claro e turbinam seu otimismo em relação ao futuro. Podem também perturbar maus hábitos e levar você a ter uma visão mais geral da sua vida.

- Recomeços podem ser datas do calendário que assinalam inícios (um novo ano, uma nova estação, um novo mês ou uma nova semana), aniversários ou aniversários de casamento. Podem também ser causados por acontecimentos de vida importantes, como um problema de saúde ou uma mudança para outra cidade. Por fim, os recomeços do zero — quando a métrica que você está usando para medir seu desempenho é reiniciada — também podem proporcionar novos começos.
- Embora os recomeços possam impulsioná-lo na direção de mudanças positivas, eles também podem ser interrupções quando você está indo bem, o que reverte seu progresso, então atenção.
- Um momento particularmente eficaz para incentivar *os outros* — funcionários, amigos ou parentes — a buscarem mudanças positivas é depois de um recomeço.

# 2. Impulsividade

A estação de metrô de Odenplan, em Estocolmo, é um *hub* de trânsito movimentado no coração da capital e o maior centro urbano da Suécia. Diariamente, quase 100 mil passageiros[1] passam por lá ao ir e voltar do trabalho, de casa, de consultas médicas, compras, reuniões de negócios, jantares com amigos e todos os outros lugares aos quais precisam ir.

Entrar e sair da estação de Odenplan sempre foi uma experiência bastante comum — era preciso usar a escada ou a escada rolante —, até uma noite de 2009 em que uma equipe de técnicos financiada pela Volkswagen começou a trabalhar em algo inabitual. Enquanto Estocolmo dormia, eles começaram a instalar grandes painéis pretos e brancos nas escadas que subiam da estação até a rua. E, bem a tempo do nascer do sol, os técnicos deram os retoques finais em sua obra-prima.

O que eles haviam criado era uma espécie de maravilha da técnica e da arte. A escada em geral sem graça que levava os passageiros da estação subterrânea de Odenplan até a rua foi transformada num gigantesco teclado de piano que funcionava de verdade.

Vídeos filmados na saída da estação antes da instalação[2] mostram quase todos os pedestres ignorando a escada em prol da escada rolante. No dia em que a escada-piano surgiu, porém, pessoas de todas as idades interromperam seus passos ao depararem com um prazer inesperado em seu caminho.

Quando mostro um vídeo dessa maravilha da engenharia durante apresentações que faço em empresas do mundo inteiro, todos sorrimos ao ver adultos, crianças pequenas e até mesmo cachorros subirem e descerem a escada saltitando para criar música ao saírem da movimentada estação de metrô. As pessoas compõem duetos, gravam vídeos, dão-se as mãos e gargalham ao interagir com aquele estranho brinquedo novo. De maneira espantosa, o vídeo informa[3] que 66% mais passageiros do metrô Odenplan escolheram a escada em vez da escada rolante depois que as teclas de piano apareceram, exatamente o que a equipe da Volkswagen esperava que fosse acontecer. Sabendo que dar nem que seja uns poucos passos a mais por dia pode fazer diferença na saúde das pessoas,[4] eles criaram a escada-piano como uma solução criativa para um problema comum.*

O motivo que me faz mostrar esse divertido vídeo para plateias corporativas não é sugerir que todos instalemos escadas musicais em nossas casas e escritórios, mas sim ilustrar de modo vívido o que considero uma das maiores barreiras à mudança de comportamento e uma forma muitas vezes negligenciada de superá-la.

A barreira é simples: fazer a coisa "certa" muitas vezes não traz satisfação a curto prazo. Você sabe que deveria usar a escada, mas está cansado, e a escada rolante o chama. Sabe que deveria se concentrar em tarefas importantes no trabalho, mas ficar nas redes sociais é mais divertido. Tem a intenção de controlar sua raiva, mas gritar com um colega irritante traz mais satisfação. E sabe que deveria meter a cara nos livros na noite anterior a uma prova importante, mas maratonar sua série preferida da Shonda Rhimes é bem mais sedutor. Os economistas chamam essa tendência a favorecer as tentações que trazem gratificação instantânea em detrimento das recompensas de longo prazo de "viés do presente",[5] embora seu nome comum seja "impulsividade", e ela infelizmente é universal.

Trata-se naturalmente de um desafio que eu mesma já enfrentei. Minha luta mais perniciosa contra o viés do presente aconteceu quando eu estava cursando a pós-graduação em engenharia em Boston. Descobri que, se não

---

* Espantosos 9% das mortes prematuras no mundo inteiro podem ser atribuídos a uma quantidade inadequada de atividade física (I-Min Lee et al., "Effect of Physical Inactivity on Major Non-Communicable Diseases Worldwide: An Analysis of Burden of Disease and Life Expectancy". *The Lancet*, v. 380, n. 9838, pp. 219-29, 2012. DOI:10.1016/S0140-6736(12)61031-9).

criasse tempo para fazer atividade física, eu muitas vezes surtava ao passar noites em claro escrevendo códigos de programação e me preparando para provas. Mas, apesar de saber que o exercício era importante tanto para minha saúde física quanto mental, depois de um longo dia de aula a ideia de vestir um moletom e ir para a academia era repulsiva, principalmente no auge dos rigorosos invernos de Boston.

"Como vou conseguir dar um jeito de me obrigar a ir à academia?", eu ficava choramingando com meu noivo na época, hoje marido. Um dia, irritado, ele disse uma coisa maravilhosa (ainda que óbvia): "Você é engenheira. Não pode inventar uma solução?".

Pode parecer estranho, mas, embora minha cabeça na época estivesse inteiramente ocupada com problemas de engenharia, eu não havia pensado *nesse* problema sob essa ótica. O comentário sarcástico do meu noivo me levou a pôr meu chapéu de engenheira e pensar nas forças que estavam trabalhando contra mim de modo a encontrar um jeito de repeli-las. Nesse caso, as forças de oposição eram simples. A coisa que eu sabia que *deveria* fazer — ir malhar depois de um longo dia de aula — não trazia gratificação instantânea. Para resolver meu problema, percebi que precisaria entender como *torná-la* instantaneamente gratificante.

## SÓ UMA COLHERINHA DE AÇÚCAR

O clássico da Disney *Mary Poppins*,[6] lançado em 1964 com Julie Andrews no papel da mais maravilhosa das babás, foi aclamado pela crítica e adorado pelo público. Como você deve saber, Mary Poppins é incumbida de cuidar de duas crianças britânicas encantadoras, mas incorrigíveis, cujas necessidades seus pais tendem a negligenciar. Enquanto outras babás falharam miseravelmente em manter os pequenos encapetados na linha, Poppins consegue fazer isso com estratégias extravagantes e canções memoráveis.

O que você provavelmente não sabe é que Julie Andrews de início recusou o papel de protagonista de *Mary Poppins* porque não gostou de uma das músicas que sua personagem teria de cantar. Num esforço para convencê-la, Walt Disney encarregou os renomados letristas Bob e Richard Sherman de compor às pressas algo mais atraente.[7]

Enquanto Bob buscava freneticamente uma ideia nova e melhor, o destino fez uma feliz intervenção. Seu filho de oito anos um dia chegou em casa da escola e disse que tinha acabado de tomar a vacina contra a pólio. Imaginando que tivesse sido uma dolorosa injeção, Bob perguntou se tinha doído. E a resposta do filho proporcionou a mui necessária inspiração para o que hoje é uma das canções infantis mais populares de todos os tempos: "Ah, não; eles só puseram uma gotinha de remédio num torrão de açúcar".

Por estranho que pareça, as pesquisas mostraram que raramente usamos essa sábia abordagem de dourar a pílula quando decidimos tentar alcançar nossos objetivos de longo prazo. Em vez disso, nossa tendência é tentar mudar de comportamento sem pensar no desconforto que teremos de suportar ou sem tentar aliviá-lo. Ao nos comprometermos com um novo regime alimentar saudável, compramos uma cesta das comidas mais inofensivas possíveis — brócolis, cenoura, couve kale e quinoa —, sem ligar para o sabor. Ao nos inscrevermos numa formação noturna, nos matriculamos primeiro na disciplina mais útil que encontramos, mesmo que ela provavelmente seja muito chata. Ao entrar numa academia nova, nos encaminhamos diretamente para o extenuante, mas eficientíssimo aparelho simulador de escada.

Na verdade, em um dos estudos sobre o modo como as pessoas abordam a mudança, mais de dois terços dos que responderam[8] disseram aos pesquisadores que em geral mantêm seu foco nos benefícios que esperam acumular *a longo prazo*, sem ligar para a dor que sentirão a curto prazo. Apenas 26% dos pesquisados disseram que tentariam tornar o caminho rumo ao objetivo prazeroso em si.

Existe uma boa explicação para isso:[9] os benefícios de longo prazo tipicamente servem de incentivo para tentar alcançar um objetivo ou fazer uma mudança. Se não fossem os benefícios de longo prazo de fazer exercício, estudar, poupar dinheiro, ter uma alimentação saudável e assim por diante, muitos de nós não se dariam ao trabalho.

Mas há motivos para pensar que essa mentalidade de ficar de olho no prêmio talvez seja um erro. Muitas pesquisas mostram que tendemos a um excesso de autoconfiança em relação à facilidade de ter disciplina. Por isso tantos de nós investem com otimismo em planos caros na academia quando pagar por cada ida seria mais barato, se matriculam em aulas on-line[10] que nunca vão concluir e compram sacos tamanho família de batata frita[11] com desconto com o objetivo de diminuir o orçamento mental de lanches, só para comer o saco até a última migalha de uma vez só. Pensamos que o "eu do futuro" vai conseguir fazer boas escolhas, mas com grande frequência o "eu do presente" sucumbe à tentação.

As pessoas têm uma capacidade notável de ignorar as próprias falhas. Mesmo quando fracassamos repetidas vezes, muitos de nós conseguem manter um otimismo cor-de-rosa em relação à nossa capacidade de conseguir fazer melhor da vez seguinte, em lugar de aprender com nossos erros do passado. Nós nos agarramos a recomeços e a outros motivos para nos manter motivados, o que pode nos ajudar a sair da cama de manhã, mas pode nos impedir de abordar a mudança do modo mais inteligente possível.

Não me entenda mal. Recomeços são ótimos para nos ajudar a tomar a iniciativa de *começar* a tentar alcançar um objetivo difícil. Mas eles podem nos impedir de tentar alcançá-lo de modo sensato se não levarmos em conta outros obstáculos, como o viés do presente. Se a ideia de sair para correr às cinco da manhã lhe causa ânsia de vômito em outubro, ela provavelmente vai continuar pouco atraente quando chegar o Ano-Novo.

As psicólogas Ayelet Fischbach e Kaitlin Wooley reconheceram isso, e desconfiaram de que as pessoas talvez pudessem abordar objetivos difíceis com mais eficiência se parassem de superestimar a própria força de vontade. Elas previram que, se as pessoas se concentrassem em tornar as tentativas de alcançar objetivos de longo prazo mais agradáveis *a curto prazo* dourando um pouco a pílula, como diz o ditado, teriam muito mais sucesso.

Num dos estudos, Ayelet e Kaitlin incentivaram os participantes a comer mais alimentos saudáveis.[12] Em outro, incentivaram mais atividade física.[13] A diferença foi que alguns participantes do estudo (escolhidos de forma aleatória) foram incentivados a escolher os tipos de alimentos saudáveis ou de atividade física que calculavam que fossem ser *agradáveis*, enquanto outros foram incentivados apenas a escolher aqueles que trariam mais *benefícios* (que é o que a maioria de nós naturalmente faz).

Ayelet e Kaitlin descobriram que incentivar as pessoas a encontrar diversão nas atividades saudáveis conduzia a resultados significativamente melhores, levando-as a manter suas rotinas de exercícios por mais tempo e a comer mais alimentos saudáveis. A descoberta das psicólogas é curiosamente parecida com o que aconteceu na estação de metrô de Odenplan, em Estocolmo. Mas vale a pena lembrar que esses resultados, embora intuitivos até certo ponto, são diametralmente opostos ao modo como a grande maioria de nós relata a tentativa de alcançar nossos objetivos, muito mais apoiado na confiança em nosso autocontrole e na capacidade de fazer coisas difíceis.

Mais do que acreditar que vamos conseguir "fazer e pronto" (*just do it*, como prega a Nike), podemos progredir mais se reconhecermos que temos dificuldade para fazer aquilo que é desagradável no presente e procurarmos maneiras de tornar essas atividades mais prazerosas.

O memorável refrão de Mary Poppins, "uma colherada de açúcar ajuda o remédio a descer", vem depois de outro verso da música que resume de modo ainda mais perfeito a ideia por trás da pesquisa de Ayelet e Kaitlin: "Toda obrigação tem um quê de diversão. É só encontrar a diversão, e pronto! A obrigação vira uma brincadeira". A música funciona em parte pelo fato de a sua mensagem soar tão verdadeira. Qualquer um que já cuidou de crianças sabe que é absurdo lhes dizer para se concentrar nos benefícios a longo prazo de realizar alguma tarefa. Se não for divertido, as crianças simplesmente não fazem.

Embora os adultos tenham em certa medida um circuito neural melhor do que o das crianças para adiar a gratificação,[14] nós basicamente somos programados para agir da mesma forma. Apenas não reconhecemos isso.

Infelizmente, quando eu estava na pós-graduação lutando para me exercitar, Ayelet e Kaitilin ainda não tinham feito seu trabalho decisivo, de modo que eu não podia usar suas descobertas. Mas a sugestão do meu noivo de que eu usasse minha engenhosidade para solucionar meus problemas me deram uma ideia parecida, ideia essa que acabaria me ajudando a combater um amplo leque de dilemas relacionados ao autocontrole (não apenas o meu), e que de modo não intencional usaria tanto a sabedoria de Mary Poppins quanto a descoberta de Ayelet e Kaitlin (antes mesmo de elas a descobrirem).

## AGRUPAMENTO DE TENTAÇÕES

Quando eu estava no primeiro ano da pós-graduação, lutando para conseguir chegar à academia, enfrentava também outro desafio. Em vez de me dedicar a meus problemas e leituras obrigatórias todas as tardes depois de um dia de aulas exaustivo, minha tendência era procrastinar e me encolher no sofá com um livro daqueles que a gente não consegue largar. Gostava em especial dos sucessos comerciais de autores como James Patterson e J. K. Rowling. Para mim, os livros eram a melhor das recompensas.

Mas é claro que ler ficção não era o melhor uso que eu podia fazer do meu tempo. Eu estava tentando fazer um doutorado em engenharia; precisava apertar o cinto e estudar. A mensagem chegou em alto e bom som nas provas do meio do meu segundo semestre em Boston, quando fui olhar minhas notas numa das minhas disciplinas mais difíceis de ciência da computação e descobri que, se continuasse daquele jeito, seria reprovada. Eu nunca tinha sido reprovada em matéria nenhuma; não chegara nem perto disso. Algo precisava mudar.

Felizmente, o desafio do meu noivo me deu uma luz de como eu poderia ao mesmo tempo fazer mais exercícios e parar de protelar os estudos. E se eu só me permitisse ler os livros de sucesso que tanto queria quando estivesse malhando, pensei? Se conseguisse, me dei conta de que pararia de perder tempo em casa lendo *Harry Potter* quando deveria estar estudando, e começaria a ansiar pelas idas à academia para descobrir o que ia acontecer na história da vez. E não só isso: eu também poderia aproveitar meu livro e minha malhação de modo mais combinado: não me sentiria culpada ao ler o livro, e o tempo na academia voaria.

Pensei mais no assunto, e me dei conta de que uma técnica semelhante talvez me permitisse resolver vários outros problemas de autocontrole que eu vinha enfrentando. Comecei a ver por toda parte oportunidades para matar dois coelhos com uma cajadada só. Por exemplo, eu adorava fazer o pé na pedicure, mas tinha a impressão de que isso significava perder um tempo precioso. E se eu só me permitisse fazer o pé quando tivesse alguma coisa da faculdade para ler? Perderia menos tempo, e ainda assim meus pés seriam lixados, massageados e as unhas pintadas. E se eu só me permitisse maratonar minhas séries preferidas na Netflix enquanto estivesse dobrando a roupa lavada, cozinhando, lavando a louça ou fazendo outras tarefas domésticas? Anos mais tarde, já professora universitária, cheguei a perceber que podia comer menos porcarias se as idas à minha hamburgueria preferida fossem reservadas a sessões de aconselhamento com um aluno ou aluna difícil que eu sabia que precisava encontrar com mais frequência. Eu passaria mais tempo encontrando esses alunos para comer os hambúrgueres de que tanto gostava, mas no total comeria menos desses sanduíches. Batizei essa estratégia de "agrupamento de tentações", e comecei a aplicá-la a tudo que podia.

Naturalmente, por ser uma cientista comportamental em formação, eu queria saber se o agrupamento de tentações poderia ser útil não apenas para mim, mas para outras pessoas também. E, como professora assistente na Wharton, inventei um jeito de testar essa possibilidade.

Na mesma rua do meu escritório na Wharton, no prédio em frente, fica o Pottruck Fitness Center, a mais importante academia da Universidade da Pensilvânia. Depois de reunir o financiamento e os colaboradores de que precisava para testar cientificamente o valor do agrupamento de tentações,* inundei o campus da Penn com cartazes convidando qualquer um da comunidade que quisesse se exercitar mais na Pottruck e tivesse um iPod para se inscrever num estudo e ganhar cem dólares. Em troca, tudo que essas pessoas teriam de fazer seria passar uma hora na academia sob minha supervisão no começo de cada semestre, e permitir à minha equipe acessar os dados relacionados à frequência delas na academia pelo restante do ano letivo.

De modo nada surpreendente, centenas de alunos e funcionários se inscreveram animados. O que poderia ser melhor do que ganhar cem dólares e receber uma ajudinha para iniciar hábitos de atividade física melhores?

Quando os participantes do estudo apareciam para a sua primeira visita à Pottruck, nós os recebíamos com mais boas notícias. Além do pagamento de cem dólares, iríamos lhes oferecer presentes. Em que consistiam exatamente esses presentes e como eles poderiam ser usados, porém, variava.

A algumas pessoas nós emprestamos iPods pré-carregados com quatro tentadores audiolivros da sua própria escolha (livros que verificávamos antes para garantir que fossem impossíveis de largar, como *Jogos Vorazes* ou *O código Da Vinci*). Após receber seu presente, os participantes do estudo malhavam escutando o primeiro capítulo do audiolivro que tinham escolhido. E depois descobriam que, se quisessem saber o que aconteceria no livro, precisariam voltar à academia, onde seu iPod emprestado permaneceria trancado num escaninho monitorado. Eles só poderiam escutar os audiolivros quando estivessem malhando. Todo mundo entendeu na hora a lógica do experimento: nós esperávamos que essa tentação atraísse as pessoas de modo a fazê-las voltar à academia para malhar mais.

---

* Os incríveis Julia Minson e Kevin Volpp foram meus parceiros nesse projeto.

Um segundo grupo de "controle" de participantes do estudo também foi incentivado a se exercitar mais, e teve de completar uma sessão de exercícios no início do nosso estudo. Mas esses alunos e funcionários da Penn, em vez de receberem um iPod com audiolivros que só poderiam acessar na academia, receberam um vale da livraria Barnes and Noble. Como eles já tinham iPod,* poderiam ter usado esse valor para carregar seus aparelhos com conteúdo em áudio se assim desejassem, mas nós não sugerimos isso e poucos o fizeram.

Como imaginávamos,[15] os participantes que tinham recebido a oportunidade de agrupar tentações foram frequentadores muito mais assíduos da academia do que os do grupo de controle. Nas semanas após os alunos e funcionários se inscreverem em nosso estudo, os que tinham recebido iPods com audiolivros se exercitaram 55% mais do que os integrantes do grupo de controle de nosso estudo. E mais: eles mantiveram benefícios significativos durante sete semanas, as semanas anteriores ao recesso de Ação de Graças da universidade. O agrupamento de tentações, afinal, tinha de fato valor.

Mas a descoberta mais intrigante que fizemos nesse estudo foi *quem* se beneficiava mais do agrupamento de tentações. Revelou-se que aquelas pessoas com as quais era mais difícil marcar uma primeira sessão de exercícios — aquelas cujas vidas eram mais cheias de compromissos — eram as que mais aumentavam sua frequência quando conseguiam agrupar as idas à academia com um audiolivro tentador.

Embora não tivéssemos previsto essa última descoberta, meus colaboradores e eu vimos imediatamente a lógica por trás dela. Na verdade, minha própria vida atribulada era o que tinha me levado a ter a ideia do agrupamento de tentações, e ele havia se revelado imensamente útil para mim na pós-graduação.** Aqueles de nós que têm as agendas mais loucas são exatamente o tipo de pessoa que se esperaria precisar de um atrativo mais forte para ir à academia (ou para alcançar qualquer outro objetivo diário). Para nós, confiar apenas na força de vontade para realizar as coisas é particularmente inútil, porque ao final de um longo dia nos sobra muito pouca energia.

---

* Lembre-se de que ter um iPod era um pré-requisito para participar do nosso estudo.
** Eu me tornei uma praticante assídua de atividades físicas, desenvolvi foco para me sair bem até nas matérias mais difíceis (já que agora tinha menos distrações tentadoras em casa), e de lambuja ainda pude aproveitar todos os livros da série *Harry Potter* e a maior parte dos livros da série *Alex Cross*.

O estudo, porém, revelou também algo decepcionante. A eficácia do agrupamento de tentações diminuiu após sete semanas, quando a academia Pottruck fechou para o recesso de Ação de Graças (um exemplo de recomeço que atrapalha). Essa descoberta inspirou um projeto de continuidade. Em parceria com a Audible[16] e com as academias da rede 24 Hour Fitness, meus colaboradores e eu desenvolvemos um novo programa, com um mês de duração, que foi oferecido a milhares de frequentadores de academia que desejassem se exercitar mais.* Algumas das pessoas que se inscreveram foram apenas incentivadas a se exercitar mais (elas formavam o grupo de "controle"), mas outras puderam baixar de graça um audiolivro, foram informadas sobre o agrupamento de tentações, e aconselhadas a tentar limitar seu uso dos audiolivros aos momentos em que estivessem se exercitando.

Nesse caso, descobrimos que oferecer às pessoas o download gratuito de um audiolivro e lhes explicar o agrupamento de tentações levava a um aumento de sete pontos percentuais na probabilidade de elas conseguirem encaixar pelo menos uma ida à academia por semana durante o programa de um mês. Levava também a um incremento significativo na probabilidade de atividade física semanal durante pelo menos dezessete semanas após o fim da nossa intervenção (quando paramos de coletar dados de acompanhamento, de modo que talvez os benefícios tenham durado ainda mais). Embora não tenha chegado nem perto do impressionante aumento inicial de 55% na atividade física provocado ao guardar os audiolivros das pessoas num armário trancado na academia, o sucesso dessa intervenção mesmo assim foi animador, porque ela consistiu apenas numa sugestão; nós não limitamos o comportamento de ninguém, como tínhamos feito no primeiro estudo, ao confiscar seus iPods. E isso confirmou que o agrupamento de tentações pode mudar o comportamento de maneira robusta e duradoura.

Para mim, a moral dessa pesquisa é que o agrupamento de tentações certamente funciona melhor quando você de fato consegue restringir um comportamento tentador a momentos em que estiver realizando uma tarefa que exige uma dose extra de motivação (por exemplo, só tornar possível escutar audiolivros na academia, e não no carro nem no ônibus). Mas o simples fato de *sugerir* às pessoas que tentem usar o agrupamento de tentações basta para produzir benefícios duradouros.

---

* Essa equipe foi liderada por minha fantástica aluna de doutorado Erika Kirgios.

Pesquisas mais recentes numa escola de ensino médio da Flórida indicam que agrupar tentações com os comportamentos que nos fazem bem e que às vezes relutamos em adotar pode aumentar não só nossa persistência de longo prazo nas coisas que sabemos que devemos fazer, mas também a persistência de curto prazo. Para grande surpresa de muitos professores,[17] temerosos de que isso fosse constituir uma distração, quando os alunos tinham a oportunidade de fazer lanches, escutar música ou usar pilots coloridos ao trabalhar em tabelas de matemática complexas, eles conseguiam dar conta melhor de suas atividades.

Felizmente, quando o agrupamento de tentações funciona, os objetivos difíceis deixam de causar medo, e ainda por cima é possível recuperar o tempo perdido. E eu aprendi que o agrupamento pode ser usado para resolver todo tipo de problema, de preparar mais comida em casa (sem vinho, a menos que seja você cozinhando) a concluir projetos (reservando a escuta de um podcast para os momentos em que se está fazendo colagens num caderno, por exemplo).

Infelizmente, nem todas as atividades podem ser agrupadas entre si. Por exemplo, responder a todos os novos e-mails da minha caixa de entrada exige minha atenção integral, então combinar essa tarefa com um audiolivro, podcast ou programa de TV não é uma alternativa. De modo geral, uma tarefa exigente do ponto de vista cognitivo não pode ser facilmente vinculada a outra tarefa igualmente exigente. E o mesmo vale para tarefas exigentes do ponto de vista físico: comer hambúrgueres ou tomar vinho não funciona agrupado com atividade física. Essas complexidades significam que o agrupamento de tentações *nem sempre* pode ajudar você a lidar com o viés do presente quanto estiver tentando mudar. Ele é apenas uma das ferramentas a ser considerada.

O agrupamento também não é uma estratégia infalível para ajudar *os outros* a mudarem, uma vez que exige que as pessoas se policiem. Se elas não estiverem totalmente comprometidas, é fácil trapacear (e aproveitar as tentações sem agrupá-las!). Quais são as alternativas, então?

TORNAR O TRABALHO DIVERTIDO

Em 2012, Jana Gallus, uma brilhante jovem economista que estava fazendo doutorado na Universidade de Zurique, ficou intrigada com um problema que vinha atormentando a Wikipédia, a enciclopédia on-line com 50 milhões de verbetes disponível em mais de 280 idiomas. Os novos editores com as melhores performances do site estavam abandonando o trabalho aos montes.

O que tornava esse desafio tão interessante para Jana era que os editores — os assim chamados wikipedianos, que mantêm precisos e atualizados os artigos do site sobre tudo, de *Game of Thrones* à mecânica quântica — não recebem um centavo. Então as recompensas em dinheiro não podiam ser usadas para resolver o problema.

O fato de a organização depender de mão de obra voluntária[18] fazia dela o tubo de ensaio perfeito para explorar alternativas ao dinheiro como forma de motivar as pessoas a alcançarem seu potencial pleno. Era um tema um pouco fora do comum para uma economista explorar, já que a teoria econômica em geral parte do pressuposto de que o dinheiro é tudo. Mas a experiência pessoal de Jana tinha lhe ensinado que as pessoas ligam para muito mais coisas além de recompensas financeiras. A obtenção de prazer e a perspectiva de ser reconhecido por colegas muitas vezes haviam se revelado bem mais motivadoras do que um contracheque. Ela estava ansiosa para demonstrar isso a outros da sua profissão e para contribuir com um conjunto cada vez mais robusto de pesquisas contrárias aos modelos econômicos que não levam em conta essas fontes de motivação não monetárias. Por ter construído um império às custas da mão de obra voluntária, a Wikipédia parecia ser o lugar ideal para explorar sua teoria.

Jana viu ali a oportunidade de a um só tempo fazer avançar suas pesquisas e ajudar uma organização inspiradora. Ela também reconheceu a dificuldade da Wikipédia de manter seus editores interessados pela tarefa por vezes monótona de fazer a curadoria do conteúdo on-line como outro sintoma do viés do presente. Resumindo: insistir em tarefas maçantes sem o atrativo de recompensas imediatas é chato. Do mesmo modo que esse fato da vida pode ser um desafio para aqueles de nós que estiverem tentando alcançar objetivos pessoais, ele também pode ser uma desvantagem para as organizações. O trabalho que elas precisam que seja feito nem sempre é instantaneamente gratificante.

Ansiosa para descobrir mais sobre o problema da Wikipédia, Jana começou a participar de mesas-redondas mensais que reuniam wikipedianos de regiões próximas para coletar informações sobre os problemas da rotatividade de talentos na empresa. Eram encontros oficiais, organizados em restaurantes e museus por pequenos grupos de editores voluntários e engajados, dispostos a conversar sobre suas áreas de especialidade e sobre a sua comunidade como um todo. Ela não demorou para ficar amiga de vários colaboradores importantes, e aprendeu muito sobre o trabalho editorial que faziam (um era especialista na Islândia, outro em trens) e os principais aspectos do problema de rotatividade que a comunidade estava enfrentando. À medida que foi mergulhando mais naquele mundo, Jana se convenceu de que poderia reduzir essa rotatividade com uma pequena mudança sem custo na plataforma da Wikipédia.

Quando revelou a seus novos amigos o que estava pensando, a promessa era boa demais para ser ignorada: os líderes da Wikipédia na sua comunidade concordaram em deixar Jana conduzir uma experiência com 4 mil novos editores voluntários.

Com base num simples cara ou coroa, Jana disse a alguns recém-chegados à Wikipédia que eles tinham recebido uma recompensa por seus esforços e que seus nomes haviam sido listados como vencedores de um prêmio num site dentro da Wikipédia. (A Wikipédia selecionava os ganhadores com base na frequência de contribuição dos editores e na durabilidade de suas postagens.*) Os voluntários que se destacavam com essa recompensa recebiam também uma, duas ou três estrelas, que apareciam junto ao seu nome de usuário; quanto melhor o desempenho, maior a quantidade de estrelas. Outros recém-chegados que haviam apresentado conteúdos igualmente valiosos para a Wikipédia, mas que não tinham sido selecionados no cara ou coroa, não receberam nenhum prêmio simbólico (nem foram alertados quanto à existência desses prêmios).

A hipótese que Jana queria demonstrar era de que os prêmios fariam com que uma tarefa monótona ficasse um pouco mais parecida com um jogo. Eles não mudavam a natureza do trabalho em si, apenas acrescentavam um elemento de diversão e um elogio a um trabalho bem-feito.

Você provavelmente já adivinhou que a experiência de Jana foi um sucesso (do contrário, por que eu estaria contando essa história?), mas o que talvez não tenha adivinhado é que ela ajudou *muito*. Os resultados do projeto de Jana foram espantosos: os voluntários que recebiam reconhecimento por seu

---

* É preciso notar que postagens com erros são rapidamente corrigidas por outros wikipedianos, e que uma postagem que resiste sem mudanças é considerada de alta qualidade. Durabilidade significa que ninguém questionou a veracidade do conteúdo da postagem.

esforço[19] tinham 20% mais probabilidade de voltar a fazer trabalho voluntário para a Wikipédia no mês seguinte do que aqueles de igual calibre que não tinham recebido elogios pelo seu trabalho. E, de modo incrível, essa diferença de comprometimento tinha um poder de duração notável: os voluntários que ganhavam prêmios simbólicos tinham 13% mais probabilidade do que os outros de estarem ativos na Wikipédia um ano depois.

O experimento de Jana com a Wikipédia é um exemplo de algo chamado "gamificação",[20] ou o ato de fazer uma atividade que não seja um jogo se tornar mais atraente e menos monótona acrescentando aspectos de jogos, como prêmios simbólicos, sensação de competição e rankings de desempenho. A gamificação recebeu grande atenção dos consultores empresariais há cerca de uma década, como uma estratégia que as organizações poderiam usar para motivar os funcionários de modo mais eficaz, sem modificar o trabalho em si, mas mudando a sua embalagem e tornando assim a conquista de objetivos um pouco mais empolgante ("É isso aí! Ganhei uma estrela!"). A Cisco, por exemplo, um conglomerado de tecnologia,[21] gamificou um programa destinado a ajudar seus funcionários a adquirirem habilidades no uso de redes sociais, oferecendo medalhas quando eles alcançavam diferentes níveis em suas aulas de certificação. Da mesma forma, a Microsoft criou rankings[22] para gamificar a verificação das traduções de seus produtos globais. E a multinacional de software SAP criou um game[23] que dava medalhas a funcionários e os classificava em rankings de acordo com seus desempenhos de vendas.

Diante disso, a gamificação pode parecer uma evidência: por que uma empresa não iria querer tornar o trabalho mais divertido? Mas, como uma estratégia de mudança comportamental que funciona de cima para baixo, ela pode facilmente ser um tiro que sai pela culatra. Foi o que descobriram dois de meus colegas da Wharton. Assim como Jana, Ethan Mollick e Nancy Rothbard ficaram animados com o potencial da gamificação de revolucionar a produtividade, então conduziram, alguns anos atrás, um experimento com várias centenas de vendedores e vendedoras cujo trabalho era um pouco maçante. Esses vendedores eram responsáveis por entrar em contato com empresas locais e convencê-las a oferecer cupons de desconto em produtos ou serviços, que eram então vendidos no site da empresa (estilo Groupon). Os vendedores recebiam comissões para cada cupom que fosse vendido on-line.

Numa tentativa de tornar esses cargos de vendas mais empolgantes, Ethan e Nancy trabalharam com desenvolvedores de games profissionais[24] para criar um game de vendas com o tema basquete. No game, os profissionais de vendas podiam ganhar pontos fechando acordos com clientes; quanto maior o acordo, maior a quantidade de pontos ganhos. As vendas a clientes que já tivessem demonstrado interesse eram chamadas de bandejas, enquanto aquelas conseguidas em marketing direto eram chamadas de *jump shots*. Imensos telões na sala do comercial exibiam os nomes dos melhores jogadores, e de vez em quando eram exibidas animações de basquete, como um jogador encestando a bola. E-mails regulares informavam aos "jogadores" quem estava ganhando, e quando acabava o game o vencedor recebia uma garrafa de champanhe.

Para testar os efeitos desse game no desempenho dos funcionários, Ethan e Nancy só permitiram que os vendedores de uma das salas do comercial participassem; os das outras duas salas foram deixados de fora. Eles então compararam as trajetórias dos vendedores que tinham jogado o game com as dos que não tinham.

Embora tenham começado muito esperançosos, Ethan e Nancy ficaram surpresos ao constatar[25] que jogar o game não melhorava o desempenho de vendas, tampouco melhorava como os vendedores e as vendedoras se sentiam no trabalho. Dito isso, um exame mais profundo dos dados por eles obtidos revelou, sim, um padrão muito interessante.

Meus colegas tinham feito a todos que participaram do game uma série de perguntas para determinar se eles haviam "entrado" na brincadeira. As pessoas estavam acompanhando o game? Entendiam as regras? Consideravam-no justo? Essas perguntas foram criadas[26] para medir quais profissionais de vendas tinham "entrado no círculo mágico", expressão usada[27] para descrever quem aceita ser regido pelas regras de um game, e não pelas regras normais que guiam nossas interações cotidianas.* Quando as pessoas não entram no círculo mágico, na verdade não há sentido em fazer um game. Quando jogo Banco Imobiliário com meu filho pequeno, por exemplo, ele não está entrando

---

* A origem desse conceito é atribuída ao historiador holandês Johan Huizinga, que escreveu sobre o elemento de jogo na cultura em 1938, mas Eric Zimmerman e Katie Salen popularizaram a expressão em seu livro de 2003 intitulado *Regras do jogo*, sobre criação de games e gamificação.

no círculo mágico quando simplesmente rouba todo o dinheiro do banco. E isso significa que o jogo não é muito divertido para ele: não existe nenhuma verdadeira finalidade, nenhum verdadeiro desafio.

Ethan e Nancy encontraram o mesmo princípio aplicado ao seu estudo. Os profissionais de vendas que consideravam o game de basquete uma bobajada (e que, portanto, não queriam jogar segundo as regras) na verdade passaram a se sentir pior em relação ao trabalho depois que o game foi introduzido, e seu desempenho caiu ligeiramente.* O game só beneficiava os profissionais que houvessem entrado para valer na brincadeira (para esses, a animação no trabalho aumentou de forma significativa).

Ethan e Nancy acreditam que seu estudo revela um erro frequente cometido pelas empresas em relação à gamificação. A gamificação não ajuda, e pode inclusive ser deletéria, se as pessoas sentirem que seu empregador as está forçando a participar de uma "diversão obrigatória". E se o jogo for bobo (e criar um game que não seja bobo é quase uma forma de arte), ele não ajuda ninguém. Seria como agrupar a tentação de malhar com uma leitura chata.

## O QUE É POSSÍVEL QUANDO SE ENTRA NA BRINCADEIRA

Embora o experimento de Ethan e Nancy tenha sido uma decepção, a gamificação nem sempre é ineficaz. No melhor dos casos, ela ajuda as pessoas a alcançarem os objetivos que elas já desejam de toda forma alcançar, tornando o *processo* mais empolgante. O importante é todo mundo que estiver jogando o game ter escolhido estar ali. Quando as pessoas entram na brincadeira, os resultados podem ser impressionantes.

Vejam por exemplo a experiência de Nancy Strahl, que participou do meu podcast para explicar como a gamificação mudou sua vida.[28] O mundo de Nancy virou de cabeça para baixo em 2008, quando ela começou a se sentir enjoada depois de deixar o marido e o filho no aeroporto. Imaginou que fosse uma intoxicação alimentar, mas quando piorou e acabou indo ao hospital

---

* A queda no desempenho de vendas foi aquilo que os cientistas qualificam de "marginalmente significativa", ou seja, embora os desempenhos tenham caído na média, não fica muito claro se foi uma queda com algum significado ou uma aberração estatística.

Nancy descobriu que estava tendo um AVC. Um dia depois, ao acordar, seus médicos lhe explicaram que o lado esquerdo de seu corpo tinha ficado paralisado. Era improvável que ela se recuperasse totalmente, e talvez nunca mais voltasse a andar.

Mesmo assim, havia uma chance. E Nancy estava disposta a fazer tudo que pudesse para reconquistar a independência; esperava poder dançar no casamento dos filhos e ajudar a cuidar dos futuros netos. Infelizmente, ela descobriu que recuperar a mobilidade exigiria um programa de reabilitação intenso e de longo prazo.

Determinada a conseguir, Nancy começou a fazer cinco horas de fisioterapia por dia quando estava internada, mas acabou tendo alta do hospital, e daí em diante caberia a ela fazer os exercícios sozinha. Em casa, ela precisaria executar diariamente dezenas de manobras ensinadas por um fisioterapeuta, o que seria desafiador e sem graça. Não é surpresa alguma que poucas pessoas consigam se ater a programas desse tipo. Nancy tinha grandes chances de não chegar muito longe.

Em sua busca por um caminho, ela acabou esbarrando em um estudo clínico sobre um tipo novo de programa de reabilitação que incluía um videogame. Seus exercícios foram inseridos numa aventura de rafting em águas revoltas chamado "Corredeiras da Recuperação". Todos os dias, ela entrava num caiaque virtual e descia remando um rio que aparecia na tela, recolhendo garrafas ou tentando encontrar um baú do tesouro enquanto descia por sinuosas corredeiras. A cada nível vencido, o game ficava mais difícil. E Nancy rapidamente se viciou: o jogo não só era divertidíssimo, como ela estava também percebendo os benefícios da atividade. Continuou jogando e então se deu conta de que conseguira acender a luz sozinha pela primeira vez desde o AVC.

Nancy teve uma recuperação espantosa. Aos poucos, voltou a andar e a dirigir, e chegou até a começar a remar um caiaque num lago perto de casa. Muitos anos depois de os médicos lhe dizerem que ela nunca mais voltaria a andar, ela dançou no casamento do filho.

Hoje Nancy tem a independência que temia ter perdido para sempre com o AVC. E ela atribui seu sucesso a uma abordagem gamificada da reabilitação.

O caso de Nancy não é único: a ciência sugere que a gamificação pode ajudar muitos de nós a alcançar nossos objetivos, contanto que usemos a técnica para tentar alcançar objetivos que *desejamos* alcançar. Vejam por exemplo um experimento de doze semanas com famílias de Massachusetts que desejavam se exercitar mais, algumas das quais tiveram seus exercícios "gamificados".[29] Todas as famílias desse experimento estabeleciam objetivos diários de passos e recebiam retornos diários sobre seu sucesso em alcançar esses objetivos (os participantes usavam aparelhos digitais para monitorar suas atividades). Mas alguns deles *também* ganhavam pontos extras por caminhar, tinham a oportunidade de progredir de um nível para outro do game se acumulassem pontos suficientes, e podiam ganhar uma caneca de café se chegassem ao nível mais alto antes do final do game.

Embora o grande prêmio fosse na verdade simbólico (uma caneca de café é legal, mas não paga as contas), a gamificação mesmo assim gerou grandes benefícios. Durante o game, e de modo mais impressionante ainda ao longo de doze semanas após seu término, as famílias escolhidas aleatoriamente para jogar se exercitaram muito mais do que aquelas cuja atividade física não fora gamificada. Da mesma forma que as Corredeiras da Recuperação tornaram a reabilitação de Nancy Strahl mais divertida, o game tornou a atividade física mais prazerosa, então as pessoas se exercitaram mais, e a mudança em seus níveis de atividade se manteve.

Mais importante ainda, todos os participantes *se ofereceram* para isso, e entraram por livre e espontânea vontade no "círculo mágico". Ficou claro que a abordagem de Mary Poppins nos ajuda mais quando já estamos ansiosos para ajudar a nós mesmos.

Embora isso signifique que podemos melhorar nossas chances de sucesso, uma pergunta importante permanece sem resposta. Como os *administradores* podem aproveitar os benefícios da gamificação se não podem partir do pressuposto de que os funcionários vão querer entrar no jogo? Um jeito pouco arriscado de fazer o trabalho ficar mais atraente é simplesmente tornar o local de trabalho em si mais sedutor e divertido, algo a que os funcionários raramente se opõem. Pensem por exemplo no projeto pioneiro e largamente imitado dos escritórios do Google, que me deixou perplexa em minha visita de 2012. A empresa oferece aos funcionários todos os elementos de um resort de luxo: comida gratuita e deliciosa, mesas de pingue-pongue, piscinas de raia, quadras de vôlei e distribuição de camisetas. Ou pensem na Asana, empresa de tecnologia que dá a seus funcionários um orçamento de 10 mil dólares para decorar seus locais de trabalho.[30] Ou na The Farmer's Dog, empresa de alimentos para cães que "contrata" cachorros para manter os funcionários humanos abastecidos de amor e diversão (os cães chegam a ter cargos oficiais: Agente Inspirador Chefe, ou Líder da Hora da Brincadeira).[31] A lista não acaba: empresas inovadoras por toda parte estão usando a mesma abordagem de Mary Poppins para tornar a experiência dos funcionários no trabalho mais divertida. Quando a pandemia de coronavírus confinou a maior parte dos trabalhadores norte-americanos ao home office, as empresas até encontraram maneiras de tornar o teletrabalho mais divertido. Happy hours virtuais viraram o último grito em empresas como a Zappos;[32] algumas chegaram até a inventar nomes engraçadinhos tipo "quaren-tínis" para esses encontros.

Embora alguns empregadores lancem mão desses recursos, o mais espantoso, na minha opinião, é tantos de nós deixarem de seguir os conselhos de Mary Poppins. Para "entender" isso, precisamos primeiro reconhecer que, na maior parte do tempo, nós *não* adoramos convenientemente fazer o que é bom para nós. Na verdade, os maiores empecilhos à mudança são muitas vezes a dor e a inconveniência de curto prazo associadas a fazer o que sabemos que deveríamos. Em geral, quando tentamos alcançar objetivos ambiciosos, precisamos lutar contra a força contrária da tentação.

Mas existe uma solução simples, como descobri com grande alegria desde meus dias na pós-graduação aliando romances de James Patterson com atividade física. Tudo que precisamos fazer é "mudar o roteiro", de modo que a gratificação instantânea funcione a nosso favor, não contra nós. Pesquisas já mostraram várias vezes que, em vez de confiar na força de vontade para resistir à tentação, o melhor seria compreendermos como tornar bons hábitos mais gratificantes a curto prazo. Grandes recompensas muito distantes no futuro não bastam para nos manter motivados. A abordagem Mary Poppins pega a diversão que tipicamente nos distrairia de nossos objetivos e a usa para transformar um obstáculo num incentivo: nós de repente *queremos* ir malhar, nos concentrar no trabalho, ter uma alimentação mais saudável e estudar mais. Esse tipo de desejo é uma motivação poderosa para mudar.

## DESTAQUES DO CAPÍTULO

- O viés do presente (também conhecido como impulsividade) — a tendência a favorecer tentações de gratificação instantânea em detrimento de recompensas de longo prazo — é um obstáculo pernicioso para a mudança.
- Mary Poppins entendeu tudo. Quando a busca de um objetivo é tornada instantaneamente gratificante com o acréscimo de "um elemento de diversão", o viés do presente pode ser superado.
- O agrupamento de tentações consiste em se permitir um prazer que causa culpa (como maratonar séries de TV) somente quando se estiver fazendo uma atividade virtuosa ou valiosa que você em geral detesta (por exemplo, malhar).
- O agrupamento de tentações resolve dois problemas simultaneamente. Ele pode ajudar a reduzir o abuso de tentações e a aumentar o tempo gasto com atividades que contribuem para seus objetivos de longo prazo.
- A gamificação é outra forma de tornar a busca de objetivos instantaneamente gratificante. Ela consiste em tornar algo que não é um jogo parecer mais envolvente e menos monótono, acrescentando aspectos de jogos como recompensas simbólicas, uma sensação de estar competindo, e rankings de pontuação.
- A gamificação funciona quando os jogadores "entram" no jogo. Ela pode ter o efeito contrário se os jogadores sentirem que o jogo lhes está sendo imposto.

# 3. Procrastinação

Em 2002, Omar Andaya era presidente do Green Bank, um dos maiores bancos de varejo das Filipinas.[1] E enfrentava um desafio comum aos executivos da área de finanças: seus clientes não estavam poupando o suficiente.

Alguns anos antes, ao assumir o leme do banco no lugar do pai adoentado, Omar havia tomado consciência desse problema, que o incomodava profundamente por dois motivos. Em primeiro lugar, ele reconhecia que a falta de poupança tem consequências graves: limita o acesso à saúde, prejudica as conquistas acadêmicas e, no fim das contas, reduz o potencial de renda de uma pessoa. Em segundo lugar, clientes com poucas economias eram financeiramente ruins para o banco. Resolver esse problema ajudaria os clientes *e* a empresa. Omar então começou a pensar em possíveis soluções.

Mas a verdade é que fazer as pessoas pouparem mais é muito, muito difícil. Mesmo nos Estados Unidos, um país bem mais rico do que as Filipinas, em 2015 uma em cada três famílias não tinha nenhum dinheiro guardado,[2] e 41% das famílias não teriam conseguido cobrir uma despesa imprevista de 2 mil dólares.[3] Por volta da época em que Omar assumiu o Green Bank, cerca de 31% de todas as famílias das Filipinas estavam abaixo da linha da pobreza.[4] Um desafio tão grande não faria Omar desanimar, mas ele não sabia muito bem o que fazer.

Sendo assim, ele ficou empolgado[5] quando um amigo o pôs em contato com Nava Ashraf, Dean Karlan e Wesley Yin, três acadêmicos que estudavam consumidores em economias emergentes e tinham uma proposta sobre como aumentar as taxas de poupança dos clientes do Green Bank.*

Havia apenas um pequeno problema. Muitas pessoas que ouviram a proposta deles a julgaram uma loucura.

Os acadêmicos disseram a Omar que ele deveria dar a seus clientes a oportunidade de depositar suas economias numa conta bancária "trancada", ideia que fora refinada após várias reuniões do grupo.[6] Esse tipo de conta seria igual às outras contas de poupança oferecidas pelo Green Bank e teria as mesmas taxas de juros. Mas haveria uma diferença importante: os clientes que optassem por essa conta não poderiam sacar o dinheiro antes de uma data futura de sua escolha ou até alcançarem um saldo que eles mesmos definiriam. Seria como um cinto de castidade financeiros.

Todos os anos, numa disciplina que leciono para cerca de 150 alunos de MBA na Wharton School, conto a história de Omar. E quando explico essa proposta as coisas se tornam inevitavelmente interessantes. Meus alunos começam a debater os méritos dessa ideia. Os que passaram anos estudando economia não conseguem conter um arquejo. Por que alguém colocaria seu dinheiro numa conta bancária que não pudesse acessar quando quisesse sem um grande incentivo, como uma taxa de juros mais alta? Para eles, essas contas parecem um acinte: um claro golpe para tirar das pessoas o dinheiro obtido às custas de tanto suor. E esses alunos têm certa razão. Contas bloqueadas ignoram um princípio econômico básico, a saber: que as pessoas preferem flexibilidade a restrições e liberdade a penalidades.

Muitos dos colegas de Omar no Green Bank tinham a mesma preocupação de meus alunos céticos. Mas Omar estava desesperado para tentar algo e viu nessa proposta extravagante uma centelha de percepção psicológica, a mesma que outro grupo de alunos de MBA da Wharton inevitavelmente também percebe, gerando todos os anos um debate acalorado. Em 2003, então, depois de muita hesitação com seus colegas, Omar decidiu correr um risco calculado com as contas bloqueadas. Deixaria os acadêmicos que haviam proposto o novo produto de poupança oferecerem-no a umas poucas centenas de clientes do Green Bank num experimento, e eles veriam o que iria acontecer.

---

* Mary Kay Gugerty também trabalhou na fase de criação desse projeto, mas depois saiu da equipe.

## COMO LIDAR COM A PROCRASTINAÇÃO

Por volta da mesma época em que Omar cogitava o lançamento de um novo tipo de conta bancária nas Filipinas, um cientista comportamental do Massachusetts Institute of Technology (MIT) chamado Dan Ariely lutava para entender um problema distinto, mas correlato. Ele não conseguia acreditar que seus alunos protelassem os trabalhos de universidade com tanta frequência. Tratava-se de alguns dos melhores estudantes universitários do mundo, e Dan ficava incomodadíssimo com o fato de eles deixarem "a tentação os fazer sair para um encontro, ir a uma reunião do centro acadêmico e viajar para esquiar nas montanhas enquanto sua carga de trabalho acumulava cada vez mais atrasos".[7] Ele desconfiava que seus alunos estivessem aprendendo menos do que aprenderiam se conseguissem sossegar o facho e se concentrar nos trabalhos quando estes fossem passados, e não em cima do prazo de entrega. Como também sou professora universitária, sei bem do que ele está falando. É de enlouquecer quando alunos brilhantes dão um tiro no próprio pé descumprindo prazos que sei que eles poderiam respeitar caso mantivessem o foco.

Dan ficou tão perplexo com os maus hábitos de estudos de seus alunos que decidiu se juntar ao colega Klaus Wertenbroch e conduzir alguns experimentos para entender melhor seu comportamento. A dupla tinha o palpite de que talvez conseguisse auxiliar os jovens gênios do MIT a ajudarem a si mesmos e, de lambuja, aprender algo sobre como as pessoas conseguem alcançar seus objetivos diante da tentação de procrastinar.

Dan e Klaus começaram fazendo um estudo com 99 alunos do MIT prestes a iniciar uma disciplina de catorze semanas com Dan.[8] Para passar na matéria, cada aluno teria de entregar três trabalhos curtos. Cerca da metade receberia prazos de entrega espaçados regularmente ao longo do curso. Mas à outra metade dos alunos Dan ofereceu uma oportunidade incomum. Disse que eles só precisariam entregar os três trabalhos no último dia de aula. Se quisessem, porém, poderiam escolher eles próprios datas anteriores para entregar cada trabalho. Se perdessem os prazos estabelecidos por eles mesmos, Dan abaixaria gradualmente suas notas a cada dia de atraso.

É preciso observar, porém, que, de modo bem parecido com a abertura de uma conta bancária bloqueada, a escolha voluntária de um prazo de entrega com uma penalidade por atraso viola um princípio básico da teoria econômica:

o de que as pessoas sempre preferem mais liberdade a menos. Essa preferência generalizada pela flexibilidade é o motivo pelo qual sua empresa aérea pode cobrar um acréscimo gigantesco por uma passagem com direito a alteração, restaurantes podem cobrar mais por seus bufês de brunch do que por seus mais bem servidos pratos do cardápio e os bancos em geral oferecem uma taxa de juros maior por produtos de investimento com datas de resgate fixo do que por contas de poupança que podem ser mexidas a qualquer tempo.

Mas Dan na verdade estava pedindo aos seus alunos que pagassem mais por uma *falta* de flexibilidade. Da perspectiva de um economista com formação clássica, a melhor estratégia para os alunos de Dan seria rejeitar os prazos que ele estava oferecendo e dar a si mesmo o máximo de tempo possível para terminar cada trabalho. Isso maximizaria sua flexibilidade para lidar com trabalhos de outras disciplinas e compromissos adicionais sem incorrer em nenhuma penalidade.

Só que 68% dos alunos de Dan escolheram a opção restritiva. Eles *queriam* os prazos.

Quando compartilho esse fato com meus alunos de MBA, isso inevitavelmente ressuscita o debate iniciado com a história de Omar Andaya e do Green Bank. Muitos dos meus alunos argumentam que os dados de Dan mostram que os alunos do MIT no fim das contas não são tão inteligentes assim. Se estão dispostos a adotar voluntariamente prazos de entrega atrelados a penalidades, eles estão cometendo um erro evidente. Nos estudos, bombardeados por prazos em todas as disciplinas, os alunos deveriam valorizar a flexibilidade e a liberdade. Mas outros alunos da minha turma discordam com veemência. Eles citam o desafio da administração do tempo e ressaltam que prazos definidos tornam mais fácil espaçar regularmente os trabalhos ao longo do semestre (em vez de descobrir, já perto das provas finais, que há mais coisas a fazer do que se pode fazer bem).

Esse debate só faz se intensificar quando revelo a meus alunos que os achados de Dan estão em boa companhia. Nas Filipinas, Nava, Dean e Wesley descobriram que 28% dos clientes do Green Bank aos quais foram oferecidas contas bloqueadas as escolheram em detrimento de contas padrão, sem bloqueio, ou de conta nenhuma.[9] (Vinte e oito por cento não é de forma alguma um número impressionante, mas é um número enorme quando se pensa que deveria ser zero.)

Nesse ponto da minha aula, meus alunos com extensa formação em economia já estão praticamente arrancando os cabelos. Eles insistem que é loucura as pessoas bloquearem voluntariamente seu dinheiro sem uma taxa de juros maior, ou optarem por prazos de entrega de trabalhos atrelados a penalidades. As pessoas nunca deveriam optar por abrir mão da flexibilidade nem da liberdade sem ter uma compensação! Esse não é só um preceito central da teoria econômica e uma das bases das políticas de governo e das estratégias de marketing mundo afora (existe um motivo para os navios de cruzeiro e os resorts acenarem com seus pacotes *all inclusive*). É também uma simples questão de bom senso, certo?

Talvez. Mas talvez não. No capítulo anterior, descrevi como nossa impulsividade pode ser um grande obstáculo para alcançar nossos objetivos e sugeri que uma solução para isso é transformar a impulsividade numa vantagem, tornando comportamentos virtuosos divertidos. Mas quando se trata de evitar a procrastinação, balançar a cenoura na ponta de uma vara é apenas uma opção; nós podemos também usar a vara. Ou seja, podemos ver a tentação chegando a um quilômetro de distância e tomar providências para impedir que nossos maus impulsos nos dominem. É isso que os clientes do Green Bank e os alunos de Dan Ariely estavam fazendo: ao escolherem as restrições — em relação a quando poderiam ter acesso ao seu dinheiro ou quanto podiam protelar seus trabalhos —, eles estavam tornando mais difícil ceder a tentações futuras e mais fácil alcançar seus objetivos de longo prazo.

## ALGEMAR A NÓS MESMOS

A ideia das contas bloqueadas do Green Bank não saiu do nada. A história está coalhada de relatos de pessoas (míticas e reais) que se apoiaram em técnicas parecidas para resistir à tentação. Talvez a mais famosa delas seja a de Ulisses, na *Odisseia*,[10] que pede para ser amarrado ao mastro de seu navio de modo a não sucumbir à tentação do canto das sereias e desviar o curso da sua embarcação.* Meu exemplo preferido é o do escrito francês Victor Hugo, um

---

\* Em certo ponto da narrativa de aventura épica de Homero, o herói Ulisses teme que ele e a tripulação sejam tentados a redirecionar sua embarcação rumo a uma ilha mortal habitada por sereias ao ouvirem as doces vozes das criaturas chamando-os do mar. Para evitar esse destino, Ulisses pede à tripulação para amarrá-lo no mastro e tapar os ouvidos com cera, assim ninguém poderá ceder à tentação prevista.

socialite entusiasmado que vivia protelando a conclusão da primeira versão de *O corcunda de Notre-Dame*. Desesperado para respeitar um prazo apertado de seu editor, ele trancou todas as suas roupas, com exceção de um xale para se cobrir.[11] Ao fazer isso, garantiu que não poderia sair. Forçado a ficar em casa e se concentrar no romance, conseguiu cumprir o prazo.

Mais de cem anos depois, os estudiosos ficaram intrigados com a estranha tendência das pessoas de impor restrições a si mesmas. Em 1955, um economista chamado Robert Strotz[12] reparou que um subconjunto de pessoas (como Victor Hugo) fazia coisas esquisitas para se impedir de ceder a impulsos que fossem prejudicar seus objetivos, como depositar dinheiro ao longo do ano em contas especiais de poupança que não permitiam resgates antes das Festas, ou se casar para se forçar a "sossegar o facho" (lembrem-se, esse estudo foi publicado nos anos 1950).

O artigo de Robert Strotz sobre o assunto se revelou um sucesso (até onde algum artigo acadêmico pode ser qualificado de sucesso). Ele apresentou aos economistas a heresia de que, em vez de preferir sempre a flexibilidade e a liberdade, às vezes as pessoas querem justamente o contrário, pois sabem que isso vai ajudá-las a evitar a tentação. Os discípulos de Strotz (entre os quais os futuros vencedores do Nobel de economia Thomas Schelling e Richard Thaler) começaram a explorar essas estratégias[13] em mais detalhes e lhes deram um nome:[14] "dispositivos de comprometimento".

Toda vez que você faz algo que reduz sua liberdade em nome de um objetivo maior, está usando um dispositivo de comprometimento.[15] Dizer ao seu chefe que vai terminar um relatório opcional antes de uma determinada data é um dispositivo de comprometimento para concluir essa tarefa. Um cofrinho clássico daqueles de cerâmica, que é preciso quebrar para pegar o dinheiro lá de dentro, é um dispositivo de comprometimento que torna um pouquinho mais difícil mexer nas economias. Equipar a cozinha com pratos pequenos é um dispositivo de comprometimento para ajudar a diminuir as porções consumidas. Baixar um aplicativo como o Moment,[16] que permite fixar limites diários para o uso do smartphone, é um dispositivo de comprometimento destinado a reduzir o vício em tecnologia. E, num caso extremo, incluir o nome numa lista de autoexclusão para jogos de azar[17] (uma alternativa em alguns estados norte-americanos como a Pensilvânia), de modo que a pessoa seja presa se pisar num cassino, é um dispositivo de comprometimento para garantir passar longe das mesas de carteado.

As restrições destinadas a impedir escolhas de impulso estão, é claro, a toda a nossa volta: limites de velocidade no trânsito, leis contra o uso de drogas, proibição de mandar mensagens de texto ao volante e até mesmo prazos de entrega padrão e espaçados para os trabalhos escolares. Mas em geral esses tipos de restrição nos são impostos por terceiros supostamente bem-intencionados, como um governo ou um professor. O que torna os dispositivos de comprometimento estranhos é o fato de eles serem autoimpostos: nós estamos algemando a *nós mesmos!*

Embora espere ter lhes dado pelo menos uma indicação intuitiva de por que algemar a si mesmo de vez em quando pode ser útil, ainda preciso lhes apresentar provas concretas de que essas estratégias funcionam. Então permitam-me levá-los de volta às contas de poupança bloqueadas do Green Bank e aos prazos definidos voluntariamente pelos alunos de Dan Ariely e explicar como essas situações se desenrolaram.

Os economistas que sugeriram a Omar Andaya a ideia das contas bancárias atípicas avaliaram-nas por meio de um estudo grande e cuidadosamente pensado.[18] Eles dividiram aleatoriamente mais de mil clientes antigos ou atuais do Green Bank em dois grupos distintos. Ao primeiro, com cerca de oitocentos clientes, o banco sugeriu abrir uma conta bloqueada; o segundo, com cerca de quinhentos clientes, era o grupo de "controle", ou seja, o dos que não receberam essa oferta. Os pesquisadores então monitoraram o saldo de poupança de todos os participantes ao longo do ano seguinte (independentemente de eles terem optado ou não pela conta bloqueada) para ver se o simples fato de poder *optar* por uma conta bancária bloqueada fazia diferença.

Quando o resultado chegou, Dean Karlan, um dos líderes do estudo, me disse ter ficado estarrecido.[19] Em comparação com o grupo de controle, os clientes a quem fora oferecida uma conta bloqueada pouparam 80% *mais* ao longo do ano seguinte. Em outras palavras, se um cliente do grupo de controle tivesse poupado cem dólares, um cliente comparável com acesso a uma conta bloqueada teria poupado 180 dólares. É uma diferença muito grande! Os números são ainda mais impressionantes quando se considera que apenas 28% dos clientes a quem foi oferecido acesso a uma conta bloqueada de fato abriu uma. Isso significa que um número relativamente pequeno de pessoas no grupo ao qual foram oferecidas contas bloqueadas poupou tanto dinheiro que aumentou de modo significativo as economias do grupo inteiro.

Essa ideia pouco ortodoxa, no fim das contas, era bastante inteligente; ela de fato ajudou as pessoas a alcançarem seus objetivos de poupar.* Mas e os prazos com penalidades que Dan Ariely resolveu oferecer a seus alunos?

Bem, para descobrir, Dan e Klaus deram continuidade ao estudo que mencionei mais cedo.[20] Dessa vez, eles compararam o desempenho de um grupo de sessenta alunos do MIT em trabalhos quando confrontados com um único prazo final ou quando podiam se autoimpor prazos intermediários com penalidades por atraso na entrega.** O resultado foi que os alunos que podiam optar por impor os próprios prazos entregaram trabalhos com cerca de 50% menos erros do que os alunos aleatoriamente escolhidos para terem um único prazo final. A oportunidade de se autoimpor prazos se revelou extremamente útil, de modo bem semelhante ao acesso a uma conta de poupança bloqueada.

Até hoje considero a dimensão desses sucessos estarrecedora e gosto sempre de compartilhá-la com meus alunos de MBA, principalmente com os que afirmam de modo contundente que ninguém em sã consciência adotaria um dispositivo de comprometimento, quanto mais se beneficiaria dele.

Os dados são claros. Ainda que contrariem uma regra de ouro da teoria econômica, os dispositivos de comprometimento podem ser uma espécie de dádiva divina. Eles nos ajudam a modificar nosso comportamento para melhor porque nos prendem a escolhas que fazemos quando conseguimos ver com clareza o que é melhor para nós, não quando estamos reagindo com a cabeça quente a uma tentação iminente, e nos impedem de ceder à tentação de nos comportarmos mal depois.

Um cético poderia observar que tudo isso é muito bom, mas e se, digamos, o seu banco não oferecer uma conta de poupança bloqueada (quase nenhum banco faz isso)? Como você faz para encontrar um dispositivo de comprometimento para cada objetivo de longo prazo que deseja tentar alcançar? Se você for um profissional que deseja bater suas metas, não existe professor

---

* Vale notar que outro grupo da experiência foi simplesmente aconselhado a fixar objetivos e incentivado a poupar mais, sem uma conta bloqueada. Isso também fez o saldo das contas se mover na direção certa, mas os benefícios representaram apenas um terço daqueles obtidos pelas pessoas a quem foi oferecida a opção de abrir uma conta com comprometimento.

** Lembrem que o estudo anterior de Dan e Klaus que citei tinha outro modelo: comparava alunos com prazos espaçados regularmente com alunos que podiam se autoimpor os próprios prazos.

nenhum por perto para impor penalidades por atraso. Se quiser se exercitar mais, eu provavelmente não vou estar na sua academia distribuindo iPods com audiolivros que você só pode escutar ali.[21] Para a maior parte dos objetivos que deseja alcançar, é justo você desejar um jeito simples de criar seu próprio dispositivo de comprometimento.

Felizmente, existe *sim* um jeito simples.

## DISPOSITIVOS DE COMPROMETIMENTO MONETÁRIOS

Imagine um grande e suculento cheeseburguer. Ele tem todos os extras que você adora: alface, tomate, cebola, bacon, seja lá o que lhe der mais água na boca, e exala um aroma incrível. Se você estivesse almoçando fora com um amigo e o garçom servisse esse sanduíche na mesa ao lado, você não ia querer um também?

Mas e se você tivesse acabado de prometer a si mesmo começar a ter uma alimentação mais saudável? Será que conseguiria resistir?

É essa a pergunta feita a meus alunos de MBA na Wharton todos os anos pelo palestrante convidado Jordan Goldberg.[22] Jordan é um dos fundadores da stickK,[23] empresa cujos dados Hengchen, Jason e eu analisamos para determinar se as pessoas têm mais probabilidade de fixar objetivos após datas de recomeço.

Depois de Jordan fazer meus alunos considerarem essa situação do sanduíche, a sala é invariavelmente tomada por murmúrios. Todos os alunos *gostam* de acreditar que teriam força de vontade suficiente para resistir, mas a maioria se conhece bem o suficiente para admitir que *talvez* pedisse o cheeseburguer.

Jordan então faz uma pergunta mais fácil: E se você soubesse que ficaria devendo quinhentos dólares a alguém se comesse o cheeseburguer? Pensaria muito mais antes de ceder à saborosa tentação, correto?

Todo mundo assente, inclusive eu. Não há nada de controverso nessa decisão.

Com essas perguntas, Jordan apresenta a meus alunos um tipo incomum de dispositivo de comprometimento, um dispositivo que o ajuda a manter seus planos obrigando-o a literalmente pagar se não o fizer. Eu chamo esses dispositivos de "dispositivos de comprometimento monetários", e há várias empresas que os oferecem aos consumidores. Até hoje, centenas de milhares de pessoas tentaram usar dispositivos de comprometimento monetário, e eles se revelam bastante práticos. Tudo que você precisa fazer é fixar um objetivo, escolher alguém (ou alguma tecnologia) para monitorar de forma precisa o seu progresso, e pôr em jogo um dinheiro que terá de ceder a um terceiro em caso de fracasso. (Você pode especificar se quer que o dinheiro vá para determinada pessoa ou instituição de caridade e, para garantir que o fracasso realmente doa, pode até escolher uma instituição de caridade que detesta — uma "anticaridade" — como uma que defenda o direito de acesso ou o controle das armas, dependendo da sua posição política.) Pode comprometer quantias pequenas, mas, de modo nada surpreendente, quanto maior a quantia em jogo, maiores as taxas de sucesso.

Quer frequentar com mais regularidade o seu templo religioso? Escolha um frequentador de confiança para ser seu juiz e ponha dinheiro em jogo caso não consiga. Quer sair com menos gente fracassada? Escolha um amigo com bom gosto para lhe cobrar depois e fixe o valor da aposta.*

Não faz muito tempo, conversei com o escritor e empreendedor da área de tecnologia Nick Winter, que usou um dispositivo de comprometimento monetário para ajudar a mudar o curso de sua vida.[24] Em 2012,[25] aos 26 anos de idade, Nick era um programador de software que sentia que sua vida não estava correspondendo às próprias expectativas. Insatisfeito e frustrado, fez a si mesmo as seguintes perguntas: "O que posso fazer para deixar minha vida mais completa, mais gratificante? O que me deixaria empolgado? Como eu quero viver?".

Enquanto refletia sobre essas questões, contou-me Nick, ele se deu conta de que a aventura estava dolorosamente ausente do seu dia a dia. Sim, ele adorava programar e tinha um emprego gratificante, mas a coisa mais empolgante que tinha feito nos últimos tempos fora ir malhar na academia. A segunda revelação que Nick teve foi que não estava usando suficientemente o lado artístico do seu cérebro. Ele queria fazer algo mais criativo.

---

* É bem verdade que alguns fracassados vão passar pela peneira, já que eles podem ser difíceis de detectar.

Impulsionado por essas revelações, Nick resolveu se transformar num aventureiro com interesses variados — paraquedismo, aprender a andar de skate, aprender a ter sonhos lúcidos, diminuir em cinco minutos seu tempo para fazer cinco quilômetros correndo e muito, muito mais — e escrever um livro sobre essa transformação. Ele deu a si mesmo três meses para fazer tudo.

Veja bem, Nick não tinha nenhuma ilusão. Sabia que seria difícil realizar uma mudança de vida tão grande num tempo tão curto. E tinha quase certeza de que o simples fato de anunciar seus planos para os amigos não bastaria (mas foi por aí que ele começou, para pelo menos ficar com vergonha se não conseguisse progredir). Ele tinha certeza de que, para alcançar seus objetivos, precisava aumentar as apostas. Então ficou intrigado ao ouvir falar numa empresa disposta a lhe vender um tipo muito incomum de contrato. Funcionava assim: Nick concordaria em pagar uma multa enorme, por volta de 14 mil dólares, se *não* escrevesse um livro e pulasse de paraquedas em três meses.*

Talvez para um bilionário 14 mil dólares seja um trocado, mas Nick não era rico. Ele estava pondo em risco quase todo o saldo da sua conta bancária, o que, a seu ver, não lhe deixava outra alternativa a não ser escrever o livro e pular do avião.

Munido de um grande incentivo para fazer isso, em menos de três meses Nick escreveu um livro (de razoável sucesso!) sobre suas aventuras: *The Motivation Hacker*.[26] Além disso, pulou de paraquedas com a namorada, feito que talvez lhe dê mais orgulho ainda, já que sempre tivera medo de altura.

Adoro a história de Nick porque ela ilustra muito bem o poder e a simplicidade dos dispositivos de comprometimento monetários. Ela também destaca um aspecto um tanto contraditório desses dispositivos. Por um lado, quando os usamos, estamos *contrariando* as leis clássicas da economia, segundo as quais mais liberdade é melhor do que menos. Mas, por outro lado, estamos também nos *apoiando muito* na economia clássica, que recomenda aumentar o preço dos comportamentos indesejados ou impor restrições para desincentivá-los. São essas justamente as soluções que a economia preconiza; por exemplo, taxar os cigarros e as bebidas alcoólicas ou proibir a maconha para reduzir o consumo.

---

* A multa seria de apenas 7 mil dólares caso ele alcançasse um objetivo mas não o outro.

Os comprometimentos monetários, assim como outros tipos de incentivo, são particularmente práticos por serem muito versáteis, bem mais do que outros tipos de dispositivos de comprometimento que exigem, por exemplo, um aplicativo para travar seu smartphone após um tempo de uso excessivo ou um cassino que vai impedir sua entrada depois de você se inscrever numa lista de autoexclusão. Tudo que você precisa é de um dinheiro que não quer perder e de alguém (ou alguma coisa) para monitorar seu progresso.

Um problema real, claro, é que os dispositivos de comprometimento monetário soam bem bizarros para algumas pessoas. Afinal, você está literalmente se inscrevendo para pagar multas! Mas o fato é que, mesmo contrariando o bom senso, eles se mostraram altamente eficazes. É o caso de um estudo feito com 2 mil fumantes[27] que descobriu que ter acesso a um dispositivo de comprometimento monetário (nesse caso, uma conta poupança na qual eles depositavam um dinheiro que só resgatariam seis meses mais tarde, se passassem num teste de urina para detectar nicotina) ajudou as pessoas a largarem o cigarro. Em média, os fumantes que decidiram usar os dispositivos de comprometimento monetário faziam depósitos mais ou menos a cada quinze dias, e punham no total cerca de 20% de sua renda mensal numa conta que perderiam se não parassem de fumar. E, num resultado notável, 30% mais fumantes que tiveram a oportunidade de arriscar o próprio dinheiro para deixar de fumar o fizeram. Já foi demonstrado que oportunidades semelhantes de comprometimento monetário ajudaram frequentadores de academias a malhar mais, praticantes de regime a perder mais peso[28] e famílias a fazer compras de mercado mais saudáveis.[29]

O maior desafio dos dispositivos de comprometimento monetário não é sua eficácia, mas sim deixar mais pessoas à vontade com a ideia de usá-los. E é sensato ter alguma hesitação. Por melhores que esses resultados possam parecer, talvez você simplesmente não esteja pronto para se autoimpor restrições ou multas caras no caso de não atingir todos os seus objetivos. Se for esse o caso, você não está só. Apenas 11% dos fumantes, por exemplo, se dispuseram a investir qualquer dinheiro para ajudá-los a se livrar do tabagismo.*

---

* Assim como no estudo com o Green Bank, vale assinalar que esse grupo relativamente pequeno teve tanto sucesso em largar o vício que isso melhorou as estatísticas de *todas* as pessoas a quem se ofereceu a conta poupança especial.

Há muitos motivos prováveis para isso. Um deles é que nem todo mundo tem interesse em mudar. Outro é que, mesmo que você queira mudar, às vezes o fracasso foge ao controle. E se por exemplo surgir uma emergência familiar que o impeça de cumprir seus objetivos de atividade física? Nesse caso, você teria de lidar não apenas com esse trauma, mas também com a penalidade financeira do seu dispositivo de comprometimento. Talvez essa possibilidade seja simplesmente mais do que você consegue aguentar, ponto. E aí?

## PROMESSAS E OUTROS COMPROMETIMENTOS SUAVES

Imagine que você é um médico requisitado e recebe um paciente se queixando de dor de garganta, nariz entupido e tosse. Fica claro que tudo que seu paciente quer é uma receita para diminuir o sofrimento. Você, naturalmente, fica ansioso para ajudar.

Mas digamos que seu paciente esteja implorando por antibióticos, e você sabe que aqueles sintomas sugerem tratar-se provavelmente de um resfriado forte, não de uma infecção bacteriana como amigdalite ou pneumonia. É *possível* que seja uma infecção e que os antibióticos ajudem, mas é improvável. Além de serem quase certamente inúteis nesse caso, antibióticos são caros e podem causar reações adversas como irritação de pele, diarreia e vômitos. Além disso, quanto mais os antibióticos são receitados, mais depressa as bactérias super-resistentes se desenvolvem, tornando futuras infecções mais difíceis de tratar.

De modo que você agora está diante de uma decisão difícil. Será que vai conseguir resistir à tentação de prescrever ao seu paciente o remédio que ele pediu? Ou vai contrariar os preceitos da medicina e lhe dar o que ele quer, na esperança de que isso o faça se sentir melhor, muito embora os indícios sugiram o contrário?

Embora gostemos de pensar que os médicos são infalíveis, as pesquisas mostram que muitos cedem regularmente à tentação de oferecer aos pacientes o que eles querem. Na verdade, calcula-se que os adultos no Estados Unidos recebam 41 milhões de receitas de antibióticos desnecessárias por ano,[30] a um custo superior a 1 bilhão de dólares (e isso considerando apenas o preço dos remédios).

Consciente dessa estatística preocupante, uma criativa equipe de médicos e cientistas comportamentais que conheciam o poder do comprometimento teve uma ideia que pensaram poder ajudar.*

Em geral, no trabalho, quando lhe pedem para alcançar um objetivo que você realmente valoriza (como tomar decisões melhores diante de pacientes exigentes), você decerto reflete a respeito e se convence de que pode fazê-lo. Talvez até converse sobre o seu objetivo com alguns amigos próximos, parentes ou colegas, mas a preparação normalmente para por aí.

Os pesquisadores desejosos de estancar as receitas desnecessárias de antibióticos perceberam isso e inventaram um passo extra que esperavam que fosse aumentar a probabilidade de os médicos pensarem duas vezes antes de cederem às demandas dos pacientes. Eles pediram aos médicos para assinarem uma promessa formal de só receitar antibióticos quando necessário,[31] e em seguida para afixar essa promessa de modo visível em suas salas de espera.

A psicologia com a qual os pesquisadores estavam contando para sustentar essa tática funciona assim: a partir do momento em que você firma um compromisso e o prega na parede, você cria um custo mental para passar uma receita desnecessária. Caso se sinta tentado a passar uma receita de antibiótico, o médico estará superconsciente de que fazer isso significa faltar com a sua palavra. Afinal, ele assinou uma carta prometendo não fazer exatamente isso e a emoldurou. Para resumir, o "preço" de receitar um antibiótico desnecessário aumentou.

A equipe que desenvolveu essa ideia convenceu os administradores de cinco grandes clínicas de atendimento primário de Los Angeles a lhes permitirem testá-la. Eles pediram a alguns dos médicos dessas clínicas para assinarem e afixarem em suas salas de espera uma promessa de que estavam "comprometidos em evitar receitar antibióticos quando houver probabilidade de eles causarem mais prejuízos do que vantagens". Outros médicos (num grupo de "controle") não receberam o mesmo pedido.

Durante o estudo, quase mil pacientes foram ao consultório desses médicos reclamando de sintomas agudos de resfriado. E os pesquisadores descobriram que pedir aos médicos para assinar e afixar a promessa baixou em quase um

---

* Nessa equipe estavam Daniella Meeker, Tara Knight, Mark Friedberg, Jeffrey Linder, Noah Goldstein, Craig Fox, Alan Rothfeld, Guillermo Diaz e Jason Doctor.

terço as receitas inadequadas de antibióticos em comparação com o grupo de controle.

Esse número é incrível. Mas o que mais me impressiona é tantos médicos terem sido influenciados por sua promessa muito embora quebrá-la não acarretasse uma penalidade monetária. Uma promessa desse tipo é bem diferente dos comprometimentos monetários, das contas bancárias bloqueadas e das penalidades por estourar prazos, aos quais me refiro como "comprometimentos duros", porque eles têm um custo mais concreto. A promessa dos médicos é um exemplo perfeito do que chamo de "comprometimento suave", um comprometimento que impõe apenas um custo *psicológico* ao fracasso.

Naturalmente, existe uma ampla gama de custos que podemos nos impor, ou que os outros podem impor a nós, para nos ajudar a alcançar nossos objetivos. Eles vão de *penalidades suaves*, como anunciar nossos objetivos ou prazos de modo a nos causar humilhação caso não os respeitemos, a *penalidades duras*,[32] como ter de abrir mão de dinheiro em caso de fracasso. Existem também *restrições suaves* que podemos nos autoimpor, como comer num prato menor ou usar um cofrinho, e *restrições duras*, como colocar nosso dinheiro numa conta poupança bloqueada ou aceitar o acesso ao nosso iPod somente na academia.

Como já mencionei, por um bom motivo, nem todo mundo se sente à vontade com o conceito de um dispositivo de comprometimento que impõe penalidades significativas ao mau comportamento ou restringe futuras liberdades. Se uma penalidade for grande demais, ela pode ser contraproducente. Quem não consegue suportar a ideia de comprometimentos duros talvez funcione melhor com um tipo diferente de dispositivo de comprometimento.

Assinar uma promessa é um tipo particularmente suave de comprometimento, pois a penalidade é apenas a culpa e o desconforto que você vai sentir se faltar com a palavra, com os outros ou consigo mesmo. O desacordo consigo mesmo,[33] algo que os psicólogos denominam "dissonância cognitiva", é uma força surpreendentemente poderosa estudada pela primeira vez por Leon Festinger nos anos 1950. As pessoas muitas vezes são capazes de grandes esforços para evitar ter de encarar suas contradições internas. A dissonância cognitiva talvez ajude a explicar por que é tão difícil sair de um culto (depois de você entrar e investir tanto de si, é difícil admitir que está infeliz) e por que os fumantes muitas vezes subestimam os efeitos de seu vício sobre a saúde (se alguém se acha inteligente e ao mesmo tempo tem um hábito horrível, a dissonância cognitiva leva essa pessoa a desconsiderar ou ignorar indícios de que aquele hábito é de fato horrível). A dissonância cognitiva é também uma ferramenta útil que podemos usar para mudar de vez um comportamento. Ao decidir fazer promessas e pedir aos outros para fazerem o mesmo, podemos transformar a dissonância cognitiva numa penalidade suave que nos ajude e os ajude a ter mais sucesso.

Veja o exemplo de uma aluna minha, Karen Herrera.[34] Ao chegar como caloura ao campus da minha universidade na Filadélfia, Karen era clinicamente obesa e profundamente infeliz com o próprio corpo. Hoje no terceiro ano, conseguiu perder dezoito quilos indesejados. Como ela conseguiu? Ela me disse que, poucas semanas depois de chegar ao campus, marcou sessões com uma nutricionista que mudaram tudo. Em cada encontro, Karen fazia pequenos comprometimentos relacionados à dieta e à perda de peso, comprometimentos administráveis e de curto prazo, e planejava como alcançá-los. Então ia à nutricionista para monitorar semanalmente o seu progresso. Com o tempo, as duas criaram uma relação. "Eu passo a semana inteira tomando decisões e não quero desapontá-la", disse-me Karen. "E também não quero desapontar a mim mesma." Esse desejo de não se desapontar (de modo a evitar a dor da dissonância cognitiva) nem desapontar a nutricionista (porque Karen havia feito uma promessa a ela) ajudou Karen a alcançar seus objetivos. Quando a conheci, já no terceiro ano, ela me disse que pela primeira vez se sentia incrível com seu corpo, sem falar em como estava encantada com a enorme mudança que tinha feito e conseguido manter, tudo graças a um comprometimento suave.

Vale notar que o comprometimento suave de Karen foi pequeno e recorrente. Ela não prometeu perder dezoito quilos numa tacada só, em vez disso, criou metas semanais de perda de peso saudáveis e possíveis de alcançar. Muitas pesquisas sobre o comprometimento confirmam os benefícios dessa abordagem "fracionada".

Considere um estudo que ajudei a conduzir, liderado por meu doutorando Aneesh Ray, feito com milhares de voluntários de uma ONG que tinham prometido trabalhar duzentas horas em um ano, mas não estavam conseguindo cumprir a promessa.[35] Por saberem que encarar um objetivo tão grande pode ser desanimador, meus colaboradores e eu, em vez disso, pedimos aos voluntários para se comprometerem com quatro horas semanais ou oito horas quinzenais, o que basicamente, é claro, equivale a duzentas horas anuais. Só que esses comprometimentos menores, apesar de totalizarem a mesma promessa anual, renderam ao todo 8% a mais de trabalho voluntário do que simplesmente incentivar as pessoas a progredirem em relação a um comprometimento anual. (Da mesma forma, a empresa de serviços financeiros on-line Acorns[36] descobriu que é mais eficiente pedir para as pessoas pouparem cinco dólares por dia do que 35 por semana ou 150 por mês, muito embora o resultado seja o mesmo.) Quando um comprometimento é pequenininho, ele nos parece menos desafiador, e temos uma probabilidade maior de cumprir o que prometemos.

DOIS TIPOS DE PESSOAS

Por mais que eu goste de ensinar aos meus alunos de MBA na Wharton sobre dispositivos de comprometimento e de dividir com eles a história de Omar, o debate que isso gera também pega num ponto fraco meu. Quando descobri a existência das pesquisas sobre dispositivos de comprometimento duros, na pós-graduação, eu também estava me sentindo decepcionada e frustrada. Ao contrário dos meus alunos de MBA, porém, eu nunca fora submetida a nenhum suspense quanto ao valor dos dispositivos de comprometimento duro. Aprendi que eles funcionam antes de sequer ter tempo de pensar que algumas pessoas pudessem achá-los contraintuitivos. Consequentemente, minha frustração não era em relação à existência de um produto que contrariava uma lei clássica da economia. O que me indignou no começo, isso sim, foi como tão *poucas* pessoas os usavam. Os dados me demonstravam que essas ferramentas valiosas deveriam ser extremamente populares. Apesar disso, a maioria das pessoas parece achar os comprometimentos suaves mais atraentes do que os duros, apesar de eles não terem o mesmo custo, e serem, portanto, significativamente menos eficientes.

Os dispositivos de comprometimento duros não são apenas impopulares. Muitas pessoas, entre elas uma parcela de meus inteligentes e profissionalmente experientes alunos de MBA na Wharton, os consideram simplesmente bizarros. Lembre que não só os executivos do Green Bank como também um subconjunto representativo de clientes do banco se mostraram a princípio céticos quanto ao mérito das contas bloqueadas. Ao terem oportunidade de abrir uma conta bloqueada, 72% dos clientes declinaram. E fumantes que desejavam largar o vício também tiveram dúvidas em relação a usar dispositivos de comprometimento monetário: 89% não quiseram pôr dinheiro numa conta de comprometimento. Dados de outros estudos pintam um quadro semelhante ao sugerir que as baixas taxas de adesão são a norma. E como prova suplementar de que os dispositivos de comprometimento não são extremamente populares, nenhuma das principais empresas de dispositivos de comprometimento monetário (como a stickK e a Beeminder) tem um sucesso retumbante.

O que acontece então? Os dispositivos de comprometimento são extremamente úteis, e considerando quantos de nós têm dificuldade para alcançar nossos objetivos, o natural seria que a demanda por eles fosse altíssima. Estima-se que a indústria da autoajuda represente um mercado anual de 10 bilhões de dólares.[37] Está claro que as pessoas querem ajuda para atingir suas maiores e mais desafiadoras metas, mas mesmo assim elas muitas vezes recusam essas ferramentas extremamente eficazes.

Os economistas comportamentais que estudam dispositivos de comportamento pensam ter uma explicação parcial, e não é que a maioria das pessoas não precisa dessas ferramentas ou nem sequer esteja preocupada com a possibilidade de encontrar um obstáculo imprevisível no caminho rumo ao sucesso. A teoria é que existem dois tipos de pessoas no mundo.[38] Todo mundo tem problemas de autocontrole, de modo que essa não é a característica relevante. O que acontece é que alguns de nós reconhecem a própria impulsividade e se dispõem a tomar providências para contê-la. Os economistas do comportamento chamam essas pessoas de "sofisticadas". Mas nem todas as pessoas no mundo são sofisticadas, conforme exposto no debate que sempre surge quando conto aos alunos de MBA da Wharton sobre o produto de poupança inabitual do Green Bank. Muitas pessoas, pelo contrário, são excessivamente otimistas em relação à própria capacidade de superar seus problemas de autocontrole usando apenas a força de vontade. Esses tipos de pessoas são os "naïfs", ou "ingênuos".

Embora todo mundo queira acreditar que é sofisticado, o mundo infelizmente também está cheio de naïfs. Aliada a uma certa dose adequada de medo de um fracasso custoso, essa é a melhor explicação que encontramos para o fato de tão poucas pessoas que poderiam se beneficiar dos dispositivos de comprometimento estarem dispostas a utilizá-los. Os naïfs ainda não se deram conta de que os dispositivos de comprometimento, embora em teoria possam soar estranhos, são ferramentas incrivelmente úteis para domar seus problemas de autocontrole. Se não fosse assim, se o mundo estivesse povoado de sofisticados, provavelmente veríamos muita gente aceitando de bom grado, ou mesmo exigindo, dispositivos de comprometimento de seus bancos, academias de ginástica, professores e médicos. Além do mais, se o mundo estivesse cheio de sofisticados, oferecer às pessoas dispositivos de comprometimento bastaria para resolver todos os seus problemas de tentação. Se fôssemos todos sofisticados, todo mundo passível de se beneficiar de um dispositivo de comprometimento usaria um, e todo mundo que milagrosamente não precisasse de ajuda iria declinar. Num mundo assim, não precisaríamos de restrições de terceiros, como leis para impedir que quem consumiu bebida alcoólica dirija (e as pessoas em vez disso poderiam instalar bafômetros para impedir a si mesmas de dar a partida num carro quando estivessem bêbadas) e para exigir contribuições previdenciárias (as pessoas poderiam simplesmente abrir contas bloqueadas para garantir que poupariam o suficiente).

Infelizmente, esse não é o mundo em que vivemos. Dan e Klaus na realidade mostraram,[39] em um de seus estudos, que dar aos alunos do MIT a alternativa de adotar prazos com penalidades por atraso não bastava para ajudá-los a tirar a melhor nota possível em todos os trabalhos, porque muitos alunos que poderiam ter se beneficiado do esquema não aderiram a ele. Os pesquisadores na verdade provaram que os alunos tirariam notas melhores nos trabalhos se fossem *forçados* a aceitar prazos regularmente espaçados com penalidades por atraso, como em geral acontece. Isso e uma grande quantidade de outros dados sugerem que muitos de nós optam por não adotar dispositivos de comprometimento porque os subestimamos ou somos ingênuos em relação ao quanto precisamos deles, não porque não necessitamos deles ou não estamos dispostos a correr o risco de incorrer na penalidade.

A prevalência de naïfs sugere (sem qualquer surpresa) que uma das funções importantes de um bom administrador é instalar sistemas que imponham custos e restrições a funcionários todas as vezes que a tentação puder atrapalhar a sensatez de uma decisão de longo prazo. Esses sistemas, como destinar parte da renda dos funcionários a um plano de pensão ou restringir o acesso a determinados sites durante o expediente, tornam os dispositivos de comprometimento desnecessários, porque os incentivos certos já existem. "Bons" comprometimentos já estão sendo impostos aos funcionários por terceiros.

Essas políticas, é claro, podem ser excessivamente paternalistas. Se a sua gerente começasse a impor penalidades por todas as suas ações que, segundo a avaliação dela, prejudicasse a sua produtividade ou ameaçasse o seu bem-estar, você veria nisso um controle excessivo e uma falta de confiança. Nem sempre estamos errados ao valorizar a liberdade de ceder à tentação (ou mesmo de aproveitá-la). Uma organização mais restritiva não é necessariamente melhor.

Se o seu cargo demanda o gerenciamento de funcionários, impor determinadas restrições pode ser útil quando seus subordinados tiverem objetivos importantes a alcançar e a força de vontade constituir um obstáculo. Talvez seja sensato bloquear o acesso ao Facebook nos computadores da empresa e tirar os refrigerantes das máquinas de venda automática. Mas você também poderia pensar em incentivar os funcionários a estabelecer os próprios limites.

Organizações espertas muitas vezes encorajam funcionários ou clientes a adotar comprometimentos mutuamente benéficos. Por exemplo, um prestador de serviços de saúde pode incentivar seus pacientes[40] a prometer tomar remédios que podem lhes salvar a vida um determinado número de dias por mês (algo que, segundo minhas pesquisas mostraram, pode aumentar de modo significativo a aderência à medicação). Ou um gerente pode incentivar seus subordinados a baixar um programa que limite o tempo gasto nas redes sociais ou a estabelecer prazos para tarefas importantes, ou então a adotar outros tipos de comprometimento, sejam eles públicos ou privados, penalizáveis ou sem custo. Isso equivale ao que os pesquisadores que descrevi anteriormente fizeram quando incentivaram os médicos a se comprometer com a redução de receitas desnecessárias de antibióticos.

Dito tudo isso, nem sempre dispomos de uma empresa, um gerente, um pesquisador, um formulador de políticas públicas, professor, pai ou mãe bem-intencionado para estar do nosso lado. Felizmente, os dispositivos de comprometimento podem ser bastante úteis quando estamos sozinhos: eles nos permitem incentivar a nós mesmos. Só precisamos ser sofisticados o suficiente para reconhecer seu valor e fazê-los funcionar.

A boa notícia é que, no presente momento, você se encontra numa situação invejável. Depois de ter lido até aqui, você agora é uma pessoa sofisticada (se é que já não era antes). Os dois últimos capítulos lhe proporcionaram a informação de que o autocontrole é um obstáculo-chave para a mudança de comportamento, influenciando tanto as decisões impulsivas quanto a procrastinação, e você agora sabe que os dispositivos de comprometimento podem conter a tentação antes de ela ter a chance de tirá-lo do caminho certo.

## DESTAQUES DO CAPÍTULO

- O viés do presente nos leva a protelar tarefas úteis para nossos objetivos de longo prazo.
- Uma solução eficaz para esse problema é prever as tentações e criar restrições ("dispositivos de comprometimento") que interrompam esse ciclo. Sempre que você faz algo que reduz sua liberdade em prol de um objetivo maior, está usando um dispositivo de comprometimento. Um exemplo disso é uma conta poupança "bloqueada", que impede o acesso ao seu dinheiro até você ter alcançado seu objetivo de poupança.
- Dispositivos de comprometimento monetários são uma forma versátil de dispositivo de comprometimento. Eles lhe permitem criar um incentivo financeiro para atingir sua meta, permitindo que você ponha em jogo um dinheiro do qual abrirá mão em caso de fracasso.
- Promessas públicas são um tipo de comprometimento "suave" que aumenta o custo psicológico de um fracasso em alcançar seus objetivos. São surpreendentemente eficazes, embora não tanto quanto os comprometimentos "duros", que envolvem penalidades ou restrições mais tangíveis.
- Os custos que podemos nos autoimpor para ajudar a alcançar nossos objetivos vão de penalidades suaves (como divulgar publicamente objetivos ou prazos) a penalidades duras (como ter de abrir mão de dinheiro em caso de fracasso). Também existem restrições suaves (como comer num prato menor) e restrições duras (como depositar o dinheiro numa conta poupança bloqueada). Quanto mais suave a penalidade ou restrição, menor a probabilidade de ela ajudar na mudança, mas maior sua palatabilidade para ser adotada.
- Comprometimentos menores e mais frequentes são mais eficazes do que comprometimentos maiores e menos frequentes, mesmo quando eles equivalem ao mesmo comprometimento (por exemplo, poupar cinco dólares por dia versus 1825 dólares por ano).

- Nem todo mundo reconhece o quanto poderia se beneficiar de um dispositivo de comprometimento. Quem não reconhece isso (os "naïfs") tende a superestimar a própria capacidade de evitar a tentação com a simples força de vontade. Quem reconhece (os "sofisticados") está mais bem posicionado para fazer mudanças em sua vida.

# 4. Esquecimento

Num ano típico nos Estados Unidos, centenas de milhares de pessoas são internadas devido à gripe, e dezenas de milhares dessas pessoas morrem.[1] Já são números alarmantes, mas em 2009,[2] com *tanto* a gripe suína *quanto* a gripe sazonal se alastrando rapidamente pelo mundo, o ano estava prometendo ser particularmente ruim (embora em 2020 fôssemos enfrentar uma situação muito mais mortífera[3] com a pandemia da Covid-19).

Em setembro daquele ano, eu era uma professora recém-contratada ansiosa para chamar a atenção para essa ameaça à saúde pública e aceitei pegar um avião até Nashville e participar de uma mesa-redonda sobre como melhorar a saúde e o bem-estar do trabalhador numa empresa classificada entre as quinhentas maiores da *Fortune*. Foi lá que conheci Prashant Srivastava, cofundador da Evive Health, que também fazia parte da mesa. Na época, Prashant estava trabalhando com empresas do país inteiro para convencer mais funcionários a se vacinarem contra a gripe.\*

---

\* Uma vacina razoavelmente eficaz contra a gripe suína foi desenvolvida e oferecida junto com a vacina normal contra a gripe sazonal no outono de 2009 (M. R. Griffin et al., "Effectiveness of Non-Adjuvanted Pandemic Influenza A Vaccines for Preventing Pandemic Influenza Acute Respiratory Illness Visits in U.S. Communities". *PLoS ONE*, v. 6, n. 8, p. e23085, 2011. DOI:10.1371/journal.pone.0023085).

Prashant havia trabalhado na indústria da saúde por muitos anos e observado com grande consternação como muitos norte-americanos não tiravam proveito de todo tipo de cuidado preventivo (como se vacinar contra a gripe), mesmo quando isso não custava nada. Frustrado com esse padrão, que lhe parecia totalmente corrigível, ele cofundou a Evive para mudar a situação. A Evive trabalha em conjunto com outras empresas para melhorar a comunicação com os funcionários em relação a quando e como tirar proveito de benefícios de saúde que muitos deles nunca usam.

Com o surto de gripe suína no auge, a missão de Prashant parecia ainda mais importante do que de costume. Mas a Evive tinha um problema. Antes, mesmo quando os seus clientes ofereciam vacinas gratuitas contra a gripe no trabalho, e mesmo quando a Evive mandava para esses funcionários lembretes personalizados sobre quando e onde se vacinar, somente 30% dos funcionários compareciam.[4] Embora a epidemia de gripe suína tenha levado mais pessoas a *dizerem* que tomariam a vacina contra a gripe em 2009, Prashant estava cético. Ele já tinha visto inúmeras vezes pessoas prometerem se vacinar e depois desistirem. Quando o encontrei em Nashville, ele me disse que não sabia mais o que fazer. Como a empresa conseguiria aumentar o número de vacinados?

O problema de Prashant me soava extremamente conhecido. Enquanto eu esperava meu voo de volta para casa no aeroporto de Nashville e comia churrasco de almoço (porque há tentações às quais não tento resistir), comecei a refletir sobre por que e como eu poderia ajudar.

DESISTÊNCIA ELEITORAL

Uns seis meses antes da eleição presidencial de 2008, a média industrial do índice Dow Jones tinha caído 20% em relação ao nível mais alto do ano anterior, e no fim de setembro a economia dos Estados Unidos já estava numa espiral descendente.[5] A ameaça de crise financeira era a grande incógnita da futura eleição, mas outra variável importante era que, pela primeira vez desde 1952,[6] nenhum dos candidatos de qualquer um dos dois partidos era o atual presidente ou vice-presidente. Depois de primárias brutais, o candidato democrata Barack Obama e o republicano John McCain estavam empatados nas pesquisas.[7]

Como sempre acontece em qualquer eleição apertada, o comparecimento dos eleitores às urnas tinha o potencial de decidir o resultado dessa disputa que estava tirando o sono de tanta gente. Graças às regras peculiares do Colégio Eleitoral dos Estados Unidos,[8] as eleições presidenciais podem ser decididas por milhares ou mesmo centenas de votos em um ou dois estados, como aprendemos ao ver Al Gore perder para George W. Bush em 2000 pela margem mais estreita que se poderia imaginar na Flórida.[9] Apesar disso, em geral menos de 60% dos eleitores habilitados dão as caras nas urnas, ou seja, as vitórias apertadas não refletem necessariamente a vontade do povo.[10]

Incomodado com essas estatísticas e ansioso para agir de modo a corrigir o problema, um de meus amigos mais próximos na pós-graduação, Todd Rogers, estava gastando a maior parte do seu tempo antes da eleição de 2008 preocupado com o comparecimento às urnas. Hoje professor condecorado da Kennedy School of Government [a Escola de Políticas Públicas de Harvard], Todd foi um de meus "companheiros de ninhada" no doutorado, ou seja, tínhamos o mesmo orientador e éramos basicamente irmãos intelectuais. Durante a pós, ele e eu passamos três anos sentados em cubículos idênticos no mesmo corredor, tomando café juntos quase todas as manhãs e pedindo ajuda um ao outro a qualquer hora do dia em relação a todos os assuntos, de modelos estatísticos a relacionamentos.

Quando as primárias da eleição presidencial norte-americana de 2008 tiveram início, vi um enigma particularmente grande começar a se transformar na obsessão de Todd. Ele tinha aprendido que um número gigantesco de eleitores registrados diz que pretende votar, mas inevitavelmente não dá as caras nas urnas. Na verdade, numa eleição que estudou com cuidado,[11] Todd e seu colaborador Masahiko Aida descobriram que 54% dos eleitores registrados que diziam aos pesquisadores que iriam votar "desistiam" (termo usado por eles), o que podia ser medido pelos registros dos eleitores que de fato tinham comparecido às urnas.

Todd ficou se perguntando por que tão poucos eleitores registrados cumpriam o que diziam que iam fazer. Ele sabia que fazer até mesmo uma pequena parcela desses eleitores potenciais irem às urnas na próxima eleição era uma oportunidade para melhorar o processo democrático, e isso lhe parecia particularmente fácil. Eram pessoas já inscritas para votar, e que tinham dito em pesquisas planejar comparecer. Ninguém precisava convencê-las de que a participação política era importante. Por algum motivo desconhecido, elas simplesmente não estavam conseguindo chegar às urnas.

No aeroporto de Nashville em 2009, enquanto eu pensava no motivo que fazia tantos americanos dizerem que pretendiam se vacinar contra a gripe mas não o faziam, entendi por que o problema de Prashant me parecia tão conhecido. Eu tinha visto Todd lutar exatamente com as mesmas perguntas quando estava estudando a desistência dos eleitores.

ESQUECIMENTO

Embora tivesse ouvido muitas vezes Todd se lamentar da dificuldade de impedir a desistência dos eleitores na pós-graduação, eu pouco sabia sobre a origem do problema. Sendo assim, liguei para ele. E a primeira coisa que ele disse foi que a desistência é algo extremamente comum. Ela não impede apenas eleitores de comparecerem às urnas e funcionários de se vacinarem contra a gripe. Impede também pais e mães de lerem com regularidade para os filhos, patrões de monitorarem adequadamente seus subordinados, e a grande maioria dos americanos de cumprirem suas resoluções de Ano-Novo. Na verdade, os indícios sugerem que, surpreendentemente, nossas intenções só preveem de modo muito aproximado os nossos comportamentos.[12]

Todd explicou que o tempo que havia passado aprendendo tudo que podia sobre a desistência dos eleitores a partir de pesquisas de opinião, trabalhos acadêmicos e reflexão pessoal tinha lhe ensinado que isso tem algumas causas particularmente comuns. As boas e velhas preguiça e desatenção são duas delas. Mas talvez o motivo maior, mais surpreendente e mais fácil de superar pelo qual as pessoas desistem é porque elas simplesmente esquecem. Todd ficou perplexo ao descobrir que "eu esqueci" é a explicação mais comum dada pelos eleitores em potencial para não terem aparecido nas urnas.[13]

Esquecer pode parecer uma desculpa boba e inventada para não fazer algo que você não valoriza o suficiente para se esforçar, mas mesmo pessoas que levam o voto muito a sério podem cair na armadilha do esquecimento. Não muito tempo atrás, uma amiga minha que mora em Connecticut[14] esqueceu de votar numa eleição extraordinária, muito embora tivesse prometido a um candidato a um cargo local que ele tinha o seu apoio e quisesse muito cumprir o prometido (compromissos significam muito para as pessoas, como você se lembra). Ela havia marcado uma viagem a Nova York no dia da eleição e pretendia ir votar antes de sair para Manhattan. Na correria da manhã, contudo, ir votar simplesmente não lhe passou pela cabeça. Quando se deu conta do erro, já estava dentro de um trem com destino a Nova York e não voltaria a tempo de votar. Embora tenha me dito saber que um voto não decidia a eleição, mesmo assim ela ficou se sentindo péssima.

Como essa história ilustra, o esquecimento nem sempre é uma desculpa inventada. Ele é um culpado mais sério e mais comum para as pessoas não fazerem o que prometem do que se poderia pensar. Segundo um estudo recente, o adulto médio esquece três coisas por dia, de senhas a tarefas domésticas e aniversários de casamento.[15] Parte do motivo para sermos tão esquecidos é porque o nosso cérebro tem dificuldade para registrar informações, principalmente se só pensamos nelas uma ou duas vezes. O psicólogo alemão Hermann Ebbinghaus demonstrou a rapidez com que os seres humanos esquecem num estudo clássico publicado em 1885.[16] Ele tentou decorar várias séries de sílabas sem sentido, depois testou a lembrança que tinha delas em intervalos de tempo variados. Com os dados desses experimentos na própria memória, Hermann estimou que o esquecimento tem um padrão de degradação mais ou menos exponencial. Em vinte minutos, nós esquecemos quase metade das informações que absorvemos. Vinte e quatro horas depois, cerca de 70% já desapareceu, e um mês depois estamos falando de perdas próximas a 80%. Esse padrão básico também já foi replicado em estudos mais recentes usando técnicas experimentais parecidas.[17]

Naturalmente, esquecer é mais comum quando tentamos conciliar várias coisas, e o número de tarefas e estímulos com os quais a pessoa média precisa lidar hoje em dia é assustador. Veja a minha agenda, por exemplo. De manhã, preciso me lembrar de tomar banho, escovar os dentes, me vestir, me maquiar, tomar café, vestir meu filho de quatro anos para a escola, pôr na mochila seu almoço, seu lanche e sua garrafa d'água, escovar seus dentes, dar-lhe o seu remédio contra asma, passar filtro solar nele, entregá-lo aos avós na porta de casa e arrumar minha própria bolsa (certificando-me de não esquecer o celular, nem o guarda-chuva, se estiver chovendo). E isso tudo antes de sair pela porta para ir trabalhar. Não sobra muito espaço para pensar profundamente em nada que não faça parte da minha rotina ou que não esteja na minha agenda, e por causa disso quase sempre esqueço alguma coisa. Pode ser marcar uma consulta de rotina no dentista, ir votar, mandar uma mensagem de texto de parabéns para uma amiga ou mesmo lembrar onde larguei as chaves, mas todos os dias da semana eu com certeza vou deixar cair alguma ou várias petecas.

Às vezes, esqueço até as coisas que *estão* na minha agenda. Certa vez, perdi uma reunião na hora do café da manhã com um colega que tinha vindo de outra cidade, apesar de ele ter confirmado com dois dias de antecedência e de eu ter anotado o compromisso na agenda. Simplesmente fiz minha rotina matinal de sempre sem olhar a agenda, já que nunca tenho reuniões antes das nove. Não fazia a menor ideia de que tinha comido mosca até receber um e-mail perguntando: "De quem foi a bola fora, minha ou sua?",[18] meia hora depois do horário marcado para o nosso encontro. Fiquei mortificada!

Um jeito óbvio de evitar esse tipo de erro é criar sistemas de lembretes. E as pesquisas mostraram que lembretes podem ajudar (então pode-se dizer que empresas como a Evive estão fazendo um bem danado). Lembrar às pessoas — por correio,[19] telefone ou pessoalmente — que elas devem se vacinar, por exemplo, reduz o não comparecimento em oito pontos percentuais em média.[20] Da mesma forma, em eleições com baixa participação de eleitores o envio de lembretes pelo correio pouco mais de uma semana antes do dia da votação pode aumentar em até 6% o comparecimento de eleitores registrados.[21] Lembretes também podem ajudar as pessoas a cumprirem o que pretendem quando se trata de poupar dinheiro. Numa série de estudos feitos com bancos na Bolívia, Peru e Filipinas,[22] o mesmo economista em quem dei um bolo naquele café da manhã (me desculpe mais uma vez, Dean!) e uma equipe de colaboradores mostraram que enviar mensagens de texto ou cartas mensais lembrando aos clientes de fazerem depósitos na poupança aumentava o saldo das contas poupança em aproximadamente 6%.

No entanto, por mais úteis que sejam, os lembretes infelizmente têm sérias limitações. Um dos estudos preferidos de Todd sobre lembretes, que ele descreveu ao conversar comigo sobre o problema da desistência, ilustra bem isso.

Conduzido em 2004 por John Austin, Sigurdur Sigurdsson e Yonata Rubin num grande hotel e cassino, o estudo consistia em lembrar aos motoristas para colocarem o cinto de segurança.[23]* Quatrocentos e trinta e três clientes que

---

\* Não é informado em que cassino esse experimento foi conduzido, mas como um dos autores do estudo era analista na Caesars Entertainment, isso nos dá uma pista.

haviam utilizado o serviço de valet parking do hotel participaram do experimento, embora não soubessem que seu comportamento estava sendo estudado. A cada um deles foi atribuída aleatoriamente uma de três condições experimentais, que determinavam o que lhes aconteceria quando eles fossem pegar o carro no valet.

Alguns clientes usavam o serviço normalmente. Entregavam seu tíquete a um funcionário do serviço de valet do hotel, esperavam seu carro ser trazido e saíam dirigindo. Outro grupo recebia do funcionário a recomendação "Dirija com segurança, lembre-se de pôr o cinto!" no momento em que entregavam o tíquete a ele. No terceiro grupo, o funcionário do estacionamento dava o mesmo conselho, mas só na hora em que o motorista estava entrando no carro.

A diferença entre os dois lembretes testados nesse estudo era bem sutil. Nos dois casos os motoristas escutaram o mesmo lembrete antes de sair do estacionamento. A única diferença foi que alguns o escutaram quatro minutos e cinquenta segundos antes de entrarem no carro (tempo médio necessário para buscar os veículos), enquanto outros o escutaram imediatamente antes de embarcar. Grande diferença, não?

Bom, a diferença se revelou *imensa*.

Estudantes treinados que observavam a situação monitoraram quais motoristas do estudo de fato puseram o cinto. De modo um tanto surpreendente, levando em conta como os lembretes em geral funcionam, não houve nenhuma diferença significativa no uso do cinto de segurança entre os motoristas lembrados de colocá-lo alguns minutos antes de o carro ser trazido e os que não ouviam nenhum lembrete. Em ambos os casos, cerca de 55% dos motoristas puseram o cinto.[*]

O único grupo no qual houve uma diferença importante foi o dos que ouviram um lembrete para pôr o cinto *na hora* em que entravam no carro. Oitenta por cento desses clientes puseram o cinto de segurança.

É um aumento de impressionantes 25 pontos percentuais num comportamento de segurança extremamente importante, provocado apenas por uma mudança sutil no timing de um lembrete. Eu insisto na importância desse estudo sempre que falo com meus alunos sobre como combater o esquecimento. Esse achado deixa muito claro: lembretes funcionam muito, muito melhor quando podemos transformá-los em ação imediatamente.

---

[*] Vale a pena observar que, como o estudo era pequeno, não estava bem projetado para medir mudanças sutis de comportamento.

Basta pensar no lembrete por e-mail que meu colega me mandou dois dias antes de nossa reunião matinal: ele não me ajudou em nada às sete da manhã do dia do encontro, quando eu estava ocupada com minha rotina matinal de sempre. Minha amiga de Connecticut que esqueceu de votar também recebeu muitos lembretes, mas eles não chegaram na manhã da eleição, quando ela estava apressada se preparando para pegar um trem para Nova York.

Você provavelmente também já teve esse problema. Pense em quão raramente é útil que seu cônjuge ou colega de quarto lembre a você de manhã para pegar alguma coisa depois do trabalho. Você ainda vai mesmo escutar essa voz na cabeça depois de um dia cheio no escritório? A menos que a conversa o leve a criar outro lembrete num momento mais oportuno na sua agenda ou dê início a uma conversa tão longa que a coisa a ser feita fique gravada no seu cérebro, um lembrete matinal sobre uma atividade a ser realizada no final do dia raramente adianta muito. O estudo sobre cinto de segurança mostra que *até mesmo um atraso de cinco minutos* entre um lembrete para pôr o cinto e a oportunidade de agir bastou para os motoristas esquecerem o que deveriam fazer ao entrar em seus carros. A curva de esquecimento exponencial de Hermann Ebbinghaus significa que precisamos acertar o timing do lembrete.

Quando Todd compartilhou comigo esses achados, confessou que ao descobri-los tinha perdido a esperança. Como conseguiria combater o esquecimento de forma eficaz se não podia ser como um dos funcionários do serviço de valet do hotel, metaforicamente falando, e cochichar no ouvido dos eleitores para eles irem às urnas bem na hora em que eles estavam saindo de casa para trabalhar?

## PLANEJAMENTO BASEADO EM DEIXAS

Em busca de uma resposta, Todd encontrou um estudo particularmente intrigante conduzido nos anos 1990 na Universidade de Munique, logo antes do recesso de Natal da instituição. Os autores pediram a mais ou menos cem alunos que citassem um objetivo difícil que esperavam alcançar durante o tempo que passariam longe da universidade.[24] Os alunos mencionaram todo tipo de objetivo, desde "escrever um trabalho de final de semestre" a "encontrar um apartamento novo" ou "resolver um conflito com meu namorado".

O Natal é uma temporada mágica em Munique, cidade aninhada aos pés dos nevados Alpes da Bavária e repleta de feiras natalinas nessa época do ano. As distrações certamente levariam alguns alunos a se desviarem de suas intenções, e os pesquisadores sabiam disso. Mas eles estavam curiosos para ver quem conseguiria alcançar seus objetivos, e por quê.

Pouco depois do Natal, pediu-se aos alunos para relatarem o que tinham conseguido fazer. E um padrão notável emergiu. Os alunos que haviam abordado seus objetivos do modo habitual tinham atingido uma taxa de sucesso de magros 22%, enquanto aqueles que tinham feito apenas um pequeno ajuste na abordagem padrão relataram uma impressionante taxa de sucesso de 62%.

Mas que ajuste foi esse?

Foi algo que o autor do estudo, o renomado professor de psicologia da Universidade de Nova York Peter Gollwitzer, chama de formar uma "intenção de implementação". Essa expressão empolada na verdade designa uma estratégia bastante direta usada pelo grupo de alunos com a taxa de sucesso maior: estabelecer um plano para alcançar um objetivo e vinculá-lo a uma deixa específica que vai lembrar a você o momento de agir. Uma deixa pode ser algo simples, como uma data e um horário (às três da tarde na terça-feira, digamos), ou mais complexo, como passar por uma loja específica da Dunkin' Donuts a caminho do escritório.

Quando fazemos planos, com frequência não nos concentramos no que vai nos servir de gatilho para agir. Concentramo-nos, isso sim, no que pretendemos fazer. Por exemplo, um plano típico para melhorar a higiene bucal pode ser: "Vou começar a passar mais fio dental". O trabalho de Peter mostra que é vital vincular essa intenção a uma deixa, como um horário, local ou ação específicos. Se você quer usar mais o fio dental, um ajuste útil no seu plano seria dizer: "*Todas as noites, depois de escovar os dentes*, vou passar o fio dental".

Criar uma intenção de implementação é tão simples quanto preencher as lacunas da frase: "Quando ____ acontecer, eu vou fazer ____". Assim, em "Planejo aumentar minha poupança mensal para a aposentadoria" está faltando um ingrediente que aumenta suas chances de sucesso. Já "Sempre que eu receber um aumento, vou aumentar minha poupança mensal para a aposentadoria" é um plano mais completo. Da mesma forma, "Vou dedicar mais tempo ao meu mestrado on-line" é demasiado vago, enquanto "Toda terça e quinta, às cinco da tarde, vou passar uma hora trabalhando no meu mestrado on-line" é melhor.

E "Vou mais a pé para o trabalho" não é exatamente ideal, mas "Sempre que estiver fazendo entre dois e 27 graus centígrados e não estiver chovendo nem nevando eu vou a pé para o trabalho" dá conta do recado.

Em várias pesquisas, Peter demonstrou que o simples fato de pedir às pessoas para formularem planos baseados em deixas aumenta muito a probabilidade de elas alcançarem seus objetivos. Além disso, quanto maior a facilidade para detectar a deixa necessária à execução do seu plano (graças a detalhes e especificidades), melhor.[25] Então um plano para entrar em forma do tipo "Todas as terças e quintas vou sair do trabalho direto para a academia: vou pegar o ônibus da linha 17 até o YMCA da Main Street e fazer trinta minutos de transport" é bem mais útil do que "Vou fazer mais exercícios" ou mesmo "Toda terça e quinta eu vou à academia".

Quando Todd descobriu a pesquisa de Peter, logo antes da eleição de 2008, pensou ter encontrado um modo barato e de fácil execução para ajudar a combater a desistência dos eleitores. E conforme foi mergulhando na literatura sobre intenções de implementação, ele descobriu tudo que se sabia sobre o motivo de os planos baseados em deixas ajudarem as pessoas.

Em primeiro lugar, como ele me explicou mais tarde, fazer planos tão detalhados assim exige algum tempo e esforço. E quanto mais tempo e esforço dedicarmos a pensar sobre algo, mais profundamente isso se aloja na nossa memória.[26] Na verdade, esse é um dos principais achados da pesquisa clássica de Hermann Ebbinghaus sobre esquecimento na década de 1880. Quanto mais interagimos com a informação, por mais tempo nos lembramos dela. Esse achado foi replicado muitas vezes, e ajuda a explicar por que tantos de nós somos incentivados a decorar coisas usando fichas, o que torna mais fácil interagir repetidamente com a informação que desejamos aprender.

Mas as deixas também se revelam estar intimamente ligadas à memória humana. Pense em como escutar uma música antiga (uma deixa auditiva) pode trazer de volta uma lembrança específica. Toda vez que escuto "When I'm Sixty-Four", dos Beatles, eu me lembro do meu casamento, porque essa música tocou quando estávamos saindo da igreja. E o sucesso de 1993 "The Sign", da banda Ace of Base, me faz pensar num Natal que passei com uma prima no Texas cantando sem parar o refrão-chiclete. Você também deve ter alguns exemplos engraçados.

Quando as lembranças voltam numa enxurrada, é porque estão guardadas e são resgatadas por meio de todo tipo de deixa: imagens, sons, cheiros, sabores, até mesmo texturas. Naquela que é possivelmente a mais famosa descrição do poder que tem o paladar de evocar lembranças,[27] o protagonista do romance *Em busca do tempo perdido*, de Marcel Proust, morde um bolinho chamado madeleine que provoca uma avalanche de memórias de infância. Nas palavras do narrador, "de repente volta a lembrança" dos domingos de verão passados com a tia quando menino, no campo, onde ele comia exatamente aqueles mesmos deliciosos bolinhos.

O poder que as deixas têm de servir de gatilho para lembranças significa que vincular um plano (como passar fio dental) a uma deixa que você espera encontrar (como o seu ritual de todas as noites ao escovar os dentes) torna muito mais provável você se lembrar do plano. A deixa buscará a lembrança daquilo que você precisa fazer.

Independentemente do tipo de deixa que você usar, a pesquisa de Peter Gollwitzer mostra que planos de ação com base em deixas são um remédio incrível para o problema do esquecimento.

## OS MELHORES TIPOS DE DEIXAS

Numa manhã de abril ensolarada, Todd começou um experimento para ver se poderia haver um jeito simples de tornar as deixas ainda mais úteis (e me chamou para participar da diversão). Ele contratou vários assistentes de pesquisa para ficarem em frente a um café muito frequentado em Harvard Square numa manhã movimentada de terça-feira e oferecer a centenas de clientes cupons de desconto de um dólar para sua compra na quinta-feira seguinte. Os assistentes de pesquisa estavam ajudando Todd e eu a avaliarmos uma nova forma de combater o esquecimento.[28] Ao entregarem os cupons, eles também davam instruções. Alguns clientes recebiam uma deixa comum para chacoalhar sua memória: o assistente de pesquisa lhes mostrava uma foto da caixa registradora do café e os aconselhava a se lembrar de usar o cupom quando a vissem, em geral na hora de pagar.

Mas outros clientes em nosso estudo receberam uma deixa mais específica, e que nós desconfiávamos que fosse ser mais eficaz. Eles receberam uma foto da mesma caixa registradora, mas com um boneco de pelúcia de um alienígena de três olhos do filme *Toy Story* sentado na frente, e foram aconselhados a se lembrar de usar o desconto de um dólar quando vissem o boneco.

Quando chegou a quinta-feira e a hora de usar nossos cupons, conforme prometido, pusemos o alienígena de pelúcia em frente à caixa, num lugar em que todo mundo pudesse ver. Mas como só tínhamos dito a alguns dos clientes para procurar por ele, o boneco teve um significado diferente para cada pessoa. Para alguns, serviu de lembrete para usar o cupom de desconto. Todos os outros só fizeram se perguntar por que a decoração em geral tão de bom gosto do café tinha de repente sido subvertida.

Todd e eu tínhamos uma teoria: quanto mais singular a deixa, mais eficiente ela seria para ocasionar a lembrança, e no fim das contas estávamos certos. Os clientes instruídos a procurar o alienígena de pelúcia tiveram uma probabilidade 36% maior do que os outros de se lembrar de usar seu cupom de desconto de um dólar.

Esse estudo e uma série de experimentos subsequentes nos ensinaram que, embora qualquer deixa seja preferível a deixa nenhuma, o melhor é confiar em deixas fora do comum. Cruzar com algo esquisito no seu caminho (como um alienígena de pelúcia) atrai sua atenção, que é, afinal, um recurso limitado.

Essa pesquisa na verdade está ligada a um conhecimento ancestral sobre memorização. Um manuscrito dos anos 80 a.C. chamado *Rhetorica ad Herennium* foi o primeiro a apresentar uma ideia hoje muito difundida de que, para memorizar as coisas, precisamos relacioná-las a cenas ou objetos vívidos.[29] É essa a origem de "palácios da memória". Para decorar informações usando um palácio da memória, você associa cada item do qual espera se lembrar a cenas ou lugares que conhece bem. Por exemplo, pode usar sua casa (o seu "palácio") para decorar uma lista imaginando que a está percorrendo e decorando cada cômodo pelo qual passa com imagens vívidas que evoquem os itens da sua lista. Se você precisa se lembrar de uma longa série de ações (digamos, buscar uma receita de um medicamento, deixar *muffins* num bazar de bolos, pôr uma carta no correio e assim por diante, pode imaginar frascos de remédio enfileirados na sua entrada, sua cozinha coberta de *muffins*, e cartas empilhadas no seu quarto de dormir. Então, quando chega a hora de se lembrar dos afazeres do dia, você pode fechar os olhos, percorrer essa casa imaginária (toda decorada com coisas esquisitas), e se lembrar do que havia em cada cômodo para despertar sua memória. Pesquisas mostram que usar essa técnica para decorar uma lista de compras com doze itens dobra o número de pessoas capazes de se lembrar de pelo menos onze dos doze itens.[30]

Dispositivos mnemônicos úteis como esses podem ser também auditivos. Quando aprendi sobre a subclassificação dos animais primeiro em reinos, depois em *filos*, depois em classes, depois em ordens, depois em *famílias*, depois em *gêneros*, e finalmente em *espécies*, decorei a frase "Raio Forte Caiu Ontem, Fazendo Grande Estrago". A primeira letra de cada palavra serve como deixa para recordar cada uma das categorias e me faz lembrar da sua ordem certa.

Quando se estiver criando planos com base em deixas, é bom ter essas lições em mente. Quanto mais vívida, vistosa e memorável a deixa, maior a probabilidade de ela cumprir sua tarefa e nos ajudar a lembrar de nossos planos.

## AUMENTAR A PARTICIPAÇÃO ELEITORAL

Todos os anos, no período que antecede o dia da eleição, voluntários e funcionários de campanha entram em contato com milhões de eleitores registrados por telefone, lembrando-lhes para ir depositar suas cédulas em seus locais de votação. Esse processo acontece[31] em democracias do mundo todo, dos Estados Unidos ao Reino Unido, do Canadá[32] à Índia,[33] e da Noruega[34] à Austrália.[35] Se você for um eleitor registrado num país democrático, certamente já recebeu pelo menos um desses telefonemas cuidadosamente ensaiados, nos quais lhe imploram para comparecer às urnas (decerto para sua grande irritação). Talvez o telefonema tenha sido suficiente para fazer você se mexer, mas o mais provável é ele não ter sido crítico para a sua decisão de ir ou não votar.

Em meados de 2008,[36] considerando tudo que tinha aprendido sobre a desistência eleitoral, Todd estava confiante de que essas ligações poderiam ser drasticamente melhoradas, e as viu como uma oportunidade de ouro. Ele desconfiava de que elas poderiam ser um veículo perfeito para testar novas formas de motivar mais eleitores a darem as caras nas urnas. E tinha uma boa sensação em relação aos estudos de Peter Gollwitzer, que sugeriam que planos baseados em deixas podem solucionar problemas relacionados a transformar intenções em ação. Todd precisava apenas confirmar que as ideias de Peter podiam ser tiradas do laboratório de psicologia e transportadas para o mundo da política. Com a eleição de 2008 cada vez mais próxima, Todd decidiu que estava na hora de testá-las.

Após uma consulta cuidadosa com Peter, Todd e seu colaborador David Nickerson desenvolveram um roteiro de ligação para os eleitores[37] que tinha um aspecto novo e especial. Em vez de apenas instar os eleitores registrados a aparecerem no dia do pleito como de costume, o novo roteiro de Todd também pedia aos eleitores para descreverem especificamente como e quando iriam até as urnas. Todd e eu hoje chamados isso de "deixa de planejamento".

Todd e David elaboraram seu roteiro de modo que um call center profissional pudesse fazer a ligação para dezenas de milhares de eleitores registrados nos três dias anteriores a uma primária importante nos Estados Unidos. Primeiro o atendente perguntaria se o eleitor ou eleitora pretendia ir votar. Se a resposta fosse afirmativa, ele então fazia três perguntas: (1) "A que horas pretende ir às urnas?" (2) "De onde acha que sairá para ir votar?" e (3) "O que acha que vai estar fazendo antes de sair?". Essas perguntas foram escolhidas para garantir que os eleitores pensassem com cuidado nas deixas (horário, local e atividade) que lhes lembrariam que estava na hora de ir votar.

No total, em seu teste sobre deixas de planejamento em 2008, Todd e David randomizaram quase 40 mil eleitores registrados para escutarem um roteiro padrão do tipo vá votar (que simplesmente perguntava às pessoas se elas pretendiam ir votar e as instava a fazê-lo) ou então um roteiro com essas três perguntas suplementares, que incentivavam a criação de um plano de votação.

Naturalmente, ao analisar as listas de eleitores que tinham comparecido, Todd estava esperando ver um efeito grande, do tipo que poderia de fato turbinar a participação política nas democracias mundo afora. E seu desejo se realizou: entre os eleitores registrados que tinham atendido à ligação, escutar uma deixa de planejamento aumentou em 9% o comparecimento às urnas. Todd sabia que tinha nas mãos algo decisivo.

Mas os dados obtidos tinham algo ainda mais interessante. Todd descobriu que essas deixas de planejamento tinham muito mais importância para algumas pessoas do que para outras.

Imagine dois tipos de eleitores registrados. Alguns de nós moram em "casas com vários eleitores", com familiares ou amigos também já inscritos para votar. Outros moram sozinhos, ou com pessoas que não estão aptas a participar de eleições, talvez por serem demasiado jovens ou por nunca terem se registrado, ou talvez por não serem cidadãos norte-americanos. Esses eleitores vivem em "casas de um eleitor só".

Todd podia ver se os eleitores aptos do seu estudo viviam em casas com vários eleitores ou com um só, e observou uma grande diferença entre os dois grupos. Incentivar os eleitores registrados a elaborarem um plano de votação era *duas vezes* mais eficaz para aqueles que viviam em casas de um eleitor só do que para os que viviam em casas com vários eleitores. Quando perguntados sobre seus planos de votação ao telefone, pessoas em casas com um eleitor só eram significativamente menos propensas do que as outras a já saberem a que horas iriam votar, de que lugar sairiam e o que estariam fazendo antes de ir.

E não era preciso ser nenhum grande detetive para entender por quê: havia algo de fundamentalmente diferente no que estava acontecendo *de modo orgânico* nas casas de diferentes tipos de eleitores antes de eles receberem uma ligação incentivando-os a ir votar.

Eleitores em casas com vários eleitores estavam naturalmente tendo conversas com seus familiares, amigos e colegas de quarto para coordenar seus planos de votação. Por exemplo, meu marido e eu em geral vamos juntos à seção na esquina da nossa casa nos dias de eleição, e normalmente combinamos com antecedência o horário, debatendo se é melhor ir antes ou depois do trabalho, dependendo do que mais tivermos na agenda. Mas os eleitores em casas de um eleitor só são naturalmente muito menos propensos a ter esse tipo de conversa. E, como consequência disso, Todd descobriu que uma quantidade muito menor deles tinha planos de votação bem elaborados ao receberem uma ligação incentivando-os a pensar em um. De modo que não é de espantar que ser solicitado a planejar tenha um impacto muito maior nas pessoas em casas de um eleitor só: o exercício era mais útil, porque elas ainda não tinham pensado nas deixas que as ajudariam a se lembrar de ir às urnas.

Ao reunir todas essas informações, Todd ficou muito animado. Sabia que poderia usar esses novos dados sobre os eleitores para ajudar mais pessoas a cumprirem sua intenção de participar do processo político.\* Ele também

---

\* Em 2008, Todd foi cofundador de uma ONG chamada Analyst Institute, que usa a ciência comportamental para esse fim. Se você estiver interessado em saber mais, o livro de Sasha Issenberg *The Victory Lab: The Secret Science of Winning Campaigns* (Broadway Books, 2012) conta a história dos primeiros tempos da Analyst Institute.

desconfiou, e estava certo, de que suas descobertas poderiam ajudar a solucionar um conjunto muito mais amplo de problemas relacionados à desistência em outros contextos.

## AUMENTAR A TAXA DE VACINAÇÃO

Por mais entusiasmada que estivesse para saber sobre os sucessos de Todd com a mobilização de eleitores quando conversamos sobre os detalhes depois de minha ida a Nashville, eu estava muito preocupada para saber se os seus achados eram ou não universais. Torcia para que um remix da receita de Todd pudesse ajudar Prashant Srivastava e a Evive a aumentarem a taxa de vacinação contra a gripe, mas podia ver alguns bons motivos pelos quais isso talvez não viesse a acontecer. Para começar, embora haja pontos importantes em comum entre votar e se vacinar contra a gripe (em especial o fato de serem duas coisas que as pessoas acham que devem fazer, mas em geral não fazem), existem também algumas diferenças cruciais, que vão desde o temor de efeitos colaterais e da dor ao grau de interesse próprio envolvido (vacinas contra a gripe protegem você da doença, mas votar geralmente tem consequências menos tangíveis).

Mais importante ainda, Todd tinha conseguido contactar eleitores registrados pelo telefone, e a Evive só se comunicava com seus clientes por meio do serviço postal dos Estados Unidos. Será que incentivar essas pessoas a se planejarem seria tão eficaz por correio lento? Isso parecia possível, mas não era nem de longe uma certeza. Quando alguém está lhe fazendo uma série de perguntas sobre planejamento, você está diante de uma pressão social significativa para se planejar. Não responder é grosseria. Mas se você receber perguntas parecidas por carta, e tiver de se planejar sozinho, sem nenhuma forma de responder, as chances de se importar com isso são menores.

Além do mais, não estava inteiramente claro se as deixas de planejamento de Todd de fato combatiam o *esquecimento* ou se endereçavam outros motivos para a desistência eleitoral. Talvez o fato de os eleitores em potencial estarem dizendo a outra pessoa como planejavam votar tornasse as respostas às perguntas da equipe de Todd parecidas com uma promessa, criando um comprometimento suave para não desistir. Como vimos no capítulo anterior, nós somos psicologicamente programados para achar desconfortável dizer uma coisa e fazer outra (dissonância cognitiva), motivo pelo qual as promessas podem ajudar a mudar nosso comportamento. Usar a mesma abordagem numa correspondência sobre vacina contra a gripe talvez não funcione, porque não estaríamos pedindo às pessoas para se comprometerem com mais ninguém.

Mesmo assim, adaptar essas ideias para abordar o problema da baixa taxa de vacinação contra a gripe parecia valer a tentativa. Então trabalhei com uma equipe de economistas[38]* para convencer a Evive a fazer um pequeno acréscimo à carta de lembrete padrão. Os destinatários seriam incentivados a anotarem a data e a hora em que planejavam ir se vacinar na clínica gratuita em seu local de trabalho.**

Vale a pena observar aqui que essas cartas não pediam às pessoas para agendarem uma hora para receber a vacina contra a gripe. Isso muitas vezes confunde as plateias quando apresento esse estudo. As cartas não tinham endereço de resposta, e os destinatários não tinham como transmitir seu plano de vacinação para a Evive nem para o seu empregador. Nós simplesmente esperávamos que um incentivo para elaborar um plano concreto com um gatilho temporal pudesse ajudá-los a de fato tomarem uma vacina importante combatendo o esquecimento.

Prashant também estava esperançoso. Se mudanças simples como essa nos formulários de lembrete da empresa pudessem fazer diferença sem custar um centavo à Evive, isso seria extremamente útil.

Assim, quando testamos experimentalmente nossas cartas numa grande empresa do Meio-Oeste com dezenas de escritórios e vimos mudanças significativas nas taxas de vacinação, todos comemoraram. Para nossa grande satisfação, o simples fato de incentivar as pessoas a escreverem um plano na privacidade de suas casas levava a um aumento de 13% na vacinação, mesmo sem ninguém da Evive nunca ter ouvido nem visto esses planos.*** Muito mais

---

* John Beshears, James Choi, David Laibson e Brigitte Madrian.
** As cartas primeiro observavam que muitas pessoas consideravam útil elaborar um plano de vacinação, e então incentivávamos as pessoas a anotarem seu próprio plano no formulário. Deixamos espaços onde elas podiam anotar o dia da semana, a data e o horário em que planejavam ir se vacinar, e incluímos até o desenho de um lápis para comunicar que estávamos de fato pedindo aos destinatários para escreverem um plano.
*** Quando analisamos não só quem tinha se vacinado nas clínicas de vacinação em seu local de trabalho, mas também os pedidos de reembolso de vacinas em geral (incluindo idas ao consultório do médico ou à farmácia da esquina para se vacinar), os efeitos foram até ligeiramente maiores, tudo sem qualquer custo adicional para a Evive.

pessoas do que o habitual no nosso estudo de fato tomavam uma vacina que desejavam tomar, diminuindo suas chances de ter uma doença grave.

Um fato interessante, porém, é que assim como Todd nós constatamos que as deixas eram bem mais úteis em alguns contextos do que em outros. Escritórios que tinham clínicas itinerantes — ou seja, lembrar-se de aparecer no dia certo era um fator decisivo — se beneficiaram imensamente, enquanto escritórios com clínicas abertas durante vários dias não se beneficiaram quase nada.

Num estudo subsequente com a Evive, minha equipe mostrou que os mesmos tipos de deixas de planejamento que aumentavam a taxa de vacinação contra a gripe também ajudavam pacientes que precisavam fazer uma colonoscopia a realizarem o procedimento, aumentando em 15% a fração daqueles que realizavam exames capazes de salvar sua vida.[39] Nesse caso, os benefícios de um incentivo para se planejar foram maiores justamente para as populações que, segundo desconfiávamos, eram mais propensas a terem dificuldade para se lembrar de fazer uma colonoscopia: adultos mais velhos, pessoas com filhos, pessoas com menos cobertura de seguro-saúde e pessoas que haviam ignorado lembretes anteriores.

Juntas, todas essas pesquisas sobre incentivos ao planejamento me convenceram de que incentivar as pessoas a terem um plano, seja por telefone ou na privacidade das suas casas, é uma forma menos valorizada do que deveria ser de combater a desistência. Naturalmente, pensar com antecedência no onde e quando de qualquer coisa que eu quiser fazer é hoje uma estratégia na qual me apoio constantemente tanto na minha vida pessoal quanto na profissional. Eu a uso para me certificar de ir me vacinar, praticar exercícios e me reunir com alunos. E a uso também para ajudar outras pessoas. Quando meu amigo Jason[40] me disse que estava pretendendo escrever uma carta de agradecimento para um antigo mentor mas não parava de desistir, perguntei-lhe em que data e em que horário ele iria escrevê-la, como iria escrevê-la (e-mail ou correio?), e se esse plano estava anotado no seu calendário. Então lhe mandei um lembrete no momento certo. Não foi só o mentor de Jason que recebeu uma carta de agradecimento nessa semana: eu também recebi.

## UM BÔNUS SUPLEMENTAR: FRACIONAMENTO

Em junho de 2019, passei 36 empolgantes mas exaustivas horas em Londres com minha colega Angela Duckworth, dando palestras em vários locais sobre a pesquisa que temos em comum. Nossa intenção era gerar animação e divulgar um centro científico do qual somos codiretoras, e que coordena estudos sobre mudança de comportamento. Durante uma de nossas apresentações, Lloyd Thomas, sócio de um fundo de *private equity* e capital de risco com sede em Londres, levantou a mão. Lloyd se declarou um junkie da ciência do comportamento.[41] Tinha lido todos os livros e escutado todos os podcasts, e agora precisava saber uma coisa: qual dos muitos fatos que ele havia aprendido sobre o comportamento era o mais importante para ajudá-lo a alcançar seus objetivos?

Angela não hesitou; para ela a resposta era cristalina de tão clara: planos baseados em deixas. Formular planos desse tipo de modo mais eficiente aumenta suas chances de sucesso, disse-lhe ela. Essa é a melhor informação que a ciência do comportamento tem a oferecer em relação a esse tópico.

Não sei ao certo o que Lloyd achou dessa resposta, mas fiquei um pouco surpresa. Para ser totalmente sincera, embora sempre tenha julgado o planejamento importante, nunca pensei que ele fosse a mais inspirada das estratégias que eu já estudara. Se alguém tivesse me pressionado, eu talvez tivesse escolhido tornar a busca dos objetivos divertida ou usar um dispositivo de comprometimento.

Então pressionei Angela para detalhar melhor sua resposta à pergunta de Lloyd. E devo admitir que o que ela falou fez muito sentido. Angela assinalou que, além de reduzir o esquecimento e curto-circuitar a necessidade de pensar na hora no que vai fazer, planejar força você a fracionar grandes objetivos em pedaços de tamanho menor. E isso na verdade é extremamente importante para avançar em projetos ambiciosos (como expliquei no capítulo anterior). Imagine como teria sido inútil John F. Kennedy declarar em 1962 que os americanos chegariam à lua até o final da década se equipes de engenheiros da Nasa não tivessem fracionado esse imenso objetivo numa série de subobjetivos com planos detalhados para alcançar cada um deles. Da mesma forma, quando se tem um objetivo grande que se espera alcançar, como "conseguir uma promoção no ano que vem", planejar obriga a fazer o trabalho crítico de fracionar esse objetivo. Planejar como obter uma promoção talvez leve você a reconhecer que precisa se comunicar melhor com seu chefe nas reuniões semanais, defender a valorização do seu trabalho, e passar as noites de terça e quinta-feira estudando para conseguir seu diploma on-line. Sem esse tipo de planejamento que o força a fazer o trabalho crítico de compreender em que consiste exatamente alcançar seu objetivo, este vai continuar fora do seu alcance. Se você tem um objetivo simples, como ir votar na próxima eleição, a única coisa que precisa fazer é se certificar de que vai se lembrar de fazê-lo. Mas para objetivos *complexos*, por exemplo, aprender outra língua, planejar envolve não apenas se lembrar de fazer, mas também fracionar seu objetivo em componentes menores e mais concretos.

Elaborar planos baseados em deixas, claro, é algo que se pode fazer sozinho (se, como Lloyd, você estiver tentando alcançar objetivos pessoais). Mas é também algo que um bom administrador, uma boa empresa, um bom formulador de políticas públicas ou um bom amigo pode incentivar você a fazer, conforme exemplificado pelos lembretes para se vacinar contra a gripe da Evive Health e pelos esforços de Todd para aumentar o comparecimento às urnas. E um aspecto particularmente positivo de incentivar *os outros* a planejar é que você não precisa forçar nada.

Se alguém não estiver de fato interessado em fazer o que diz querer fazer,[42] elaborar um plano baseado em deixas não vai mudar isso. Você pode passar o dia inteiro me dizendo para elaborar planos baseados em deixas para fazer um piercing na sobrancelha ou pular de bungee jump, mas isso para mim não vai ter efeito nenhum, porque eu não estou interessada em fazer nenhuma dessas duas coisas. Planos não mudam opiniões, apenas nos ajudam a lembrar de fazer as coisas que já queremos fazer. Eles são, portanto, um modo agradável e não coercitivo de ajudar outras pessoas a alcançarem os próprios objetivos.

No final de nossa viagem a Londres, depois de Angela e eu termos debatido um pouco a questão, ela me convenceu: o planejamento baseado em deixas está no topo de qualquer lista de contribuições da ciência comportamental capazes de promover a conquista de objetivos.

Dito isso, há um alerta importante a ser feito.

Pesquisas mostraram que existe um risco de se errar a mão no planejamento com base em deixas.[43] Ter planos em excesso pode nos sufocar. Se elaborarmos vários planos com base em deixas para objetivos que competem entre si (fazer mais exercícios e aprender outra língua, conseguir uma promoção e reformar a cozinha), seremos obrigados a encarar o fato de que fazer todo o necessário para ter sucesso seria extremamente difícil. E isso enfraquece o nosso comprometimento, dificultando alcançar até mesmo apenas um de nossos objetivos.

Pense em todos os passos que você precisa dar para alcançar um único objetivo como conseguir a tal promoção. Então pense em triplicar ou até mesmo quadruplicar sua lista de coisas a fazer à medida que elabora planos para todos os seus outros objetivos também. É um pouco avassalador, para não dizer desanimador. De modo que é melhor ter critério em relação a quais objetivos serão seu foco em determinado momento, e planejar com cuidado para alcançar apenas um ou dois deles. Você pode escolher uma única prioridade máxima este mês (se exercitar quatro vezes por semana, por exemplo) e fazer planos para alcançá-la. No mês seguinte, pode voltar sua atenção para aquilo que está em segundo lugar na sua lista.

Outra complicação potencial do planejamento com base em deixas é que aquilo que você precisa se lembrar de fazer pode ser tão complexo que um simples plano de ação não basta. Nesses casos, as pesquisas mostram que um checklist formal pode funcionar muito bem. Como explicou Atul Gawande no seu livro *Checklist: Como fazer as coisas bem-feitas*,[44] quando os cirurgiões recorrem a checklists de segurança simples para um procedimento, em vez de se apoiar na sua memória sobre que passos são necessários, isso salva vidas e diminui as complicações e taxas de mortalidade em estimados 35% a 45%.[45] E os checklists não ajudam só com a segurança. Um experimento recente demonstrou que fornecer checklists a mecânicos de automóvel aumentava imensamente sua produtividade e sua renda.[46]

## FAÇA VOCÊ MESMO

Felizmente, os planos com base em deixas vêm atraindo cada vez mais pessoas. Graças a indícios claros nas pesquisas de Todd de que eles aumentam o comparecimento às urnas, incentivos ao planejamento se tornaram uma constante dos esforços mundiais para aumentar a participação política. Embora a maioria de nós fique um pouco contrariada quando um desconhecido vem bater à nossa porta, Todd me disse[47] que ele agora se anima quando um pesquisador político vai a sua casa. "Eu ouço a pessoa falar e fico animado, realmente feliz", confessou ele, um pouco envergonhado. Depois de responder com entusiasmo às perguntas sobre planejamento do pesquisador, ele sempre pede para tirar uma foto dos roteiros utilizados, que têm por base o seu próprio trabalho.

Da mesma forma, desde o primeiro estudo que a Evive e eu fizemos juntos, em 2009, a empresa tornou o incentivo ao planejamento um item básico da sua estratégia de comunicação.[48] E embora quando conheci Prashant a empresa fosse uma start-up com dez funcionários e uns poucos clientes importantes, ela hoje tem trezentos funcionários e manda mensagens regulares para quase 5 milhões de norte-americanos sobre como planejar e tomar decisões melhores com relação à saúde. E não é só isso: após a publicação de nossos experimentos com a Evive, muitas outras empresas começaram a usar o mesmo conceito com ótimos resultados. De bancos que incentivam planejar o pagamento de dívidas até governos que estimulam planos para poupar água e se vacinar, as sugestões para pensar com cuidado sobre quando e onde vamos fazer o que temos a intenção de fazer estão hoje disseminadas por toda parte.

O fato é que há muitas coisas que esquecemos rotineiramente de fazer, apesar de nossas boas intenções. Votar e tomar vacinas são apenas a ponta do iceberg. Mas programar lembretes na hora certa e planejar usando deixas concretas são ferramentas valiosas para ajudá-lo a lutar contra a própria tendência de desistir. E o melhor do planejamento com base em deixas é que você não precisa de uma organização bem-intencionada como a Evive, nem de um administrador ou amigo perspicaz para ser seu guia. Quando tiver um objetivo do qual teme desistir, você pode criar sozinho seus planos com base em deixas agora que já sabe a fórmula.

Lembre-se apenas de pensar no como, quando e onde: como vai fazer o que pretende? Quando? Onde? Seja estratégico em relação às deixas que escolher; se possível, escolha deixas fora do comum. Quando estou deitada na cama à noite e percebo que tenho uma tarefa importante da qual preciso me lembrar no dia seguinte, tento pensar em algo atípico com que vou me deparar de manhã (talvez a estrutura de Lego que meu filho acabou de construir e deixou no meio da sala). Isso se transforma na deixa que uso ao elaborar um plano para fazer o que pretendo. E se você conseguir se organizar para programar um lembrete que vai aparecer no *exato* instante em que precisa agir, faça isso imediatamente. Por fim, se os seus planos com base em deixas começarem a ficar complicados, considere fazer um checklist.

## DESTAQUES DO CAPÍTULO

- Às vezes nós desistimos e não conseguimos transformar nossas intenções em realidade. A desistência tem muitas causas, entre elas a preguiça, a distração e o esquecimento. Desses obstáculos, esquecer talvez seja o mais fácil de superar.
- Lembretes no momento certo, que incentivam você a fazer algo *imediatamente* antes do momento de agir, podem combater de modo eficaz o esquecimento. Lembretes que não sejam tão oportunos têm benefícios muito menores.
- Elaborar planos com base em deixas é outra forma de combater o esquecimento. Esses planos aliam um plano de ação a uma deixa e assumem a seguinte forma: "Quando _____ acontecer, eu vou fazer _____". Deixas podem ser qualquer coisa que sirva de gatilho para a sua memória, desde um horário ou local específico até um objeto que você espera encontrar. Um exemplo de plano com base em deixas é: "Toda vez que eu tiver um aumento, vou ampliar minha contribuição mensal para a aposentadoria".
- Quanto mais específica a deixa, mais provável que ela sirva de gatilho para a lembrança.
- Incentivar as pessoas a elaborarem planos com base em deixas é particularmente útil quando é pouco provável elas já terem elaborado planos e quando o esquecimento é um fator decisivo (como no caso de ir votar num dia de eleição).
- Planejar também tem outros benefícios: ajuda a fracionar seus objetivos em pedaços menores, alivia a necessidade de pensar no que vai fazer a cada momento, e funciona como uma promessa feita a si mesmo, aumentando assim seu compromisso com o objetivo.
- Se elaborar uma quantidade excessiva de planos baseados em deixas ao mesmo tempo, pode ser que você desanime, e seu comprometimento pode diminuir. Então tenha critério para decidir em relação a que objetivos vai se planejar.
- Quando os planos ficarem demasiado complexos para serem fáceis de lembrar, recorra a checklists.

# 5. Preguiça

"Que diabos aconteceu?", perguntou-se Steve Honeywell.[1] Steve trabalhava como analista no gigantesco sistema de saúde da Universidade da Pensilvânia [conhecido como Penn Medicine], e num belo dia do outono de 2014 não conseguiu entender nada de um gráfico que acabara de criar. Segundo os seus dados, um problema persistente que vinha custando ao sistema de saúde e a seus pacientes cerca de 15 milhões de dólares por ano tinha sumido da noite para o dia. Isso não era normal.

Então ele começou a tentar entender o que havia acontecido. "Houve alguma grande mudança no hospital no mês passado? Alguma nova diretriz de procedimento ou algo assim?", perguntou ao chefe. "Alguém poderia checar?"

A primeira vez que ouvi falar da espantosa descoberta de Steve[2] foi quando convidei Mitesh Patel, físico de talento e ex-aluno da Wharton, para dar uma palestra no meu curso de MBA. Mitesh lidera um grupo no sistema de saúde da Universidade da Pensilvânia que, segundo os boatos, estava tendo grandes sucessos na ciência comportamental. E depois que ele terminou de mostrar seu primeiro slide, ficou claro que os boatos eram verdadeiros.

No início da aula, Mitesh nos contou sobre a milagrosa descoberta de Steve Honeywell e por que ela era importante. Até 2014, o sistema de saúde da Penn vinha sendo multado pela sua maior seguradora por causa da maneira como os médicos prescreviam os medicamentos. Para grande desgosto dos chefes da Penn Medicine, os profissionais de saúde receitavam habitualmente remédios de marca, como Lipitor e Viagra, em vez de genéricos mais baratos, porém quimicamente idênticos.

Isso pode não parecer muito importante, mas os pacientes estavam consequentemente gastando milhões de dólares a mais por ano. E as seguradoras também estavam pagando um preço enorme, o que as levava a multar e reclamar com a Penn Medicine. Isso era especialmente frustrante porque o problema parecia fácil de resolver. Os médicos recebiam advertências frequentes para pararem de receitar remédios de marca e prometiam mudar, mas muitos não o faziam.

Então veio a incrível mudança descoberta por Steve Honeywell. Da noite para o dia, de acordo com os seus dados, a Penn Medicine deixou de ser o pior sistema de saúde da região no que dizia respeito a receitar genéricos e passou a ser o melhor. Um mês antes da surpreendente análise de Steve, os genéricos representavam apenas 75% das receitas do sistema de saúde;[3] agora, os médicos da Penn estavam receitando genéricos 98% das vezes. As consequências vieram na forma de bônus e boa vontade das seguradoras.

Na minha turma de MBA, Mitesh compartilhou o segredo por trás da mudança revolucionária que havia deixado Steve de queixo caído naquele dia em 2014. O que mudou o comportamento dos médicos não foi um recomeço nem um lembrete na hora certa. O que estava por trás daquela melhora milagrosa era, isso sim, uma mudança minúscula e sem custo nenhum no sistema.

## O CAMINHO DE MENOR RESISTÊNCIA

Para explicar o que deu certo na Penn Medicine, consideremos um empecilho à mudança que ainda não mencionei neste livro: a preguiça.

A preguiça é amplamente considerada um vício que deveríamos nos esforçar para superar. Inúmeras histórias de culturas mundo afora — de "A galinha ruiva"[4] à fábula de Esopo "A cigarra e a formiga"[5] — nos ensinam que a indolência conduz à ruína e o trabalho à abundância.*

---

* Para o caso de você não conhecer essas histórias clássicas, eis um breve resumo. Em "A galinha ruiva", uma galinha planta, colhe e mói o trigo, que depois usa para fazer pão, e durante todo o processo pede ajuda aos amigos. Nenhum deles atende ao seu pedido, mas quando

Há muita verdade nessa lição, claro. A tendência humana a escolher o caminho de menor resistência — a ser passivo e seguir o fluxo — tem suas desvantagens. Ela é uma razão importante pela qual pode ser tão difícil mudar. Quando você decide dedicar suas noites a fazer um curso on-line em vez de maratonar a Netflix, ou começar a preparar comida em casa em vez de pedir delivery, sua preguiça e seu conforto em relação a padrões conhecidos de comportamento podem trabalhar contra você.

Mas a preguiça nem sempre é um vício. Em vez de ver a preguiça inerente como uma falha, eu a considero um aspecto com vários lados positivos. Embora ela sem dúvida possa atrapalhar a mudança de comportamento, também nos impede de desperdiçar muito tempo e energia. Como assinala o Nobel de economia de 1978 Herbert Simon[6] em sua obra seminal *Administrative Behavior*, seguir o caminho de menor resistência é exatamente o que os melhores programas de computador do mundo fazem ao solucionar problemas, evitando assim usar uma capacidade de processamento que custa caro. Os melhores algoritmos de busca, como o que bancou o luxuoso campus do Google em Mountain View, funcionam de modo rápido e eficiente porque usam atalhos em vez de explorar todas as opções possíveis. Os humanos evoluíram para ter o mesmo dom da eficiência. Como eu tenho preguiça e ligo para o primeiro bombeiro hidráulico com boas críticas no aplicativo de serviços quando preciso consertar uma privada, não perco tempo pesquisando incontáveis alternativas que poderiam ser marginalmente melhores. Como me contento em aceitar os parâmetros de fábrica de um computador novo, não preciso me torturar para decidir qual vai ser meu protetor de tela ou o tamanho da minha fonte. E como tenho preguiça de repensar minha rotina matinal, não preciso ficar pensando se deveria primeiro tomar banho ou escovar os dentes, o que comer no café ou que caminho usar para chegar ao escritório.

---

chega a hora de comer todos ficam felizes em participar. Então a galinha lhes responde como eles lhe responderam antes, e os deixa com fome enquanto ela saboreia os frutos do próprio trabalho. Em "A cigarra e a formiga", uma cigarra leva a vida no bem-bom e prefere passar os dias cantando e tocando música enquanto sua amiga formiga se esfalfa para estocar comida para o inverno e (sem sucesso) incentiva a cigarra a fazer o mesmo. No fim, a cigarra não tem nada para comer quando chega o frio, enquanto a formiga se alimenta bem.

A preguiça pode ser uma vantagem. E não só quando o assunto é eficiência. Quando a preguiça é adequadamente mobilizada, ela na verdade pode facilitar a mudança. Foi exatamente o que aconteceu na Penn Medicine.

VER E ESQUECER

O sucesso milagroso da Penn Medicine se deveu integralmente à tendência que as pessoas têm de escolher o caminho de menor resistência. Durante um upgrade de sistema rotineiro,[7] um consultor de TI que estava trabalhando no programa que os médicos da Penn usam para mandar as receitas para as farmácias fez uma pequena mudança na interface do usuário: ele acrescentou ao sistema uma nova caixinha de opção. Desse dia em diante, a menos que o médico marcasse um X nessa caixinha, todos os remédios receitados seriam enviados à farmácia como genéricos. Já que os médicos, assim como todos nós, tendem a ser um pouco preguiçosos, eles só raramente marcavam um X na caixinha: apenas 2% das vezes. Consequentemente, a taxa de receita de genéricos da Penn disparou para 98%.

Os cientistas comportamentais descreveriam o que aconteceu na Penn Medicine dizendo que o consultor de TI mudou o "default" do sistema de receituário, ou o desfecho entregue pelo sistema caso ninguém escolhesse ativamente uma outra opção (como os ajustes-padrão de fábrica que vêm num computador novo). Se os defaults forem bem pensados, você vai acabar tomando a melhor decisão mesmo sem levantar um dedo, uma oportunidade que a maioria de nós adora, graças a nossos sistemas operacionais que amam a eficiência.

Durante anos, Mitesh e seus colegas fizeram lobby na Penn Medicine para mudar a interface de receituário e fazê-la pedir automaticamente genéricos a menos que os médicos optassem pelo contrário. Mas a aprovação final ainda não tinha chegado. No fim das contas, um solitário programador de TI, sabendo que bons defaults têm importância, assumiu a responsabilidade pela mudança quando o sistema da Penn Medicine precisou ser atualizado. E *bum!* Milhões de dólares foram economizados. Foi um sucesso tão colossal que Mitesh recebeu o sinal verde para criar na Penn Medicine uma nova "Unidade do Empurrãozinho",[8] destinada a implementar no sistema outras melhorias deliberadas baseadas na ciência comportamental.

"Empurrãozinho" é uma palavra usada a torto e a direito na comunidade da ciência comportamental.[9] Embora existam muitas formas distintas de se dar um empurrãozinho na mudança de comportamento, o termo com frequência é usado como sinônimo para estabelecer bons defaults, porque esse tipo de empurrãozinho, que mobiliza a preguiça humana para o bem, revelou-se de *grande* valor. Um estudo de 2001, por exemplo, hoje extremamente famoso,[10] mostrou que inscrever as pessoas de modo default em planos de poupança — tornando necessário se desinscrever (por oposição a se inscrever) — aumenta muito a previdência privada.\* Décadas de pesquisas suplementares hoje provam, de modo convincente, que escolher bem os defaults é uma ótima forma de gerar grandes ganhos. Ao criar sistemas que produzem o melhor desfecho possível quando a maioria de nós inevitavelmente não é capaz de levantar um dedo, aqueles que conhecem o poder dos defaults ajudaram a reduzir o excesso de receitas de medicamentos opioides,[11] limitar o consumo de refrigerante pelas crianças,[12] aumentar as taxas de vacinação[13] e aumentar as gorjetas nas corridas de táxi,[14] e isso é só o começo.\*\*

Infelizmente, sistemas do tipo "programar e esquecer" não conseguem resolver todos os problemas de mudança comportamental. Quando é preciso *executar uma ação*, em especial quando é preciso fazer isso repetidamente, é difícil confiar nos defaults. Não existe um ajuste default que você possa mudar para garantir que vá se exercitar regularmente, ter uma alimentação saudável, ignorar as redes sociais no trabalho ou estudar para as provas. Quando nos deparamos com decisões repetidas, é mais difícil lidar com a preguiça. Com

---

\* Esse estudo ajudou a alavancar a lei norte-americana de 2006 chamada Pension Protection Act, que concede abatimentos fiscais a empregadores que inscrevam seus funcionários por default em programas de previdência privada (*Public Law*, pp. 109-280, 2006). Outro estudo famoso feito em 2003 mostrou que, nos países em que os cidadãos são doadores de órgãos por default (com uma opção fácil para não doar), a fração de doadores registrados é mais de seis vezes maior do que nos países onde o default é o contrário (Eric Johnson e Daniel Goldstein, "Do Defaults Save Lives?". *Science*, v. 302, n. 5649, pp. 1338-9, nov. 2003. DOI:10.1126/science.1091721).

\*\* Pesquisas mostram que os defaults podem influenciar nosso comportamento por outros motivos também. As pessoas partem do pressuposto de que o default é a opção recomendada, ou então a mais popular, e rejeitar o default muitas vezes pode ser sentido como uma perda (Jon M. Jachimowicz et al., "When and Why Defaults Influence Decisions: A Meta-Analysis of Default Effects". *Behavioral Public Policy*, v. 3, n. 2, pp. 159-86, 2019. DOI:10.1017/bpp.2018.43).

certeza você pode criar defaults inteligentes para incentivar algumas dessas decisões regulares, como ter apenas comida saudável na geladeira ou escolher o *The New York Times* como home do seu navegador em vez do Facebook. Mas o que você pode fazer em relação ao resto? Quando a inércia está trabalhando contra e você não pode acionar o interruptor de um default, como criar a mudança?

## COMO FUNCIONAM OS HÁBITOS

O coração de Stephen Kesting acelerou enquanto ele procurava desesperadamente seu colega de equipe desaparecido dentro do armazém em chamas. Em todos os seus anos trabalhando como bombeiro, aquele era o maior incêndio que ele já tinha visto. Antes de pegar fogo, o prédio abrigava caixas e mais caixas de lenços de papel, papel-toalha e rolos de papel de meia tonelada. Agora tudo estava em chamas.

Quando a equipe de Stephen chegou ao local, o fogo já estava perigosamente fora de controle. Mas logo antes de ele entrar no prédio as coisas pioraram: "Tudo lá dentro tinha desabado feito uma fileira de dominós", explicou Stephen quando foi convidado no meu podcast.[15] Isso já seria assustador o suficiente em circunstâncias normais, mas com um membro da sua equipe desaparecido lá dentro, era aterrorizante.

A adrenalina de Stephen disparou, e seus reflexos assumiram o controle. Isso é um efeito secundário comportamental[16] do medo ou da empolgação intensos: você passa a confiar mais em seus sistemas automáticos, e há menos pensamentos profundos sobre cada decisão. Isso tem vantagens evidentes. Uma emergência em geral não é hora de pegar a calculadora ou começar a pesar os prós e os contras. É preciso agir depressa. Mas isso também significa que é crítico ter reflexos e hábitos que sejam bons.

Hábitos são os comportamentos e rotinas que nós repetimos tantas vezes, seja consciente ou subconscientemente, que eles se tornaram automáticos. Eles são basicamente o default do nosso cérebro: as reações que temos sem processamento consciente. Pesquisas em neurociência mostram que, à medida que os hábitos se desenvolvem, nós confiamos cada vez menos nas partes dos nossos cérebros usadas para o raciocínio (o córtex pré-frontal) e cada vez mais nas partes responsáveis pela ação e pelo controle motor (os gânglios basais e o cerebelo).¹⁷*

Como bombeiros e outras pessoas que trabalham na resposta a emergências precisam ser capazes de fazer a coisa certa sem muito pensamento deliberado, eles passam um tempo enorme treinando e se preparando para emergências, construindo memória muscular e desenvolvendo rotinas que transformam julgamentos inteligentes em reações instintivas. Na formação de bombeiro e no dia a dia do trabalho, eles treinam sem parar para diminuir o tempo e a quantidade de raciocínio necessários para vestir seu pesado equipamento e preparar seus caminhões quando o alarme de incêndio dispara. Treinam habilidades de busca e resgate, aprendem a estender uma mangueira de incêndio, e ensaiam o que fazer caso uma máscara de oxigênio falhe.

Enquanto procurava seu colega desaparecido dentro daquele braseiro terrível no armazém, Stephen se apoiou em hábitos que havia adquirido por meio do treino. Gritou: "Oi! Oi! Bombeiros! Tem alguém aí?", exatamente do jeito que fora treinado para fazer. Mas essa foi a parte fácil. "A parte difícil", explicou ele, "é ensinar as pessoas a calarem a boca depois de gritar e criar um instante de silêncio... para podermos observar, escutar, e com sorte ver ou ouvir alguma coisa." O instinto natural nesse tipo de situação é continuar gritando, o que impede uma busca eficiente.

Felizmente, Stephen e sua equipe tinham treinado essa pausa silenciosa e nada natural até ela virar uma coisa automática. Foi durante uma dessas pausas transformadas em hábito para observar e escutar que eles notaram algo muito crucial: um pedacinho minúsculo de luva despontando em meio aos detritos. Se tivessem continuado gritando em vez parar para escutar e observar o entorno, eles nunca teriam achado seu colega Rob enterrado nos escombros. "Acho que a mão dele ficou presa numa posição semivertical quando ele foi esmagado rente ao chão", disse Stephen. A equipe conseguiu tirá-lo e arrastá-lo para um lugar seguro segundos antes de o armazém vir abaixo.

---

* Como assinalou Charles Darwin em seu clássico *A origem das espécies*, a principal distinção entre instintos e hábitos é a origem: nós nascemos com instintos, mas os hábitos são aprendidos (Charles Darwin e Leonard Kebler, *On the Origin of Species by Means of Natural Selection, or, The Preservation of Favoured Races in the Struggle for Life*. Londres: J. Murray, 1859 [Ed. bras.: *A origem das espécies por meio de seleção natural: ou A preservação das raças favorecidas na luta pela vida*. São Paulo: Ubu, 2018]).

Stephen e sua equipe de bombeiros foram saudados como heróis, e eles de fato o são. Mas ele atribui o resgate não a uma determinação heroica, mas sim às simulações que ele e sua equipe fizeram para aprimorar suas reações automáticas e garantir um comportamento sensato numa emergência.

É seguro afirmar que hábitos bem formados já salvaram um número incalculável de vidas em emergências com fogo, zonas de guerra, hospitais e outros ambientes de alto risco. Mas bons hábitos são importantes para mais do que resgates heroicos. Quando precisamos que nosso piloto automático gere bons resultados e não podemos confiar num default, a segunda melhor alternativa é criar um hábito útil. Simular o bom comportamento até transformá-lo numa coisa natural pode ajudar com tudo, desde administrar um negócio de sucesso até conquistar e manter uma boa saúde.

Quando cientistas do comportamento falam sobre hábitos, nós muitas vezes os vinculamos a atalhos.[18] Se você bebe café, lembre-se da primeira vez que usou uma cafeteira nova. Isso provavelmente exigiu toda a sua atenção, e demandou um certo tempo até você entender exatamente onde precisava pôr a água e quantas colheres de pó eram necessárias. Mas depois de fazer café por várias manhãs nessa máquina isso virou um hábito, e você passou a conseguir preparar sua bebida matinal de modo rápido e sem pensar.

Por mais monótono que isso possa parecer, pesquisas com humanos e outros animais demonstraram que os hábitos vêm de simulações repetidas. A construção de hábitos muitas vezes é menos intencional do que no caso de bombeiros que treinam vestir o equipamento e parar para detectar sinais de vida, mas ela sempre envolve muitas repetições de ações até que o hábito se torne não apenas conhecido, mas instintivo. Com grande frequência, a repetição responsável pela construção de hábitos (como roer as unhas, olhar o celular ou fazer café) é acidental, distraída. Se você quiser desenvolver bons hábitos, ou substituir hábitos ruins por outros melhores, o melhor é fazer simulações deliberadas e repetidas, como um bombeiro treinando para fazer a coisa certa num ambiente de forte pressão.

Em experimentos hoje clássicos feitos em meados do século XX, o psicólogo B. F. Skinner demonstrou que, se ratos e pombos fossem confrontados com oportunidades repetidas de apresentar determinado comportamento (como acionar uma alavanca) seguidas por recompensas constantes (por exemplo, petiscos saborosos), uma reação habitual logo se desenvolvia. Os animais aprendiam a ter aquele comportamento e a continuar a tê-lo mesmo quando paravam de receber recompensas.[19] Descobriu-se que os hábitos se desenvolvem nas pessoas de forma bem parecida ao que acontece nos ratos e pombos. No entanto, ao contrário de ratos e pombos, nós podemos nos treinar intencionalmente para ter bons hábitos, e podemos ajudar os outros a se treinarem também. A receita é simples: quanto mais repetimos uma ação em resposta a deixas fixas e recebemos alguma recompensa (seja elogios, alívio, prazer, ou mesmo dinheiro puro e simples), mais automáticas se tornam nossas reações.

Na verdade, estudos feitos por economistas meio século depois dos famosos experimentos de B. F. Skinner demonstraram que a mesma abordagem que deu certo com ratos e pombos podia ser usada para ajudar universitários a praticarem mais exercícios.[20] Para provar isso, eles recrutaram mais de cem universitários para um estudo sobre frequência de ida à academia e os dividiram aleatoriamente em diferentes grupos. A alguns alunos foi dito que eles ganhariam 175 dólares caso participassem de uma sessão de informação e de duas reuniões subsequentes, autorizassem os pesquisadores a monitorar suas idas à academia e fossem à academia no mínimo uma vez no mês seguinte. A outros disseram que eles receberiam os mesmos 175 dólares apenas se participassem da sessão de informação e das reuniões subsequentes, autorizassem o monitoramento de suas idas à academia e fossem malhar no mínimo *oito* vezes ao longo do mês seguinte.

Sem nenhuma surpresa, os alunos que precisaram ir oito vezes à academia para receber o dinheiro se exercitaram mais do que os outros ao longo daquele mês. Mas realmente interessante foi o que aconteceu depois que os pagamentos cessaram. Os alunos que tinham acabado de concluir um mês de atividade física mais intensa do que o normal (aqueles a quem se tinha oferecido 175 dólares para ir malhar oito vezes) continuaram frequentando a academia muito mais do que os alunos que receberam para ir apenas uma vez, muito embora ninguém mais estivesse recebendo dinheiro algum para ir malhar. Na verdade, os integrantes do grupo das oito idas malharam cerca de duas vezes mais do que os alunos no outro grupo ao longo de um período de acompanhamento de sete semanas.

Esses achados sustentam um modelo simples e em grande parte preciso de formação de hábitos popularizado por sucessos de vendas como *O poder do hábito*, de Charles Duhigg,[21] e *Hábitos atômicos*, de James Clear[22] (repare que eu disse *em grande parte* preciso — mais adiante neste mesmo capítulo explicarei uma reviravolta surpreendente que até eu me espantei ao descobrir). Quando um determinado hábito é repetido (ou simulado) várias e várias vezes num ambiente constante, e quando um retorno positivo de qualquer tipo acompanha a sua execução, ele tende a se tornar instintivo. Revisitemos o exemplo de fazer café de manhã: o ambiente constante é a sua cozinha de manhã; a recompensa é um café fresquinho; e o hábito é a sequência de ações necessária para preparar uma xícara de café. Ou então, para usar um exemplo que Duhigg tornou famoso, a indústria de creme dental espertamente transformou a escovação dos dentes num hábito associando essa atividade a um frescor de hortelã recompensador pelo qual as pessoas passaram a ansiar todas as manhãs ao se postar diante da pia do seu banheiro.

A beleza dos bons hábitos é que, assim como os defaults que você pode "criar e esquecer", eles tiram proveito da nossa preguiça inerente.* Uma vez refinados, os hábitos põem os bons comportamentos no piloto automático, de modo que nós os executamos sem sequer pensar. Na verdade, numa fascinante série de seis estudos feitos com crianças e adultos, os psicólogos Brian Galla e Angela Duckworth demonstraram que os hábitos positivos são fundamentais para aquilo que muitas vezes rotulamos equivocadamente de "autocontrole".[23] Aqueles à nossa volta que parecem dotados de uma força de vontade tremenda, pessoas que correm cinco quilômetros todos os dias de manhã, que são focadas no trabalho, que estudam mais na escola e na faculdade e parecem em geral fazer as escolhas certas, na verdade não são dotados de uma capacidade sobrenatural de resistir à tentação. O que os impede de encarar a tentação, isso sim, são em primeiro lugar os bons hábitos. Essas pessoas nem sequer *pensam* em tomar a decisão errada. Vão à academia diariamente porque isso é um hábito, não por terem avaliado cuidadosamente os prós e os contras. Tomam suco verde de manhã porque essa é a sua rotina, não porque pensaram

---

\* Nossos maus hábitos se formam da mesma maneira — de modo não intencional — ao longo de anos de repetição e recompensa. Por exemplo, tiques nervosos como o hábito de roer unhas ou ranger os dentes em geral começam como um modo de se acalmar em momentos de estresse; após uma repetição suficiente, eles viram maus hábitos difíceis de largar. Almoçar algo comprado na máquina automática começa como um jeito rápido de comer quando se está sem tempo, mas é repetido com sucesso um número de vezes suficiente para se transformar numa rotina que executamos sem pensar.

em comer algo gorduroso mas decidiram exercitar a força de vontade. E elas passam fio dental todas as noites antes de dormir porque o piloto automático lhes diz para fazer isso, não por terem decidido de modo ativo investir tempo no fio dental hoje para evitar ter problemas de gengiva amanhã.

Num mundo ideal, você também poria as boas decisões no piloto automático. Uma vez um bom hábito arraigado com sucesso na sua vida, as decisões sensatas não exigem raciocínio. Então sua tendência a escolher o caminho de menor resistência, em vez de atrapalhar, leva você a alcançar seus objetivos. Você talvez não tenha pensado em treinar comportamentos como passar fio dental e ter uma alimentação saudável da mesma forma que treinaria suas habilidades de pianista ou bombeiro, mas na verdade é justamente isso que deveria fazer.

Infelizmente, adquirir novos hábitos não é exatamente tão simples quanto parece. Recompensar a si mesmo por comportamentos desejáveis e apertar a tecla de repetir até sua força de vontade não ser mais necessária para tomar ativamente a decisão correta é uma estratégia que às vezes funciona bem. Mas eu aprendi do jeito mais difícil que esse sistema só funciona sem contratempos num mundo muito previsível, e infelizmente não é nesse mundo que a maioria de nós vive.

## HÁBITOS ELÁSTICOS

Pouco tempo depois de uma visita à sede empresarial do Google inspirar meu trabalho sobre recomeços, liguei para meus amigos da gigante da tecnologia e lhes fiz uma proposta. Sabia que o Google estava querendo ajudar seus funcionários a desenvolverem hábitos de bem-estar melhores, e em especial incentivar mais funcionários a usar as academias de ginástica que havia na empresa. Então sugeri uma estratégia de baixo custo que eu e meu colaborador de longa data John Beshears, professor da Harvard Business School, estávamos convencidos de que daria certo.

John e eu nos conhecemos quando cursávamos a pós, numa aula que foi minha introdução à área nascente da economia comportamental e do "empurrãozinho". Ficamos logo amigos, e mais tarde assinamos trabalhos juntos. John é hoje um economista de renome mundial, responsável por boa parte das pesquisas sobre as diversas vantagens de se usar defaults para ajudar funcionários de empresas a pouparem para a aposentadoria. Como eu, porém, ele tinha passado a querer muito entender como a tendência das pessoas a escolher o caminho de menor resistência poderia ser canalizada para ajudar a melhorar decisões cotidianas importantes que não podemos simplesmente "programar e esquecer" com um default inteligente, escolhas relacionadas ao uso da tecnologia, à alimentação, à atividade física, ao sono e às despesas cotidianas, entre outros.

Tanto para mim quanto para ele, estava claro que a resposta tinha a ver com hábitos. E como eu sabia que o Google queria ajudar seus funcionários a melhorarem seus hábitos relacionados ao bem-estar — pesquisas mostram que funcionários mais saudáveis são mais felizes e mais produtivos[24] —, John e eu desconfiávamos de que a empresa pudesse ser um laboratório perfeito para uma ideia que tínhamos desenvolvido sobre como incentivar mais eficientemente a criação de hábitos duradouros.

Nossa ideia tinha a ver com a regularidade da rotina das pessoas.

Imagine duas pessoas que desejam fazer mais atividade física; vamos chamá-las de Raquel e Fernando. Agora digamos que os dois contratem um mês de sessões com uma personal trainer três vezes por semana, pois assim esperam criar hábitos duradouros relacionados à atividade física. Como Raquel e Fernando deram o mesmo passo em direção ao seu objetivo, pode parecer que eles têm a mesma chance de sucesso.

Mas digamos que a personal de Raquel tenha uma filosofia diferente da de Fernando. A personal de Raquel acredita que ter uma rotina rígida é a melhor forma de transformar exercício em hábito. Ela pede a Raquel para escolher seu horário preferido para malhar, e lhe diz que as duas vão se encontrar três vezes por semana nesse horário. Ao final do mês, diz a personal para "Raquel Rotina", ela terá desenvolvido um hábito saudável.

Assim como Raquel, Fernando escolhe seu horário ideal para malhar e monta séries de exercício junto com a sua personal. Só que a personal de Fernando acredita na importância de ser flexível, e não liga muito para quando exatamente Fernando vai se exercitar, contanto que isso aconteça três vezes por semana. Ela diz a "Fernando Flexível" que variar os horários de suas idas à academia vai ajudá-lo a aprender a se adaptar e melhorar sua capacidade de encontrar tempo para malhar quando sua vida estiver atribulada. A personal de Fernando lhe garante que, ao final daquele mês, exercitando-se três vezes por semana sempre que conseguir encaixar a atividade física na sua agenda, ele terá construído um hábito duradouro.

Quando John e eu perguntamos a dezenas de professores de psicologia de universidades norte-americanas importantes qual das duas personal trainers hipotéticas eles consideravam ter a melhor filosofia, houve um consenso claro. A grande maioria previu que ir à academia no mesmo horário dentro de uma rotina rígida produziria hábitos mais duradouros na prática de atividade física. John e eu também pensávamos assim.

De modo que ficamos espantados ao constatar que tínhamos entendido tudo errado.

John e eu não tiramos nosso palpite equivocado da cartola, longe disso. Um conjunto robusto de pesquisas sugere que rotinas regulares são importantes para criar hábitos duradouros, entre elas os estudos que já mencionei sobre as experiências de condicionamento de B. F. Skinner com ratos e pombos. As pesquisas também demonstram que as pessoas têm muito mais probabilidade de tomar seus remédios de forma correta quando têm rotinas regulares de ingestão de medicamentos,[25] e a grande maioria dos frequentadores regulares de academias afirma ir malhar sempre no mesmo horário.[26]

Existe também um estudo muito divertido sobre consumo de pipoca,[27] veja só, que reforça a importância das rotinas para o comportamento habitual. A especialista em hábitos Wendy Wood recrutou frequentadores de um cinema de bairro para assistir e avaliar uma série de curtas-metragens. Essas pessoas foram levadas a acreditar que Wendy estava interessada em estudar seu gosto cinematográfico, então, ao receberem baldes grátis de pipoca no cinema pensaram que isso fosse apenas um gesto de agradecimento por terem compartilhado seu tempo e suas opiniões.

Na verdade, porém, o estudo era sobre pipoca. Alguns dos baldes distribuídos continham pipoca fresca amanteigada. Mas outros participantes do estudo receberam uma pipoca da semana anterior, que ficara guardada em sacos plásticos até perder toda a crocância e o sabor de manteiga. Sem qualquer surpresa, as pessoas não tiveram problema algum para distinguir entre a pipoca boa e a ruim. E as que em geral não comiam pipoca no cinema tiveram um comportamento bastante sensato: deixaram a pipoca velha de lado. Mas se elas tivessem a sorte de receber uma pipoca fresquinha, comiam tudo felizes da vida.

Mais surpreendente ainda é a descoberta de Wendy de que os participantes que *sempre* comiam pipoca no cinema ingeriam a mesma quantidade, independentemente de terem recebido pipoca velha ou fresquinha e com bastante manteiga. Seu comportamento tinha por base o instinto e o hábito, não um julgamento racional. Fresca ou velha, elas comiam a mesma quantidade de pipoca porque estavam no piloto automático. O cinema era a sua deixa de que estava na hora de comer pipoca, e elas então comiam sem pensar.

Para estabelecer de forma definitiva esse vínculo entre as deixas que despertam os hábitos e os comportamentos impensados, a equipe de Wendy refez o experimento num outro ambiente: exibiu clipes musicais num laboratório de pesquisa (em vez de filmes num cinema). E os resultados foram diferentes. Dessa vez, as pessoas que sempre comiam pipoca no cinema se comportaram exatamente como os cinéfilos sem o hábito de comer pipoca. Como não estavam se deparando com a pipoca do modo habitual, rotineiro, o piloto automático não assumiu o controle e não as fez comer os grãos de pipoca borrachudos que tinham passado uma semana envelhecendo dentro de sacos plásticos.

Wendy me disse não ter ficado na verdade nem um pouco surpresa com esses resultados.[28] Graças a toda uma carreira dedicada ao estudo dos hábitos, ela sabia que comportamentos repetitivos ocorrem constantemente no mesmo contexto (digamos, uma sala de cinema), e que receber uma recompensa (digamos, uma pipoca gostosa) vai acabar nos levando a reagir a deixas semelhantes de modos bem ensaiados, mesmo a recompensa não estando mais presente (motivo que leva algumas pessoas a comerem pipoca ruim no cinema). "As deixas podiam ser outras pessoas; podiam ser o ambiente físico em que você se encontra; podiam ser até o horário do dia ou alguma ação que você acabou de executar", diz Wendy. "Na sua mente, todas essas deixas se vinculam à reação que você vai ter."

E pesquisas fascinantes sobre ratos proporcionaram indícios convergentes com relação a esse modelo do hábito. Descobriu-se que ratos que desenvolveram uma dependência à heroína reagem de modo muito diferente ao receber uma overdose da droga no ambiente em que habitualmente recebem a injeção ou fora dele.[29] Se eles recebem uma overdose num ambiente desconhecido, sua probabilidade de morrer é duas vezes maior. Por quê? Quando os ratos estão cercados por suas deixas habituais, seus corpos reagem de modo mais habitual à droga (a tolerância que eles desenvolveram à droga os protege).

mas num contexto desconhecido seus corpos não reagem adequadamente, o que pode ser mortal. Essa pesquisa, embora um pouco macabra, demonstra de forma vívida de que modo um ambiente conhecido afeta a maneira como os mamíferos reagem a estímulos conhecidos. Nós reagimos de maneira mais habitual a drogas, a comer pipoca ou a tomar remédios ou praticar exercícios quando estamos em circunstâncias conhecidas. Familiaridade cria hábito.*

Tudo isso para dizer que John e eu tínhamos bons motivos para desconfiar de que, se quiséssemos ajudar as pessoas a construírem bons hábitos em relação ao uso de redes sociais, sono, atividade física, uso de medicamentos, conclusão de tarefas escolares, combate a incêndios ou criação de filhos, talvez valesse a pena fazê-las desenvolver rotinas regulares, estáveis e conhecidas. Voltando a Raquel e Fernando, tínhamos todos os motivos para pensar que a personal de Raquel Rotina, que a incentivava a ir à academia no mesmo horário todos os dias, ajudaria a construir um hábito de atividade física mais duradouro do que a personal de Fernando Flexível, que priorizava a flexibilidade.

Nossos amigos do Google adoraram a ideia de ajudar seus funcionários a construírem hábitos duradouros de atividade física, e gentilmente nos deram o sinal verde para testar nossa teoria nas academias situadas dentro da empresa.**

O estudo que conduzimos envolveu mais de 2500 funcionários do Google em escritórios espalhados por todo o território americano.[30] Medimos a frequência com a qual os participantes iam às academias da empresa durante um período de um mês, quando ficamos modificando seus incentivos, e depois disso por mais ou menos quarenta semanas (para ver que efeitos duradouros nossa intervenção de um mês havia produzido, se é que produzira algum). O principal aspecto de nosso estudo foi um teste que desenvolvemos para ver se recompensar a regularidade nos hábitos de atividade física era a chave para uma mudança *duradoura*.

Funcionava da seguinte maneira: alguns funcionários eram pagos para se exercitar no mesmo horário todos os dias, enquanto outros recebiam um pouco

---

* Isso tem relação com a ideia dos recomeços: instantes que se afastam do familiar e podem perturbar hábitos.
** Tivemos a sorte de colaborar nesse trabalho não só com a (ex-) funcionária da Google Jessica Wisdom, mas também com dois doutorandos incríveis da Wharton: Rob Mislavsky (hoje professor na Johns Hopkins) e Sunny Lee.

menos para se exercitar em qualquer horário.* O desenho do nosso estudo nos permitiu comparar pessoas que havíamos selecionado aleatoriamente para se comportar como Raquel Rotina (aquelas que malhavam sempre no mesmo horário do dia) com as pessoas que tínhamos incentivado a se comportar como Fernando Flexível (que iam malhar o mesmo número de vezes por semana que Raquel, mas em horários menos regulares).

Quando os dados chegaram, tínhamos quase certeza de que veríamos indícios confirmando o poder de uma rotina estrita e regular. De modo que ficamos espantados ao ver que tínhamos entendido tudo errado.

Antes de explicar nosso erro de lógica, deixe-me começar nos dando um pouco de crédito: não é que nós tenhamos entendido *tudo* ao contrário. Os funcionários que recompensamos por se exercitarem todos os dias no mesmo horário de fato desenvolveram um hábito ligeiramente mais "firme" com relação à atividade física ocorrida especificamente no seu horário fixo e programado. Quando nosso programa de um mês para dar o pontapé inicial nos hábitos de atividade física chegou ao fim, os funcionários que tinham sido recompensados por se exercitarem regularmente continuaram frequentando a academia em seu horário de costume um pouco mais do que funcionários que tinham sido recompensados por se exercitarem quando lhes desse vontade.

Mas a grande surpresa foi que os funcionários do Google que nós tínhamos incentivado a ir à academia sempre no mesmo horário (como Raquel Rotina) construíram fundamentalmente um hábito de se exercitar apenas nesse horário preciso. Por acidente, nós os havíamos transformado em robôs inflexíveis, e feito Raquel Rotina virar Raquel Engessada. Se não conseguissem ir à academia no seu horário regular, essas Raquéis Rotinas tinham pouca probabilidade de ir, fosse durante o nosso experimento ou depois. Mas tanto durante quanto depois do nosso estudo, os funcionários que tínhamos recompensado por se

---

* Nós randomizamos não só o fato de as pessoas receberem por qualquer ida à academia ou apenas por idas em horários específicos, mas também quanto pagávamos às pessoas por cada ida. Alguns recebiam três dólares por visita, enquanto outros recebiam sete. Como imaginávamos, quanto mais pagávamos, mais as pessoas malhavam. Como o desenho do nosso estudo produzia variabilidade tanto com relação a quando as pessoas iam malhar quanto na frequência com a qual malhavam, podíamos comparar dois funcionários que tivessem sido incentivados a se exercitar com a mesma frequência durante o mês da nossa intervenção (duas vezes por semana, digamos), mas com graus variados de regularidade na sua rotina.

exercitarem em horários mais flexíveis continuaram malhando bem mais em *outros* horários, também, não só naqueles que tinham dito lhes ser mais convenientes. Eles muito claramente tinham aprendido a ir à academia mesmo quando seus planos originais não davam certo, e no geral isso produzia um hábito de atividade física que "colava" melhor.

Embora esses resultados no início tenham me deixado chocada, assim como muitas plateias acadêmicas e corporativas às quais os apresentei (eu gostava de perguntar ao público dos meus seminários qual era a sua previsão, e depois de revelar que quase todo mundo estava errado), considero essa uma das descobertas mais importantes que já fiz na minha carreira de pesquisa.

Sim, construir rotinas estáveis é crucial para a formação de hábitos. Mas se quisermos formar os hábitos que vão "colar" melhor, precisamos também aprender a nos adaptar, de modo a podermos ser flexíveis quando a vida nos apresentar uma situação imprevista. O excesso de rigidez é inimigo de um bom hábito.

Imagine que você está tentando criar uma rotina de meditação diária. Idealmente você escolheria um horário e um local para meditar, como no seu escritório na hora do almoço. Conforme discutido no capítulo anterior, elaborar um plano o ajudará a cumprir essa meta. E a pesquisa relacionada aos hábitos mostra que meditar repetidamente no mesmo horário e no mesmo lugar, e se recompensar por isso, vai tornar essa prática mais automática. Só que às vezes meditar no escritório na hora do almoço simplesmente não funciona. Você pode ter uma reunião de almoço com um cliente fora da empresa, ou uma consulta médica no horário do almoço. Minha pesquisa com John mostra que, se você conseguir encontrar um jeito de ser flexível e meditar mesmo assim, sejam quais forem as circunstâncias nas quais se encontrar, e se recompensar por fazer isso, seu hábito de meditação ficará ainda mais forte. Quando você cultiva a flexibilidade na sua rotina, seu piloto automático fica mais robusto: sua rotina passa a ser meditar até mesmo em circunstâncias não ideais. De modo geral, você vai construir um hábito mais duradouro, que vai colar melhor.

Quanto mais pensava nos resultados da minha pesquisa com John, mais reconhecia que, em algum nível subconsciente, já fazia tempo que eu valorizava a importância da flexibilidade para desenvolver bons hábitos. Quando competia como tenista na adolescência, eu aplicava esse conceito implícito nas minhas sessões de treino diárias. Quando me exercitava em quadra, praticando *forehands* e backhands até os movimentos se tornarem naturais para mim, eu nem sempre os ensaiava da mesma forma. É claro que eu treinava rebater centenas de bolas em circunstâncias ideais (quando a bola vinha bem na minha direção e eu tinha tido tempo de me preparar), mas também me esforçava muito para aprimorar minhas habilidades numa gama de condições mais ampla: imprensada junto à linha de fundo, correndo para longe da rede para tentar pegar um lob, correndo para a frente para rebater uma bola curta. Ao praticar meus movimentos em condições assim variadas, tornou-se natural para mim acertar a bola confortavelmente onde quer que eu estivesse durante uma partida. A mesma lição se revela verdadeira em relação a qualquer hábito. Se você só o pratica no ambiente ideal, o hábito não vai ser tão eficiente nem tão robusto quanto outro desenvolvido com mais flexibilidade.

Continuo convencida de que, construindo bons hábitos de modo deliberado, nós podemos canalizar nossa preguiça inerente para fazer mudanças positivas em nosso comportamento. Mas hoje está claro para mim que, para pôr o bom comportamento no piloto automático, não podemos cultivá-lo de um único modo específico. Os hábitos mais versáteis e robustos se formam quando nos treinamos para tomar a melhor decisão, sejam quais forem as circunstâncias.

## UM DIA SIM, O OUTRO TAMBÉM

Todos nós conhecemos Benjamin Franklin como um dos Pais Fundadores dos Estados Unidos da América, filósofo, cientista, escritor, impressor, e, talvez seu feito mais famoso, o homem cuja pipa canalizou pela primeira vez a eletricidade. Sou particularmente apaixonada por Franklin por ele ter fundado a Universidade da Pensilvânia, onde trabalho, e ter sido além disso um cientista comportamental bastante arguto. (Quem pode discordar de "A pressa é inimiga da perfeição" ou de "Ações valem mais do que palavras"?)

No final da adolescência, porém, Franklin passou dois anos em Londres como um desocupado esbanjador.[31] Gastava dinheiro em coisas frívolas, cometia excessos nas tabernas da cidade e se dedicava de modo geral a uma vida de libertinagem. Foi só durante a viagem de volta para a sua Filadélfia natal, quando seu navio se deparou com algumas correntezas infelizes que prolongaram a viagem de algumas semanas para mais de dois meses, que ele notoriamente elaborou um plano para mudar de comportamento.

Todo esse tempo a mais para refletir pelo visto ajudou o jovem Ben Franklin a decidir começar de novo. Como se sabe, ele elaborou uma cuidadosa estratégia para cultivar um conjunto de virtudes que, na sua opinião, levariam a uma vida produtiva e plena. Com o objetivo de transformar o bom comportamento num hábito, Franklin criou um sistema de gráficos para acompanhar seu sucesso ou fracasso diário na manifestação de treze virtudes distintas: temperança, silêncio, ordem, decisão, comedimento, industriosidade, sinceridade, justiça, moderação, limpeza, tranquilidade, castidade e humildade. Penalizava os fracassos com um pontinho preto, e recompensava os sucessos deixando o espaço em branco. Como a história mostra, Franklin no fim das contas de fato conseguiu ser alguém na vida (para dizer o mínimo). Talvez seus gráficos sejam em parte responsáveis por isso.

Mais ou menos trezentos anos depois, o comediante Jerry Seinfeld defende uma filosofia parecida.[32] Como a maior parte das piadas é medíocre, e como é preciso muitas tentativas para produzir alguma boa, Seinfeld se comprometeu em criar uma piada nova por dia, e acompanha o próprio progresso de modo bem parecido com o de Franklin. O lema de Seinfeld é: "Não cortar a corrente".

Ben Franklin e Jerry Seinfeld são estudos de caso interessantes por muitos motivos. Primeiro, ambos reconhecem o poder do hábito e viam que, para criar novos hábitos, teriam de repetir várias vezes suas ações.

Segundo, ambos *monitoravam* religiosamente o próprio progresso. Pesquisas sugerem que monitorar sua prática de atividades físicas, sua produção de piadas, ou até mesmo suas virtudes, aumenta as chances de mudar seu comportamento. Isso se deve em parte ao fato de que monitorar um comportamento ajuda você a evitar esquecer de repeti-lo até ele se tornar natural. É também um jeito agradável de garantir que você vai comemorar seus sucessos e se responsabilizar pelos fracassos. Quando seus sucessos e seus fracassos estão bem diante do seu nariz, é difícil não sentir orgulho quando você fez o que se propôs a fazer, e um pouco de vergonha quando isso não aconteceu.

Tanto Ben Franklin quanto Jerry Seinfeld também se preocupavam muito com lapsos em suas rotinas. Pesquisas recentes sugerem[33] que qualquer coisa maior do que um lapso curto[34] num comportamento que desejamos tornar habitual (faltar várias vezes à academia em vez de só uma, digamos) podem ter um custo alto. O mantra de Seinfeld, "Não cortar a corrente", é astuto. Ele também ajuda a explicar a lógica por trás das cartelas de pílulas anticoncepcionais com 28 comprimidos. Cientificamente falando, os comprimidos só são necessários nos primeiros 21 dias de um ciclo menstrual de 28. Apesar disso, a maioria das embalagens de pílulas anticoncepcionais contém sete comprimidos inócuos junto de 21 comprimidos com hormônio, a fim de garantir que as pessoas que estiverem tomando o anticoncepcional não percam o hábito de tomar o remédio durante a semana de "folga". Embora a tomada de uma única dose fosse um método anticoncepcional melhor (como uma vacina contra o herpes-zóster, só que reversível), a segunda melhor alternativa é uma dose diária.*

A principal lição deste capítulo, da qual espero que você se lembre, é exatamente essa. A solução ideal para qualquer problema advindo da sua preguiça inerente é uma solução em dose única, um default. Se for possível "programar e esquecer", qualquer mudança que você esteja tentando criar será bastante fácil de fazer.**

Infelizmente, muitas vezes não podemos contar com soluções de dose única. Quando a preguiça está agindo contra nós e um default não consegue produzir uma mudança duradoura, quando não existe vacina em dose única

---

* O DIU é a coisa mais próxima de uma vacina anticoncepcional de que dispomos, e sua popularidade aumentou muito, em especial conforme foram se acumulando indícios da sua segurança (Erin Magner, "Why the IUD Is Suddenly Queen of the Contraceptive World". *Well + Good*, 7 fev. 2019. Disponível em: <www.wellandgood.com/iud-birth-control-comeback>. Acesso em: 20 ago. 2020).

** A Penn Medicine descobriu isso bem depressa depois do sucesso do seu default sobre medicamentos genéricos e conseguiu outras grandes vitórias usando uma lógica parecida. A Unidade do Empurrãozinho formada por Mitesh diminuiu pela metade as receitas de opioides viciantes desde então, criando um default de dez comprimidos no máximo por receita (em vez da dose habitual de trinta dias) (M. K. Delgado et al, "Association between Electronic Medical Record Implementation of Default Opioid Prescription Quantities and Prescribing Behavior in Two Emergency Departments". *Journal of General Internal Medicine*, v. 33, n. 4, pp. 409-11, 2018. DOI:10.1007/s11606-017-4286-5). Eles também mais do que quintuplicaram a taxa de encaminhamento de pacientes cardíacos para a reabilitação transformando em default essa melhor prática clínica (Srinath Adusumalli et al., "Abstract 19699: A Change in Cardiac Rehabilitation Referral Defaults From Opt-In to Opt-Out Increases Referral Rates among Patients with Ischemic Heart Disease". *Circulation*, v. 136, n. suppl.1, 2017. DOI:10.1161/circ.136.suppl_1.19699).

para curar o que nos aflige, a segunda melhor opção é criar um hábito. Criar hábitos significa se apoiar na repetição ou no "treino" para desenvolver uma resposta constante a deixas conhecidas, ao mesmo tempo que nos recompensamos pelos sucessos.

Algumas pesquisas novas e intrigantes sugerem que podemos acoplar novos hábitos a outros mais antigos vinculando aquilo que desejamos começar a fazer regularmente, como flexões de braço ou comer frutas, a algo que já fazemos habitualmente, como tomar uma xícara de café pela manhã ou sair de casa para o trabalho. Num estudo recente, pequeno porém promissor, pessoas que estavam tentando iniciar o hábito de passar fio dental tiveram mais sucesso quando foram incentivadas a usar o fio *depois* de escovar os dentes, em vez de antes.[35] Se você pensar no poder das deixas, verá que pôr a escova de volta no copo se tornou a deixa que fazia as pessoas pegarem o fio dental. O novo hábito se acoplou ao antigo.

Eu mesma já usei essa estratégia. Quando tinha acabado de ter filho e minha vida estava caótica demais para comportar idas à academia, eu sabia que precisava criar um novo hábito diário de atividade física. Então acoplei sessões de malhação de sete minutos na já bem estabelecida rotina matinal que tinha no banheiro, e raramente pulava um dia.

Vincular um novo comportamento que você gostaria de transformar em hábito a outros hábitos que já existem na sua vida torna mais fácil cumprir o que você pretende na crítica fase inicial do desenvolvimento de um hábito. Também ajuda se monitorarmos nossa evolução e nos recompensarmos pelos sucessos, se nos esforçarmos para manter a constância, e se incluirmos flexibilidade em nossas rotinas, de modo que os obstáculos que venhamos a encontrar não nos impeçam de progredir.

Com esses conceitos em mente, é possível reverter a preguiça. O caminho de menor resistência, esse enorme empecilho quando estamos querendo mudar, pode em vez disso se transformar num trunfo.

### DESTAQUES DO CAPÍTULO

- A preguiça, ou a tendência a escolher o caminho de menor resistência, pode atrapalhar a mudança.

- Um default é o desfecho que você terá se não escolher ativamente outra opção (como as configurações-padrão de fábrica que vêm num computador novo). Se você escolher bem os defaults (se puser seu e-mail de trabalho como página inicial do seu navegador em vez do Facebook, por exemplo), pode transformar a preguiça num trunfo que facilita a mudança (gastar menos tempo nas mídias sociais, por exemplo).
- Hábitos são como configurações default do seu comportamento. Eles colocam o bom comportamento no piloto automático. Quanto mais você repete uma ação em circunstâncias conhecidas e recebe alguma recompensa (seja um elogio, alívio, prazer ou dinheiro vivo), mais habituais e automáticas suas reações se tornam nessas situações.
- Rigidez em excesso é inimiga de um bom hábito. Ao permitir flexibilidade em nossas rotinas, seu piloto automático também pode se tornar flexível. Você vai constatar que reage de modo constante mesmo em circunstâncias não ideais. De modo geral, vai construir hábitos mais duradouros, que vão "colar" melhor.
- Monitorar seu comportamento pode facilitar a construção de hábitos. Isso ajuda a evitar que você esqueça de fazer o que se propôs, e garante que comemore seus sucessos e assuma responsabilidade pelos fracassos.
- Tente manter a constância. Qualquer coisa maior do que um lapso curto num comportamento que se espera tornar habitual (faltar várias vezes à academia, por exemplo, em vez de apenas uma) pode impedir um novo hábito de se formar ou atrapalhar um que já existe.
- Acoplar novos hábitos a outros mais antigos pode ajudar na formação desses hábitos. Vincule aquilo que espera começar a fazer regularmente (como praticar flexões de braço ou comer frutas) a algo que já faz habitualmente (como tomar uma xícara de café pela manhã ou sair para o trabalho).

# 6. Autoconfiança

Quando entrei na sala do meu orientador, Max Bazerman, em 2007, na metade do meu doutorado, meus ombros caídos e minha expressão desanimada comunicavam exatamente a consternação que eu estava sentindo. Um manuscrito que eu havia passado dois anos redigindo sob orientação dele fora devolvido pela revista para a qual eu o havia mandado com a palavra que todos os acadêmicos mais temem estampada no alto da página: "Rejeitado". Observações de três especialistas na minha área acompanharam o veredito e apontavam as muitas falhas na minha pesquisa. "Eu nunca vou conseguir publicar isso", lamentei.[1]

Enquanto aguardava o conselho de Max, corri os olhos por sua sala. Não há nada de inabitual nos velhos periódicos que margeiam suas prateleiras, mas muito poucos acadêmicos podem exibir algo parecido com o pôster de filiação acadêmica que ia do chão até o teto pendurado na sua parede: uma "árvore genealógica" que um ex-aluno tinha lhe dado de presente pelos seus cinquenta anos. O nome de Max está escrito no alto dentro de um medalhão, e cada galho abaixo dele representa um dos dezenas de acadêmicos de renome mundial que ele orientou, seguidos por seus orientandos e pelos orientandos de seus orientandos. As pessoas que figuram nessa árvore genealógica são hoje professores titulares nas universidades Harvard, Columbia, NYU, Stanford, Duke, Cornell, UCLA, Berkeley e Northwestern, entre outras instituições de prestígio. (Fato singular: numa área dominada por homens, a maioria dos seus ex-alunos é mulher.*) Embora eu esperasse um dia entrar para o rol dos bem-sucedidos ex-alunos no pôster de Max, o peso daquele fracasso recente me levava a duvidar que isso algum dia fosse acontecer.

Preparei-me para o pior. Parecia provável que Max fosse me sugerir rasgar meu manuscrito e recomeçar do zero. Mas ele abriu um sorriso calmo e tranquilizador e se recostou na cadeira.

Com seu tom de sempre, tranquilo e direto, Max reiterou que meu trabalho era sólido e seria sem sombra de dúvida publicado. Eu só precisava tentar de novo. "Passe as próximas 48 horas fazendo tudo que puder para resolver o que as críticas apontam, depois submeta a outra revista", instou ele. "A pior coisa que você pode fazer é ficar sentada em cima de más notícias."

Um pouco atônita, mas profundamente aliviada, concordei em voltar ao trabalho sem demora. "Excelente!", disse Max, irradiando entusiasmo.

Dois anos depois, quando cheguei à Wharton School como professora assistente (após ter conseguido publicar meu artigo), essa conversa animadora já era uma lembrança distante. Mas aconselhar bem meus alunos era uma das minhas principais preocupações: eu estava ansiosa para começar a ajudar meu próprio conjunto de pós-graduandos a alcançar seu potencial. Mas um obstáculo não demorou a aparecer: logo no início do meu primeiro ano, descobri que muitos dos doutorandos com os quais tinha contato estavam infelizes e acabavam não tendo muito sucesso. Mesmo quando chegavam extremamente bem recomendados, com credenciais acadêmicas impressionantes e altíssimas expectativas, doutorandos talentosos frequentemente desanimavam quando começavam a encarar as críticas feitas às suas pesquisas, e muitos nunca conseguiam se reerguer. Em poucos anos aprendi que esse padrão era generalizado no meio acadêmico. Uma pesquisa que acabara de ser publicada mostrou que as métricas medianas de saúde mental dos alunos nos melhores programas de doutorado em ciências sociais eram parecidas com as da população carcerária nos presídios norte-americanos![2]

Recorri a Max para perguntar quais eram os seus segredos. Se eu conseguisse adotar as técnicas de orientação que ele usava, tinha certeza de que

---

* O estilo inclusivo de orientação de Max é tão lendário no meio acadêmico que ele foi citado de modo proeminente no livro *The Person You Mean to Be: How Good People Fight Bias* (Nova York: HarperCollins, 2018).

conseguiria ajudar mais alunos da Wharton a se tornarem estrelas do mundo acadêmico. "A cientista da computação que existe dentro de mim imagina que deva existir algum algoritmo ou 'macete' que você achou útil ao longo dos anos (e algumas coisas que você descobriu que não funcionam mesmo)", escrevi num e-mail em 2012.[3]

A resposta de Max foi tipicamente modesta, mas também um pouco decepcionante. Depois de agradecer pelos elogios, ele insistiu que não era para tanto. Embora tenha me dado algumas dicas de como ajudar os doutorandos a melhorarem seu desempenho, o principal teor da sua mensagem era que os ótimos alunos simplesmente o encontravam. "Já trabalhei com alunos que iam de muito inteligentes a espetaculares", disse ele.[4] Na opinião de Max, o que o fazia parecer tão bom era o talento de seus alunos, não a qualidade da sua orientação.

Não pude acreditar que meu antigo mentor não tivesse nenhuma estratégia que eu pudesse imitar para ajudar meus doutorandos a terem sucesso, então peguei suas dicas e acrescentei a elas minhas próprias observações para criar uma lista de boas práticas. Max respondia aos e-mails em horas, não dias, e também lia versões preliminares de manuscritos depressa e fazia comentários pertinentes sobre como revisá-los e melhorá-los. Confere. Isso eu podia fazer. Ele organizava reuniões de grupo semanais nas quais os alunos compartilhavam os comentários relacionados ao seu projeto. Dava jantares para professores visitantes onde os alunos podiam conhecer os principais nomes da área. Ministrava um seminário no doutorado no qual compartilhava pesquisas importantes e explicava em detalhes por que isso era importante. Confere. Confere. Confere. Talvez ajudar mais doutorandos a se manterem motivados e a alcançar seus objetivos não fosse tão difícil assim.

No entanto, conforme fui passando mais tempo com outros orientadores de doutorado, dei-me conta de que muitos orientadores acadêmicos faziam essas mesmas coisas. A fórmula que eu havia anotado simplesmente não explicava por que os alunos de Max tinham um sucesso tão extraordinário, que lhe valia todos os principais prêmios de orientação da nossa área.

Também comecei a duvidar que os ótimos alunos simplesmente acabavam indo parar com Max. Fiquei sabendo que em todos os seus trinta anos de carreira ele só tinha recusado dois alunos, e parecia improvável que todos os aspirantes a acadêmicos que entravam pela sua porta tivessem o talento, a autoconfiança e a coragem para obter sucesso onde tantos fracassavam sem uma excelente orientação. Tinha de haver mais alguma coisa na receita de Max.

## VOCÊ QUER UM CONSELHO?

Imagine que você está numa reunião de família. Está pondo a conversa em dia com sua tia e alguns primos quando olha para o lado e vê seu filho de três anos arrancar um brinquedo da mão de outra criança e na sequência dar um tapa no braço do colega. Depois de você deixar seu filho pensando no que fez, sua prima Betty a puxa pelo braço e diz: "Acho que você poderia ter lidado melhor com isso, sabe?". E ela engata uma lição sobre como disciplinar crianças. Como você se sentiria? Muito provavelmente não ficaria particularmente agradecida pela dica de especialista. Possivelmente ficaria desmoralizada, ou então irritada, ou as duas coisas. Ninguém gosta de ouvir um sermão.

A ironia é que, apesar de todos conseguirmos ver que receber esse tipo de conselho não solicitado é uma coisa chatíssima, a maioria de nós já se comportou como a prima Betty em algum momento. É comum dar conselhos quando vemos alguém com dificuldade para alcançar um objetivo. Nós com frequência pensamos que orientação é justamente o que eles estão buscando, quer peçam isso ou não.

Alguns anos atrás, conheci uma aluna da pós que teve um palpite: nós tínhamos entendido tudo ao contrário. Lauren Eskreis-Winkler, ex-pianista de concurso e aluna da Ivy League, sempre teve muito sucesso e achava incompreensível um número tão grande de seus talentosos pares terem tanta dificuldade para alcançar seus objetivos. Doutoranda em psicologia,[5] ela queria entender o que distingue os bem-sucedidos do restante de nós, e começou a coletar dados. Pesquisou norte-americanos que se esforçavam para poupar mais, emagrecer, controlar a raiva e arrumar um emprego.[6] Entrevistou também corretores da Aflac (a seguradora mais conhecida por seus comerciais engraçados com um pato falante), além de alunos do ensino médio na Filadélfia, em Nova Jersey, e até na Macedônia. Perguntou a todo mundo o que poderia motivá-los a ter mais sucesso no trabalho, em casa e nas suas ambições acadêmicas.

E, quando peneirou seus dados, Lauren fez uma descoberta surpreendente: quando o assunto era ter mais sucesso, as pessoas tinham um monte de ideias boas sobre como fazer isso. Até mesmo corretores com desempenhos de vendas fracos, alunos medíocres, desempregados em busca de trabalho e esbanjadores lutando para poupar dinheiro sempre tinham estratégias inteligentes a oferecer para melhorar a própria situação. Estudantes fizeram sugestões que iam das triviais ("Desligue o celular quando estiver estudando") às criativas ("Ponha um chocolate no final de uma planilha, e quando terminar pode comer"). Pessoas com problemas de dinheiro recomendaram: "Não pague com cartão de crédito". Gente à procura de emprego sugeriu manter currículos atualizados e tê-los consigo sempre. Quase todo mundo sabia o que fazer para superar os próprios problemas, só não estava fazendo.

Lauren começou a desconfiar de que essa inação não estava relacionada à falta de conhecimento, mas sim à insegurança: aquilo que o lendário psicólogo de Stanford Al Bandura chamou de "falta de autoeficácia".[7] Autoeficácia é a confiança de alguém na capacidade de controlar o próprio comportamento, motivação e circunstâncias sociais.[8] Em capítulos anteriores, já falei sobre nossa capacidade alarmante de sermos excessivamente confiantes, e como isso pode interferir quando se trata de alcançar nossos objetivos. Mas aqui estamos falando sobre o problema oposto: quem persegue um objetivo às vezes é atormentado pela insegurança. Na verdade, a falta de autoeficácia pode nos impedir inclusive de estabelecer objetivos para começar.

Você decerto consegue pensar em exemplos da própria vida: momentos nos quais você (ou alguém que você conhece) não alcançou todo seu potencial porque a tarefa a ser cumprida parecia difícil demais. Pode ser que você seja maratonista, e nunca tenha tentado participar de nenhuma maratona porque não se acha atlético o suficiente para dar conta de 42 quilômetros. Pode ser que tenha uma colega que não diz nada nas reuniões porque não acha que as pessoas vão valorizar o que ela tem a dizer.

As pesquisas confirmam o óbvio: quando não acreditamos ter capacidade para mudar, não avançamos muito na mudança.[9] Um estudo demonstrou que, quando tentam emagrecer, as pessoas que relatam mais confiança na própria capacidade de mudar seus hábitos de alimentação e de atividade física têm mais sucesso.[10] Outro estudo mostrou, de modo semelhante, que os alunos de graduação em ciências e engenharia com mais autoeficácia tiram notas melhores e têm menos probabilidade de abandonar o curso.[11]

É claro que algumas aspirações realmente estão fora de alcance para a maioria das pessoas, como ser a próxima Toni Morrison, a próxima Marie Curie ou o próximo Bill Gates. Mas muitos de nós tropeçam ao tentar alcançar objetivos bem mais realistas, como aprender uma língua estrangeira ou entrar em forma. Entender o que nos dá a segurança para seguir em frente quando nos sentimos desanimados, e como podemos instilar essa mesma confiança em outras pessoas, pode ser importante para qualquer um com esperança de mudar e ajudar os outros a fazerem o mesmo.

Reconhecer isso fez Lauren ter uma ideia criativa. Com demasiada frequência, nós partimos do pressuposto de que o obstáculo a ser modificado nos outros é a *ignorância*, portanto damos conselhos para consertar essa falha. Mas e se o problema não for ignorância, mas sim *autoconfiança*, e o nosso conselho não solicitado não estiver melhorando, e sim piorando as coisas?

Por ser psicóloga, Lauren sabia que as pessoas são muito rápidas para deduzir mensagens implícitas a partir das ações alheias, mesmo quando não há intenção de passar nenhuma mensagem do tipo.[12] Ela percebeu que, ao dar conselhos, nós talvez estejamos sem querer comunicando aos outros que não achamos que eles possam ter sucesso sozinhos, e dando a entender que os consideramos tão incapazes a ponto de dois minutos de conselhos valerem mais do que tudo que eles aprenderam tentando solucionar os próprios problemas. Então ela se perguntou: e se invertêssemos a situação?

Se dar conselhos pode destruir a autoconfiança, então pedir às pessoas em dificuldade para aconselharem em vez de receber conselhos talvez seja uma abordagem melhor. Incentivar alguém a compartilhar seu conhecimento comunica a ideia de que a pessoa é inteligente, capaz de ajudar os outros, um bom modelo de comportamento e o tipo de pessoa que tem sucesso. Isso mostra que acreditamos nela. Em teoria, se pedirmos às pessoas para escrever apenas umas poucas palavras de orientação para outro alguém, pode ser que isso lhes dê a autoconfiança de que precisam para alcançar os *próprios* objetivos.

Lauren fez muitas e muitas pesquisas sobre norte-americanos que não conseguiam alcançar seus objetivos. Alguns estavam tentando economizar mais dinheiro, outros buscavam controlar a própria raiva, entrar em forma ou encontrar um novo emprego. Em todas as ocasiões, ela constatou duas coisas. A primeira é que, quando perguntadas diretamente, a maioria das pessoas previa que receber conselhos fosse ser mais motivador do que dá-los,[13] o que explica por que todos nós recebemos tantos conselhos não solicitados. No entanto, quando ela começou a examinar se de fato essa crença se confirmava usando experimentos de controle, descobriu que a crença estava errada. Exatamente como ela havia começado a desconfiar, incentivar quem estivesse tentando alcançar um objetivo a *dar* conselhos fazia a pessoa se sentir mais motivada do que quando ela *recebia* conselhos exatamente do mesmo tipo.

Motivação é bem diferente de mudança de comportamento, claro. Era possível que a ideia de Lauren na verdade não fosse ajudar as pessoas a alcançarem seus objetivos, mas ela parecia promissora o suficiente para merecer um teste mais amplo. Assim, no inverno de 2018, juntei-me a Lauren, Angela Duckworth e Dena Gromet para um enorme experimento destinado a ajudar os alunos a alcançarem seus objetivos acadêmicos.[14]

No dia do experimento, pouco depois do início de um novo trimestre, quase 2 mil alunos de sete escolas de ensino médio da Flórida entraram num laboratório de computação com seus professores. Alguns apenas preencheram alguns questionários eletrônicos curtos. Mas a outros se pediu que fizessem algo bem fora do comum. Durante toda a sua vida, esses alunos, assim como todos os outros, tinham recebido conselhos na escola: "mantenha o foco durante as aulas", "faça mais exercícios antes das provas", e "sempre entregue os trabalhos de casa no prazo". Naquele dia seria diferente. Dessa vez, estava-se pedindo aos alunos para *darem* conselhos.

Esse sortudo grupo de alunos foi convidado a orientar seus colegas mais novos por meio de um questionário de dez minutos na internet. Eles tiveram de responder a perguntas como "O que ajuda você a evitar a procrastinação?", "Para onde você vai quando precisa estudar concentradamente?", e "Que dicas gerais você daria para alguém que estivesse querendo se dar melhor no ensino médio?".

Depois de preencher esses questionários, os alunos eram deixados em paz pelo restante do trimestre. Então, depois de saírem os resultados, nós baixávamos suas notas na matéria que eles tinham nos dito ser a sua mais importante, assim como suas notas em matemática (segundo Angela, estudantes do ensino médio dizem preferir comer brócolis a fazer o dever de matemática!). E, ora vejam só: nossa estratégia tinha funcionado. Os alunos que tinham dado apenas uns poucos minutos de conselhos tiveram um desempenho melhor nessas disciplinas do que os que não tinham.

Vamos deixar bem claro: dar um punhado de dicas de estudo para outros estudantes não transformava alunos medíocres em alunos nota dez, mas melhorava, sim, o desempenho dos alunos do ensino médio de todos os tipos. Bons alunos, alunos fracos, alunos em situação de risco social e alunos de famílias mais ricas: todos tiveram pequenas melhoras em suas notas depois de aconselhar os colegas.

E uma anedota: também ouvimos dizer que dar conselhos parecia deixar os estudantes felizes. Os alunos de ensino médio de nosso estudo disseram a seus professores que ninguém nunca tinha lhes pedido nenhum conselho, e que eles tinham adorado ter a oportunidade de dizer o que pensavam. "Podemos fazer isso de novo em breve?", pediram eles, esperançosos.

Quanto mais Lauren pensava na sua pesquisa sobre o poder do aconselhamento, mais aquilo fazia sentido. Ela admitiu que ser solicitado para dar um conselho comunicava às pessoas que se esperava mais delas, o que aumentava sua autoconfiança. E, com base nas entrevistas que tinha feito, Lauren sabia também que mesmo de bate-pronto, sem ter tido tempo para pensar muito, as pessoas eram capazes de tecer considerações úteis sobre como abordar melhor os mesmos objetivos com os quais elas próprias estavam tendo dificuldade. Lembre-se de quantos bons conselhos ela escutou mesmo de vendedores com baixo desempenho, alunos medíocres e outras pessoas em situações adversas.

Esse é um motivo crucial pelo qual aconselhar os outros tende a *nos* ajudar. Outro é o seguinte: nossa tendência é adaptar os conselhos que damos com base em nossa experiência pessoal. Se lhe pedirem conselhos sobre regime, alguém vegano vai dar dicas baseadas em plantas. Se lhe perguntarem como entrar em forma, um executivo ocupado vai recomendar uma rotina de exercícios eficiente. Em suma, quando alguém pede conselho, dizemos a essa pessoa o que *nós* acharíamos útil. E, depois de dar esse conselho aos outros, nos sentimos hipócritas se não o tentamos nós mesmos. Em psicologia existe algo chamado "efeito dizer é acreditar".[15] Graças à dissonância cognitiva, quando você diz alguma coisa para alguém, a probabilidade de você mesmo acreditar nela aumenta.

Essa ideia, a de que dar conselhos pode ser mais importante para o seu sucesso do que recebê-los, foi repetida pelo lendário baterista Mike Mangini quando ele participou do meu podcast em 2019.[16] Ele falou sobre como tinha desenvolvido a autoconfiança de que precisava para ascender ao estrelato.

Hoje principal baterista da banda de heavy metal Dream Theater, de renome mundial, Mike teve uma trajetória até o topo que foi tudo menos uma linha reta. Passou os anos 1980 como engenheiro de software, ensaiando bateria sem parar à noite e nos finais de semana, enquanto sonhava com uma grande carreira de músico e tinha pouca esperança de alcançar esse objetivo.

Então algo mudou. Quando outros bateristas de um espaço de ensaio coletivo começaram inesperadamente a bater na porta de Mike e pedir que ele lhes desse aulas, seus pedidos deram a Mike uma autoconfiança renovada. Se tantas pessoas pensavam que ele tinha um talento especial, talvez ele tivesse mesmo. Mike largou o emprego e passou a se dedicar integralmente à bateria. Ele é hoje um dos melhores bateristas do ramo. Sucesso que atribui, não em pouca medida, ao fato de terem lhe pedido para dar conselhos *aos outros*.

Mas eis aqui uma pergunta que você talvez faça: e se ninguém nunca vier lhe pedir conselho nenhum? Como usar a orientação de Lauren para ajudar a alcançar o sucesso quando isso depende de algo fora do seu controle, a saber o pedido de conselho alheio?

A boa notícia é que é possível canalizar o poder de dar conselhos para ajudar a si mesmo. Uma forma é criar um clube de aconselhamento: um grupo de pessoas cujos integrantes se consultam regularmente para pedir ajuda. Sei que isso funciona porque eu mesma o fiz, muito antes de sequer ficar sabendo sobre a pesquisa de Lauren.

Em 2015, fiquei sabendo pela economista de Carnegie Mellon Linda Babcock que as mulheres tendem a suportar a maior carga de tarefas de escritório pouco prestigiosas,[17] como por exemplo planejar a festa de despedida antes das férias, fazer atas de reuniões e participar de incontáveis comitês. (Isso acontece seja qual for a indústria ou a cultura consideradas.) Para se poupar desse destino, Linda criou um clube de aconselhamento com quatro outras colegas para que pudessem ajudar umas às outras a dizer "não" com mais frequência. Fiquei tão impressionada com essa ideia que convidei duas colegas de corpo docente, Modupe Akinola e Dolly Chugh, a formarem comigo um clube parecido: nós prometemos ajudar uma à outra a tomar decisões difíceis sempre que alguma fosse convidada a fazer algo que demandasse uma grande quantidade de tempo além de nossas responsabilidades de ensino e pesquisa. Agora, sempre que uma de nós é chamada para dar uma palestra, escrever um post num blog ou dar uma entrevista, nós recorremos ao nosso "Clube do Não" para debater se a oportunidade vale a pena e, caso não valha, pedir conselhos sobre como recusar de modo cortês, porém firme.

Os conselhos solicitados que recebi desse clube têm um valor incalculável. Mas eu também colhi enormes benefícios dos conselhos que dei. Ajudar minhas colegas a decidir quando era certo elas dizerem "não" aumentou minha autoconfiança de que eu posso avaliar *por mim mesma* quando é certo dizer "não", de modo que recorro cada vez menos ao clube a cada ano que passa. Também me beneficiei do "efeito dizer é acreditar". Após incentivar outra pessoa a não gastar seu precioso tempo dando uma palestra sobre um assunto fora da sua área central de especialidade, eu me sentiria um tanto ridícula dizendo eu mesma "sim" a um convite parecido.

Você pode pensar em criar seus próprios clubes de aconselhamento com amigos que estejam com dificuldade para alcançar objetivos parecidos com os seus. À medida que todos forem dando e recebendo conselhos (solicitados), vocês aumentarão a autoconfiança uns dos outros e encontrarão ideias para ajudar com seus próprios problemas. Outra sugestão simples é virar o aconselhamento do avesso quando estiver diante de um desafio. Faça a si mesmo a seguinte pergunta: "Se um amigo ou colega estivesse lutando com esse mesmo problema, que conselho eu lhe daria?". Ver as coisas sob esse viés pode ajudá-lo a abordar o mesmo problema com mais autoconfiança e com uma compreensão maior.

Se você estiver gerenciando pessoas, pode parecer contraintuitivo pôr funcionários com desempenho não tão bom em papéis de conselheiros. Mas isso pode ajudar com seu desempenho insatisfatório. Não é nenhum acidente que programas respeitados criados para nos ajudar a fazer uma mudança duradoura, como o Alcoólicos Anônimos (AA), incentivam seus integrantes a aconselhar uns aos outros. Os membros do AA designam um "padrinho" ou "madrinha" para os novos membros que se inscrevem, mas o padrinho ou madrinha não está lá só para ajudar o novato a não beber. A pesquisa de Lauren sobre aconselhamento sugere que se tornar padrinho ou madrinha pode ajudar *você mesmo* a não beber, aumentando sua autoconfiança.[18] E não só isso: pensar profundamente sobre a melhor maneira de ficar longe da bebida de modo a poder orientar e ser responsável por outra pessoa também deveria aumentar seu compromisso com a sobriedade. Programas de mentoria em empresas e escolas também servem a esse duplo propósito, quer tenham sido criados ou não com esses benefícios adicionais em mente.[19]

Olhando hoje para minha experiência como orientanda de doutorado de Max Bazerman, vejo que ele compreendia, pelo menos de modo intuitivo, se não consciente, o poder de aconselhar os outros. Quando solicitado, é óbvio, Max dá conselhos claros e diretos a seus alunos. Mas os seus conselhos são comedidos, e raramente acontecem quando não solicitados (a não ser que ele esteja alertando sobre uma oportunidade que você talvez desconheça). Com mais frequência, ele dá aos alunos a oportunidade para compartilharem as próprias sugestões. E Max incentiva fortemente seus orientandos mais antigos a trabalhar em pesquisas com seus orientandos mais novos, o que, como você agora pode ver, ajuda os alunos mais antigos tanto quanto os recém-chegados.

Aprendi com Lauren: depois que se passa a ver a mentoria como uma estrada de mão dupla, você se arma com uma nova forma de promover a mudança positiva. Mas não foi só isso que aprendi. Lauren também me ajudou a valorizar o quanto é crítico avaliar o que estamos comunicando *implicitamente* quando interagimos com pessoas que estão tentando mudar. Essa compreensão a ajudou a entender por que os conselhos não solicitados são tantas vezes percebidos como críticas. Mas em outra pesquisa esse fato se revela ainda mais esclarecedor.

## GRANDES EXPECTATIVAS

Certo dia, em meados de 2004, 84 camareiras de hotel de Boston e do Colorado foram trabalhar como de costume. Cada uma fez faxina em mais de uma dúzia de quartos: tirou os lençóis das camas, pôs lençóis limpos, passou aspirador no chão, esfregou a pia do banheiro, os azulejos, pisos e vasos sanitários, e trocou toalhas, sabonetes e xampus. Só que nesse dia seu fluxo de trabalho sofreu uma pequena alteração. Após terminarem suas tarefas habituais, as camareiras tiveram seu peso, altura e pressão arterial medidos, e todas foram solicitadas a preencher uma série de questionários. Elas estavam participando de um estudo conduzido pela psicóloga Alia Crum e sua mentora, Ellen Langer.

Embora as camareiras que tinham aceitado participar do estudo soubessem que ele tinha algo a ver com sua saúde e seu bem-estar, elas desconheciam a hipótese exata que as pesquisadoras estavam testando.[20] Alia e Ellen não estavam apenas tentando saber sobre a saúde das camareiras. Também queriam explorar o modo como as nossas expectativas podem influenciar nossa realidade.

Com metade das camareiras, as pesquisadoras compartilharam uma informação crucial. Esse grupo de profissionais ficou sabendo que o seu trabalho as ajudava a cumprir a quantidade diária de atividade física recomendada pelos especialistas de saúde. A outra metade não recebeu informação nenhuma.

Quatro semanas depois, ao fazerem o acompanhamento da pesquisa, Alia e Ellen descobriram algo notável. Embora nenhuma das camareiras do estudo tenha mudado suas rotinas diárias — não estavam se exercitando mais fora do trabalho nem fazendo faxina em mais quartos —, as funcionárias que tinham sido informadas sobre os benefícios de seu trabalho para a saúde haviam perdido em média um quilo, além disso, sua pressão arterial havia baixado e elas afirmaram sentir que tinham se exercitado mais do que de costume. Enquanto isso, as camareiras que não tinham sido informadas sobre os benefícios de saúde do seu trabalho não tinham visto sua saúde mudar em nada.

Como é possível um grupo ter tido melhorias de saúde e o outro não quando ninguém no estudo modificou sua antiga rotina? A resposta é direta, embora sutil: algo crítico havia mudado, sim. As camareiras informadas sobre os benefícios de saúde do seu trabalho tinham mudado o modo como *viam* a sua atividade, e isso alterou seu sentimento em relação a ela e a maneira como a executavam. De repente, elas não consideravam mais levantar um colchão uma simples obrigação, mas um exercício. Passar o aspirador era um exercício, limpar as janelas também. Saber que o seu trabalho podia mantê-las saudáveis mudou a forma como as camareiras vivenciavam seus trabalhos, e provavelmente aumentou o vigor e o entusiasmo com o qual abordavam cada oportunidade de queimar calorias.

A principal revelação do estudo era simples, mas profunda: nossas expectativas influenciam nossos desfechos.

Isso na verdade é um bom resumo de uma das descobertas mais influenciadoras que os psicólogos fizeram nos últimos cinquenta anos: a de que o modo como *pensamos* em algo afeta como esse algo *é*. Hoje sabemos que acreditar que um comprimido inócuo feito de açúcar é remédio alivia muitas doenças,[21] que atribuir o frio na sua barriga à empolgação e não à ansiedade fará você falar melhor em público,[22] e que acreditar que as pessoas esperam que você se saia bem numa prova pode melhorar sua pontuação.[23]

Se você está se perguntando como isso pode funcionar, cientistas como Alia Crum têm muitas respostas. Eles mostraram que nossas expectativas sobre o que vai acontecer podem influenciar o que de fato acontece de quatro maneiras fundamentais.[24] Em primeiro lugar, nossas crenças podem mudar nossas emoções. Se você tem expectativas positivas, isso com frequência gera sentimentos positivos,[25] o que tem uma série de benefícios psicológicos como o alívio do estresse e a redução da pressão arterial. E isso pode fazer uma grande diferença em relação ao que acontece a seguir.

Nossas crenças também podem redirecionar nossa atenção. Considere as camareiras descritas anteriormente. Se elas começaram a prestar mais atenção nos modos como o seu trabalho se assemelhava ao exercício, talvez tenham interpretado sua exaustão física de modo mais positivo durante um longo dia de trabalho, o que as ajudou a seguir em frente.

Também há indícios de que as crenças podem mudar a motivação. Mais uma vez, pense nas camareiras. Sua motivação para fazer um exercício de alta qualidade durante o trabalho provavelmente aumentou quando elas começaram a pensar no trabalho como uma oportunidade para melhorar seu condicionamento físico.

E por fim, as crenças podem afetar nossa fisiologia, não só por meio das emoções, mas de modo direto. Por exemplo, quando Alia e uma outra equipe de colaboradores ofereceram o mesmo milk-shake às mesmas pessoas em dois encontros distintos, dizendo-lhes numa dessas ocasiões que elas estavam tomando um milk-shake com alto teor de gordura e altamente calórico, uma "extravagância", e em outra que estavam tomando um milk-shake com baixo teor de gordura e de baixa caloria, uma "boa opção", eles fizeram uma descoberta impressionante. Quando os participantes do estudo pensavam estar ingerindo mais calorias, eles produziam uma quantidade menor de um peptídeo do intestino que estimula a fome.[26] Suas crenças mudavam a reação física que seus corpos tinham exatamente à mesma bebida.*

Ao mudar nossas emoções, nossa atenção, nossa motivação e nossa fisiologia, nossas crenças têm uma capacidade poderosa de mudar nossas experiências.

---

* Um estudo subsequente mostrou que descrever o estresse como um estímulo (e não como um fator debilitante) modificava as reações fisiológicas das pessoas a acontecimentos estressantes, o que aumentava sua produção dos hormônios que moderam as reações ao estresse e que promovem o crescimento (Alia J. Crum et al., "The Role of Stress Mindset in Shaping Cognitive, Emotional and Physiological Responses to Challenging and Threatening Stress". *Anxiety, Stress & Coping*, v. 30, n. 4, pp. 379-95, 2017. DOI:10.1080/10615806.2016.1275585).

Uma de minhas histórias preferidas para ilustrar o poder de nossas crenças é a do doutorando em matemática de Berkeley George Dantzig.[27] Segundo contam, Dantzig chegou atrasado na aula de estatística em 1939 e pensou que os dois problemas de matemática anotados no quadro-negro fossem um dever de casa. Então ele os copiou para resolver naquela noite. Achou os problemas mais difíceis do que de costume, mas voltou à aula com as respostas alguns dias mais tarde e se desculpou com o professor por ter demorado tanto. Pouco depois, o professor foi procurar George, animadíssimo. Na verdade, George tinha resolvido dois problemas "insolúveis" de teoria estatística ainda sem solução porque tinha acreditado que eles eram apenas deveres de casa difíceis com respostas conhecidas.

Se George tivesse sabido que aqueles problemas estavam desafiando os melhores matemáticos do mundo, talvez não tivesse encontrado as soluções. O acidente de chegar atrasado o levou a fazer algo extraordinário. E isso, por sua vez, ajudou a mudar sua vida, colocando-o no caminho de conquistar uma cátedra na Universidade de Stanford e uma carreira acadêmica repleta de outras descobertas importantes.

Como George *acreditou* que deveria encontrar uma solução, acabou encontrando. Como as camareiras do estudo de Alia e Ellen *consideravam* seu trabalho um exercício, elas o trataram dessa forma, com consequências positivas para a própria saúde. Aquilo de que nós *pensamos* ser capazes é crucial quando o assunto é mudança de comportamento.

E, claro, nossas crenças não vêm do nada. As reações e os incentivos que recebemos das pessoas à nossa volta têm um papel fundamental na construção de nossas crenças sobre nossas próprias habilidades.

Acho que essa compreensão pode ajudar a explicar outro ingrediente crítico no algoritmo de mentoria de Max Bazerman: algo que ele mencionou assim que pedi seu conselho sobre como ser uma boa mentora, mas que deixei passar.

Max tinha insistido que não havia nada de especial nele que ajudasse seus alunos a terem sucesso. Havia algo de especial, isso sim, nos seus *alunos*. Quando mandei um e-mail pedindo seus conselhos sobre mentoria, ele explicou que seus alunos iam "de muito inteligentes a espetaculares". Eu agora percebia que a sua fé inabalável de que cada aluno que ele orientava possuía talentos notáveis era uma das pedras fundamentais do sucesso de Max como orientador.

Quando os alunos de Max começam a se deparar com os desafios que são inevitáveis em qualquer carreira competitiva, eles raramente enfrentam o mesmo tipo de dúvida que atormenta a maioria daqueles que fazem doutorado, por causa da confiança que Max tem neles. Além do amor inabalável dos meus pais, nada provavelmente me dava mais segurança aos vinte e poucos anos do que o fato de o meu orientador acreditar que eu estava fadada ao sucesso. Max deixava claro para todos os seus alunos que sabia que teríamos sucesso. E, dito e feito, nós tínhamos.

Desde então, aprendi que muitos grandes líderes têm uma crença igualmente contagiosa de que as pessoas de suas equipes irão crescer e prosperar. Jack Welch, o lendário CEO que comandou décadas de rentabilidade extraordinária na General Electric,[28] era conhecido por sua dedicação a desenvolver as competências de liderança de seus funcionários e por acreditar na sua capacidade de se aprimorar. Muitos técnicos esportivos renomados operam da mesma forma. Pete Carroll, que levou o Seattle Seahawks à vitória no Super Bowl de 2014,[29] é amplamente admirado pela sua confiança de que os seus jogadores vão se esforçar e melhorar.

Mas nem sempre damos a sorte de ter alguém do nosso lado para nos convencer de que temos o necessário para alcançar nossos objetivos. Tampouco podemos organizar a chegada de um torcedor convincente quando queremos. Então? Como podemos superar a dúvida quanto à nossa própria capacidade que acompanha inevitavelmente os percalços do caminho?

## RECUPERAR-SE DE UM FRACASSO

Quando estamos tentando alcançar um objetivo, é fácil desanimar. Pesquisas sobre o muito bem batizado "efeito que se dane"[30] demonstraram que até mesmo pequenos fracassos, como superar em poucas calorias uma meta diária num regime, podem conduzir a espirais descendentes de comportamento, por exemplo, comer uma torta de maçã inteirinha. Isso vai soar conhecido se você algum dia já cedeu a uma tentação pela manhã (aceitar uma rosquinha oferecida numa reunião no primeiro horário, por exemplo) e então, como já tinha tropeçado uma vez, decidiu: "Que se dane. Já pisei na bola mesmo, então vamos lá". Um erro sem importância pode destruir sua autoconfiança, fazendo-o acreditar que nunca vai ter sucesso. Infelizmente, quanto mais ambiciosos os seus objetivos, maior o risco de um fracasso pequeno, porém em última instância arrasador.

Marissa Sharif, uma colega minha na Wharton, tem uma abordagem inteligente que usa para se esquivar do efeito que se dane e manter sua autoconfiança mesmo quando seus planos se desviam da rota.

Por mais de uma década, Marissa se ateve ao ambicioso objetivo de correr diariamente, o que a ajuda a se manter saudável e administrar o estresse de uma carreira exigente. Mas ela há muito tempo toma cuidado com o efeito que se dane, e sabe que deixar de ir correr um dia pode facilmente se transformar numa série de faltas, até ela eventualmente parar de correr por completo. Num esforço para evitar esse tipo de efeito cascata, ela bolou uma ideia inteligente. Marissa se permite duas emergências por semana,[31] porque sabe que nem *sempre* vai conseguir calçar os tênis de manhã.* Ela pode ter um jantar até mais tarde, pode estar em deslocamento para algum congresso, ou simplesmente não estar com energia para ir correr. Se ela não consegue encaixar uma corrida na agenda, permite-se usar um de seus dois *mulligans*, e essa flexibilidade a mantém nos trilhos (mais ou menos como nosso Fernando Flexível).

Embora possa parecer provável ela ser tentada a usar um *mulligan* mesmo quando a situação não estiver complicada, acontece justamente o contrário. Na maior parte das semanas, Marissa nem sequer usa um *mulligan*. Ela me disse que sempre respeita sua agenda de exercícios no início da semana para o caso de algo mais importante aparecer depois, e quando não aparece, o que acontece na maior parte das vezes, ela se vê indo correr em todos os sete dias da semana.

Depois de algum tempo, Marissa acabou pensando que talvez, apenas talvez, sua abordagem pessoal para cortar a falta de autoconfiança na raiz toda vez que se deparava com um pequeno fracasso pudesse ser usada para ajudar todos nós a ficarmos um pouco melhores em ter mais sucesso. Afinal, se

---

* Embora isso contrarie as regras formais do jogo, muitos golfistas casuais (talvez a maioria) se permitem de vez em quando dar uma segunda tacada, ou *mulligan*, sem penalidade quando uma primeira tentativa dá errado. A ideia de uma segunda chance sem penalidade na verdade é tão popular que os *mulligans* são um elemento formal de vários jogos modernos de sucesso, desde o Magic até o Pokémon.

nos permitirmos uma segunda tentativa de vez em quando, talvez consigamos evitar as crises de autoconfiança ao nos depararmos com revezes inevitáveis.

Para testar a profundidade e o alcance da sua estratégia, Marissa pediu para um colaborador inventar um estudo com centenas de pessoas que foram pagas para entrar num site e fazer 35 tarefas chatas (solucionar captchas, aqueles testes usados na internet para "provar que você é humano") diariamente por uma semana em troca de um dólar por série.[32] Essas pessoas foram divididas aleatoriamente em três grupos. Algumas receberam o árduo objetivo de realizar a tarefa em todos os dias da semana. Outras receberam um objetivo mais fácil: realizar a tarefa apenas cinco dias em cada sete. Um terceiro grupo enfim, o *mulligan*, foi instruído a realizar a tarefa todos os dias, mas as pessoas desse grupo podiam se desculpar dois dias por semana por motivo de emergência. Todos sabiam que receberiam um bônus de cinco dólares se conseguissem alcançar seu objetivo.

A chance de invocar uma emergência se revelou inestimável. Impressionantes 53% das pessoas do grupo do *mulligan* alcançaram seus objetivos, contra apenas 26% na categoria fácil (objetivamente idêntica) e 21% na que tinha sete dias por semana como objetivo.

Esses achados apontam como é importante abrir exceções explícitas para emergências. Talvez não seja nenhuma surpresa muitos programas cujo objetivo é melhorar a alimentação incorporarem em sua construção ideias parecidas, prevendo "tolerâncias de metas" e "refeições trapaça" de modo a fazer com que a autoconfiança sobreviva a pequenos deslizes.*

Se essa ideia lembra o conceito de hábitos elásticos apresentada no último capítulo, deveria mesmo lembrar. Abrir espaço para emergência é outra forma de impedir o excesso de rigidez de sabotar tentativas bem-sucedidas de mudança. Isso proporciona ao seu ego uma forma de se recuperar do fracasso ocasional, inevitável.

---

* O WW (antigo Vigilantes do Peso), por exemplo, bolou um sistema de PontosSmart para classificar as comidas com base no seu valor nutricional. As pessoas que seguem o programa do WW podem usar uma determinada quantidade de PontosSmart por dia com base nos seus objetivos de saúde. Os criadores do programa entendem que os seres humanos não são perfeitos, então acrescentaram de propósito uma "tolerância": alguns pontos extras para emergências ("Starter Guide: Everything You Need to Know about SmartPoints", ww. Disponível em: <www.weightwatchers.com/us/how-it-works/smartpoints>. Acesso em: 5 out. 2020).

Outra forma de se preparar para decepções inevitáveis no caminho rumo à mudança é tendo uma compreensão adequada do que significa o fracasso. Na verdade, o modo como interpretamos o fracasso tem muito a ver com o sucesso futuro.[33] Carol Dweck, da Stanford, tornou-se lendária por demonstrar isso. Em dezenas de estudos com alunos e adultos, ela provou que ter um "mindset de crescimento" — acreditar que as capacidades, inclusive a inteligência, não são coisas fixas, e que o esforço tem influência no potencial de uma pessoa — prevê o sucesso.[34] Aqueles que pensam que nascemos com uma capacidade fixa de sucesso podem se ver vítimas do derrotismo, e fazer pouco esforço para aprender a partir dos fracassos e crescer. Mas aqueles que se veem como obras em andamento, capazes de melhorar, se esforçam muito mais diante dos revezes. Eles buscam desafios, aprendem com os fracassos, e consequentemente de modo geral conquistam bem mais.

Felizmente, não precisamos ficar amarrados ao mindset com o qual nascemos. Podemos usar truques astutos como o de Marissa para nos impedir de sermos tão duros conosco mesmos diante dos revezes, e podemos também mudar o modo como interpretamos o fracasso.

O psicólogo da Universidade do Texas David Yeager, um protegido de Carol Dweck, trabalhou com colaboradores para ensinar aos calouros do ensino médio e da universidade que o fracasso é uma experiência de aprendizado, e que por meio do trabalho árduo podemos aumentar nossa inteligência em qualquer área. Num dos estudos, milhares de calouros do ensino médio receberam essa encorajadora notícia na forma de um curso rápido sobre como ter um mindset de crescimento.[35] Aqueles que estavam tirando as piores notas antes de fazer o curso viram melhoras significativas em suas médias mais adiante no ano letivo. Não só isso, mas todos os alunos selecionados aleatoriamente para fazer o curso de mindset de crescimento mostraram uma probabilidade maior de se inscrever em disciplinas de matemática avançada, independentemente do seu desempenho acadêmico anterior. Alunos que de outra forma não teriam tido autoconfiança para tentar estavam agora instigados a resolver problemas complexos de álgebra, geometria, trigonometria e pré-cálculo, e se abrindo a uma série de oportunidades graças à sua nova compreensão sobre a melhor reação diante dos revezes.

Felizmente não são só alunos que podem aprender a reinterpretar o fracasso sob uma luz positiva. Desenvolver um mindset de crescimento[36] mostrou ter valor em vários outros ambientes, desde ajudar os alunos a tomarem decisões profissionais hipotéticas melhores até incentivar israelenses e palestinos[37] a verem de modo mais produtivo um ao outro e a perspectiva de solucionar seus conflitos.

Uma linha de pesquisa correlata, iniciada pelo psicólogo de Stanford Claude Steele na década de 1980, mostrou que praticar a autoafirmação — concentrar-se nas experiências pessoais que nos causam um sentimento de sucesso ou de orgulho — podem melhorar nossa resiliência na hora de reagir às ameaças.[38] Os exercícios de autoafirmação podem melhorar a qualidade das decisões de grupos estigmatizados.*[39]

Quando estamos tentando alcançar um objetivo grande, decepções são inevitáveis. E quando ficamos desanimados, desistir pode ser tentador. Assim, é fundamental dar espaço para os erros e impedir que eles prejudiquem um bom ritmo de desempenho. Ao nos prepararmos para nos recuperar dos fracassos ocasionais e nos concentrarmos nos sucessos anteriores, podemos vencer a dúvida, construir resiliência, e tornar mais fácil mudar por anos a fio, e não só até toparmos com o primeiro obstáculo no caminho.

A IMPORTÂNCIA DA AUTOCONFIANÇA

Os interessados por ciência comportamental talvez estranhem o fato de eu ter dedicado um capítulo inteiro deste livro à construção da autoconfiança. Afinal de contas, nossa tendência à autoconfiança excessiva como espécie — a acreditar que somos mais capazes, inteligentes e adaptados do que de fato somos — é com frequência apontada como uma das mais robustas e

---

* Por exemplo, pesquisas mostraram que os pobres são estigmatizados como incompetentes e largamente desrespeitados, o que pode levar a um desempenho cognitivo pior. A autoafirmação pode ajudar a reduzir essas desvantagens (Susan Fiske, *Envy Up, Scorn Down: How Status Divides Us* [Nova York: Russell Sage Foundation, 2011]; H. R. Kerbo, "The Stigma of Welfare and a Passive Poor". *Sociology and Social Research*, v. 60, n. 2, pp. 173-187, 1976; A. Mano et al., Poverty Impedes Cognitive Function". *Science*, v. 341, n. 6149, pp. 976-80, 2013. DOI:10.1126/science.1238041; e Crystal C. Hall, Jiaying Zhao e Elder Shafir, "Self-Affirmation Among the Poor: Cognitive and Behavioral Implications". *Psychological Science*, v. 25, n. 2, pp. 619-25, 2013. DOI:10.1177/0956797613510949).

problemáticas de todas as distorções de percepção humanas. Eu até reclamei dela neste livro! Daniel Kahneman, o vencedor do Nobel muitas vezes chamado de cofundador da economia comportamental, fez a famosa declaração de que o excesso de autoconfiança seria o viés que ele mais gostaria de eliminar se pudesse erradicar apenas um com um passe de mágica.[40]

No entanto, por mais problemático que possa ser o excesso de autoconfiança, pesquisadores desconfiam que muitos de nós somos autoconfiantes em excesso porque acreditar em si mesmo é *absolutamente* crucial quando se está tentando alcançar objetivos ambiciosos. Do ponto de vista evolutivo, um pouco de autoconfiança em excesso pode, em média, produzir bons resultados. Ao entrevistar dois candidatos a uma mesma vaga de emprego com currículos idênticos, ambos indicando competências medianas, você teria mais probabilidade de contratar a pessoa que diz que espera ter um desempenho mediano ou aquela que diz que espera se destacar? A resposta é óbvia. Todos nós queremos ser a pessoa que irradia autoconfiança. Embora essa possa nem sempre ser a escolha mais inteligente (ninguém quer acabar trabalhando junto com um colega arrogante e cheio de si), minha suspeita é que nos sentimos à vontade para contratar uma pessoa que irradia autoconfiança em parte porque isso sugere que ela vai continuar se levantando diante do fracasso.

Mas enquanto o *excesso* de autoconfiança pode tanto ajudar quanto atrapalhar quem está tentando alcançar um objetivo, uma autoconfiança *insuficiente* pode apenas prejudicar seu sucesso, de modo que é crucial abordá-la. Como os sinais que recebemos das pessoas à nossa volta moldam nossas crenças em relação ao que é possível, precisamos tomar cuidado para nos cercar de gente que vai sustentar as crenças que temos em nosso próprio potencial e apoiar nosso crescimento. E quando queremos ajudar os outros a mudar, precisamos orientá-los proporcionando esse mesmo tipo de apoio e incentivo.

O trabalho de Lauren Eskreis-Winkler mostra que podemos minar as chances de sucesso de alguém dando conselhos não solicitados (dando a entender que não achamos que a pessoa seja capaz de se virar sozinha), e aumentar sua probabilidade de sucesso pedindo seu próprio conselho (transmitindo assim a ideia de que estamos seguros e confiantes em relação a eles e às suas capacidades). E quando você estiver tentando alcançar seu próprio objetivo, o trabalho de Lauren sugere o quanto pode ser útil se colocar na posição de conselheiro.

Além de dar ou pedir conselhos, porém, existem outras formas de dar a entender que estamos fazendo um julgamento sobre os outros. Toda vez que agimos com base em estereótipos negativos, como ao pedir para um homem fazer as contas e para uma mulher tomar notas durante uma reunião (dando a entender que "os homens são melhores em matemática" e "as mulheres são melhores em tarefas de escritório"), nós enviamos mensagens sobre o que é preciso para ter sucesso.

Pesquisas também mostraram que até mesmo o modo como elogiamos alguém pode aumentar ou prejudicar sua autoconfiança.[41] Quando é elogiada por um talento "natural", uma pessoa pode desenvolver um mindset fixo, e assim interpretar o fracasso como um reflexo do que é e aceitar a derrota. Por outro lado, alguém que foi elogiado por ter se esforçado vai reconhecer que o esforço produz resultados. Então, da próxima vez que um funcionário seu fizer uma boa apresentação de vendas, não diga: "Que bela apresentação". Diga: "Impressionante como as suas apresentações estão cada vez melhores".

Como esses pequenos sinais fazem uma grande diferença, é fundamental lembrar que a autoconfiança é um fator-chave quando estamos tentando fazer alguma mudança. Ninguém consegue ter um progresso importante sem encontrar reveses pelo caminho; o fator decisivo é como nós reagimos a esses reveses. Ao nos cercar de gente que nos apoia, ao nos colocar na posição de conselheiros, ao nos permitir pequenos fracassos e ao reconhecer que os reveses nos ajudam a crescer, nós podemos superar a falta de autoconfiança. Como diz o ditado: "Acreditar já é estar no meio do caminho".

## DESTAQUES DO CAPÍTULO

- A falta de autoconfiança pode impedir você de avançar na direção de seus objetivos ou até mesmo de estabelecer qualquer objetivo.
- Dar conselhos aos outros sem que eles peçam prejudica a sua autoconfiança. Mas solicitar os seus conselhos aumenta a autoconfiança e os ajuda a refletir sobre estratégias para alcançar os próprios objetivos. Dar conselhos também pode nos ajudar a agir, porque pode parecer hipócrita não fazer aquilo que aconselhamos os outros a fazer.

- Considere a possibilidade de criar clubes de aconselhamento com amigos ou colegas de trabalho que estiverem tentando alcançar objetivos semelhantes, ou a possibilidade de virar mentor de alguém. Ao dar conselhos (solicitados) aos outros, você pode turbinar a própria autoconfiança e encontrar ideias úteis para progredir na sua própria vida.
- Suas expectativas moldam sua realidade. Sendo assim, transmita aos outros a ideia de que você acredita no potencial deles, e cerque-se de mentores que lhe transmitam esses mesmos sinais positivos.
- Estabeleça objetivos ambiciosos (praticar atividades físicas diariamente, por exemplo), mas permita-se um número limitado de "vales" emergenciais quando sair da linha (duas vezes por semana, por exemplo). Essa estratégia pode ajudá-lo a manter a autoconfiança e continuar nos trilhos quando se vir diante do inevitável revés ocasional.
- Adotar um "mindset de crescimento" — reconhecer que as habilidades, inclusive a inteligência, não são fixas, e que o esforço influencia o potencial de uma pessoa — pode ajudá-lo a se recuperar de um revés. Você também pode ensinar aos outros a adotarem um mindset de crescimento.
- Mantenha o foco nas experiências pessoais que lhe trazem sentimentos de sucesso ou de orgulho. Esse tipo de autoafirmação aumenta a sua resiliência e ajuda a eliminar a falta de autoconfiança.

# 7. Conformidade

Como a maioria dos calouros universitários, Scott Carrell estava nervoso ao chegar ao imenso campus da Academia da Força Aérea dos Estados Unidos, no Colorado, no verão de 1991.[1] Ele tinha sido um excelente aluno no ensino médio e esperava brilhar ali também, mas não estava seguro de estar à altura para se destacar numa das mais rigorosas academias militares do mundo.

Mesmo assim, Scott sentia ter uma vantagem em relação aos outros cadetes de primeiro ano, porque tinha seu irmão gêmeo idêntico para ajudá-lo a passar pelos momentos difíceis. Imaginou os dois se incentivando mutuamente nas quadras esportivas, fazendo amigos juntos e preparando um ao outro para as aulas notoriamente puxadas da academia. Mas esses sonhos foram logo destruídos. Instantes após chegarem ao campus, Scott e seu irmão, Rich, foram postos em esquadrões diferentes de trinta alunos com os quais iriam morar, comer, se exercitar e estudar naquele primeiro ano.

Como os calouros não têm autorização para entrar no espaço dos outros esquadrões nem para sair do seu a não ser para assistir às aulas ou praticar exercícios, Scott raramente encontrava o irmão, e se viu em vez disso confinado à bolha social isolada que lhe fora atribuída. "Se [Rich e eu] quiséssemos conversar, tínhamos de nos encontrar na igreja aos domingos ou coordenar nossos treinos de futebol americano", contou-me Scott.

Quando os irmãos Carrell conseguiam conversar, em geral durante encontros combinados com antecedência na biblioteca, Scott recebia uma dose de desânimo. Embora tivesse sido o melhor aluno no ensino médio, espantou-se ao descobrir que o seu gêmeo de repente estava se saindo melhor do que ele nos estudos. "Queriam que ele escolhesse a física como matéria principal", disse Scott. "Eu pensei: como é que pode? Eu sou mais inteligente do que o meu irmão."

No fim, Scott acabou se saindo muito bem, bem o bastante para conseguir uma vaga num programa de doutorado em economia. Mas anos depois, já economista e estudando o que motiva o sucesso acadêmico, ele se pegou pensando em como o irmão gêmeo havia se destacado no primeiro ano de estudo universitário, e passou a refletir sobre o impacto das pessoas escolhidas para cercá-lo. Começou a ler pesquisas de economia e psicologia relacionadas ao impacto que os pares podem ter nas decisões que as pessoas tomam, e começou a se perguntar se os seus colegas de academia poderiam ser a resposta, em especial considerando-se a força dos vínculos entre cadetes de um mesmo esquadrão.

## POR QUE ABSORVEMOS AS NORMAS SOCIAIS

Em determinado dia, todo mês de fevereiro, o auditório lotado no qual dou aulas para meus alunos de MBA explode com os aplausos e assobios de jovens entusiasmados na casa dos vinte anos. Homens e mulheres adultos pulam das cadeiras, gritando e assobiando como se estivessem no meio de um carnaval. Fico sempre pensando se a segurança do campus vai aparecer com medo de estar havendo algum problema.

Só que não está havendo problema nenhum. Meus alunos estão reagindo exatamente como eu lhes pedi para reagir num e-mail enviado na noite anterior. Todos os anos, escrevo para todos os alunos inscritos na minha aula, menos três, e anuncio que no começo da aula do dia seguinte vou exibir uma foto do reitor da nossa faculdade no meu slideshow. O e-mail dá instruções claras. Quando eles virem a foto, quero que aplaudam com entusiasmo. Mas nem todo mundo na turma está recebendo este e-mail, explico, então por favor não o encaminhem nem comentem com ninguém a respeito dele. O plano é ver como os três alunos que deixei de fora da minha lista vão reagir quando o restante da sala irromper em aplausos para o reitor. Será que vão ficar olhando sem entender? Ou será que vão participar?

Você provavelmente consegue adivinhar o que acontece. Embora haja alguma variação de um ano para outro, a maioria dos meus ratos de laboratório demora um pouco, mas depois começa a aplaudir com entusiasmo, seguindo o exemplo dos colegas.

Como qualquer instrutor bem preparado, anoto com cuidado onde estão sentados meus três alunos "especiais" e, depois que a sala se aquieta, chamo um deles.

"Pode nos dizer por que estava aplaudindo?", pergunto. As respostas que vêm depois de um segundo de hesitação e perplexidade (ser o alvo das atenções deixa a pessoa nervosa) são quase tão certeiras quanto os aplausos combinados. "Eu só aplaudi porque estava todo mundo aplaudindo", respondem em geral meus alunos, torcendo para eu aceitar essa explicação e mudar de assunto.

Eu não mudo. O que faço, isso sim, é pressioná-los para que pensem em como se sentiriam caso chegassem a uma festa de calça jeans e descobrissem que todos os outros convidados estavam de black tie. "Profundamente desconfortável", "humilhado" e "consternado" são algumas das respostas mais frequentes. Essas respostas apontam para o primeiro motivo pelo qual os alunos deixados de fora do meu e-mail de aviso começam a bater palmas quando seus pares irrompem em aplausos. Quando destoamos dos outros, nós nos sentimos excluídos.

Então faço uma segunda pergunta a meus alunos: "Imagine que você está num auditório e vê as pessoas correndo em direção à saída de emergência. Qual é a coisa certa a fazer?". A resposta é unânime: correr atrás delas! Dessa vez, porém, a lógica por trás do comportamento de manada é outra. Ninguém está preocupado em se encaixar. Nós desconfiamos, isso sim, de que os outros notaram algum perigo que deixamos passar. Às vezes as decisões dos outros refletem informações valiosas (nesse caso, a informação teria a ver com uma ameaça; no caso do meu experimento com as palmas, teria a ver com alguma notícia sobre a universidade que os alunos poderiam ter deixado passar).

De modo consciente ou subconsciente, as normas criam pressões[2] para nos conformarmos de modo a não sermos expostos ao desconforto social ou a sanções, e sim poder saborear a sensação de "nos encaixar"; e elas também transmitem informações sobre como adquirir "benefícios" que de outra forma poderíamos deixar passar (como evitar uma ameaça).

Ao tomar conhecimento das pesquisas relacionadas justamente a essas leis de influência social, o economista Davis Scott Carrell, da Universidade da Califórnia, começou a pensar se elas poderiam ajudar a explicar por que seu irmão gêmeo de repente o havia superado academicamente durante seus primeiros tempos como cadetes na Academia da Força Aérea dos Estados Unidos.

Scott, que hoje dá palestras com frequência na academia, sabia muito bem o quanto o esquadrão ao qual pertenciam era crucial na vida dos calouros da academia: um esquadrão acaba se tornando todo o universo social de um cadete. Sabia também que, apesar de serem tão importantes, os esquadrões eram escolhidos aleatoriamente, por sorteio. Ou seja: a sua instituição de ensino superior tinha criado, sem querer, um experimento natural sobre influência social.

Curioso para saber se isso poderia solucionar o enigma da sua época de calouro, Scott foi inspirado a se interessar por como as pessoas *designadas aleatoriamente* para cercar um cadete podiam afetá-lo. Será que conviver com alunos exemplares poderia ter melhorado as notas do seu irmão? O conhecimento de Scott em relação às pesquisas já feitas sobre o poder da influência social o levavam a suspeitar que o desempenho acadêmico dos colegas de esquadrão poderia afetar as notas de um calouro de modo bem semelhante ao modo como meus alunos de MBA influenciam seus pares no experimento das palmas. Em primeiro lugar, se todo mundo no seu esquadrão estiver estudando muito e tirando boas notas, você vai se sentir de fora se não meter a cara nos livros e tirar também algumas notas máximas. E, em segundo lugar, você pode perceber que seus colegas cadetes já entenderam que não estudar direito tem consequências negativas.

Para testar seu palpite sobre a influência dos pares,[3] Scott e uma equipe de colaboradores examinaram os números e analisaram três anos de dados acadêmicos sobre mais ou menos 3500 cadetes de primeiro ano que tinham sido incluídos aleatoriamente em seus esquadrões na academia.[*] Ele descobriu que, para cada aumento de cem pontos na pontuação média obtida na seção de escrita e leitura do exame de conclusão de ensino médio dos alunos do esquadrão de um calouro, a média desse cadete no primeiro ano subia 0,4 ponto, numa escala de 4. É a diferença entre ser um aluno que tira A- em

---

[*] A pontuação na seção de escrita e leitura do exame de conclusão do ensino médio foi usada como substituta para a qualidade acadêmica.

todas as matérias e um aluno que tira B- ou B+. A sorte na hora do sorteio do esquadrão parecia ter um impacto real em quem conseguia um primeiro ano retumbante na academia e quem não. Talvez isso pudesse explicar o sucesso inicial do seu irmão gêmeo.

As descobertas de Scott mostram como é importante estar em boa companhia quando você quer alcançar grandes objetivos, e como é prejudicial ter pares a quem falte a mesma ambição. Cada vez mais indícios sugerem que as pessoas com quem você convive vêm moldando o seu comportamento ao longo de toda a sua vida, muitas vezes sem você saber. Por exemplo, um estudo mostrou que, quando seus pares fazem um curso de poupança para a aposentadoria,[4] existem efeitos de contágio: não apenas a poupança deles aumenta, mas a probabilidade de você poupar para o fim da vida também aumenta, mesmo que você nunca tenha feito curso algum. Sua mãe sabia do que estava falando quando dizia para você parar de andar com quem não prestava e arrumar amigos legais. Tudo, das notas que você tira na escola[5] até sua carreira[6] e suas decisões financeiras,[7] é moldado pelo menos em parte pelos seus pares.

No verão de 2006, Scott recebeu um telefonema dos oficiais mais graduados da Academia da Força Aérea. Como era um ex-aluno leal, que visitava a instituição todos os verões para servir na reserva dando aulas e oferecendo serviços de consultoria, Scott estava acostumado a receber solicitações dos líderes da academia. Só que dessa vez a voz do outro lado da linha tinha um tom de urgência inabitual.

Os cadetes do primeiro ano estavam com dificuldades. As notas tinham baixado e a taxa de desistência havia subido, mas ninguém conseguia apontar o motivo nem sabia o que fazer para resolver isso. Será que Scott poderia ajudar?

COPIAR E COLAR

Embora a Academia da Força Aérea proporcione um ambiente mais favorável do que o normal para a criação de vínculos, a fase universitária é um período importante de formação social para qualquer estudante. Como muitos alunos da graduação, minha amiga Kassie Barbaw viveu isso na pele quando se inscreveu para trabalhar como orientadora de alojamento para poupar gastos.[8] Ser orientadora permitia que ela morasse no alojamento de graça, contanto que estivesse disponível para calouros que precisassem de orientação sobre qualquer assunto, desde a organização dos trabalhos de classe até as rixas com companheiros de quarto e o fato de estarem morando fora de casa pela primeira vez. Para se tornar orientadora, Kassie teve de passar uma semana num curso de formação com uma dezena de outros veteranos que ficariam responsáveis por seus próprios grupos de calouros.

Por casualidade, cinco dos colegas orientadores de Kassie eram vegetarianos. Ela já vinha se interessando havia tempos pela ideia de viver sem comer carne, algo que lhe parecia saudável e correto. Mas nunca acreditara que seria capaz. Sua família comia carne em todas as refeições, e raramente comprava legumes e verduras frescos. Então, ainda que o vegetarianismo parecesse ótimo em teoria, ela não fazia ideia do que os vegetarianos de fato comiam. Seria apenas salada, salada e mais salada? Era o que ela imaginava, e isso lhe parecia um tédio.

Conforme a semana foi passando, no entanto, Kassie observou maravilhada seus colegas vegetarianos prepararem nos refeitórios do campus refeições que pareciam deliciosas. A dieta deles era pobre em alface e rica em variedade: omeletes repletos de vegetais todo dia de manhã, sopa de feijão-preto ou risoto vegetariano no almoço. E quando saía para comer fora com seu grupo de orientadores, Kassie ficava admirada ao constatar que pedir comida num restaurante era facílimo. "Tudo que eles precisavam perguntar era: 'Essa sopa leva caldo de galinha?'", disse-me ela.

Quando a formação acabou, Kassie se deu conta de que poderia facilmente imitar as estratégias que tinham funcionado tão bem para os vegetarianos da sua formação de orientadores: saborosos omeletes no café da manhã, sopas e risotos no almoço, e assim por diante. Ela decidiu tentar ficar uma semana sem comer carne. A semana se transformou em um mês, que se transformou em quatro anos. Embora ela não tivesse um nome para a estratégia que usou, Kassie fez algo que eu mesma faço quando desejo dominar uma competência nova: "copiar e colar". Ela observou pessoas parecidas que tinham conseguido alcançar um objetivo que ela própria desejava alcançar, e em seguida imitou deliberadamente os métodos dessas pessoas.

Minha colaboradora frequente Angela Duckworth e eu muitas vezes usamos a mesma abordagem. Eu copiei e colei a estratégia de Angela de dar telefonemas de trabalho no trajeto a pé até o escritório, e ela imitou minha prática de redigir e-mails a partir de modelos preexistentes.

Ao orientar alunos, porém, nós duas nos surpreendemos ao ver como muitas vezes uma simples sugestão — "Já pensou em perguntar ao seu amigo que está se dando superbem nessa matéria como ele estuda?" — conduz a um olhar vazio. Sabemos, é claro, que *algum* copiar e colar ocorre naturalmente. Meus alunos de MBA copiam seus colegas que aplaudem a foto do reitor. E Kassie, quando passou a conviver de perto com vegetarianos, percebeu que podia e deveria imitar a abordagem deles se quisesse mudar de dieta. Mas Angela e eu desconfiávamos que muitas pessoas nunca despertam para a oportunidade de imitar deliberadamente seus pares. Afinal, embora Kassie tenha sido levada a conviver com vegetarianos por uma semana e isso tenha mudado a sua vida, anteriormente jamais tinha ocorrido a ela ir *em busca* deles.

Isso talvez se deva a algo que os psicólogos sociais Lee Ross, David Greene e Pamela House identificaram pela primeira vez em 1977, num artigo hoje famoso sobre o que eles denominam "efeito de falso consenso".[9] O artigo descreve uma tendência geral dos humanos de pressupor incorretamente que os outros veem o mundo e reagem a ele da mesma forma que nós. Se achamos que o último suco detox promovido nos talk shows matinais é uma bobagem, partimos do princípio de que a maioria das outras pessoas também acha isso; se pensamos que a vida urbana é o ideal, partimos do princípio de que, assim como nós, a maioria de nossos conterrâneos deseja se mudar para uma cidade; e se não temos a menor ideia de como preparar refeições vegetarianas saborosas, partimos do princípio de que os outros (inclusive os vegetarianos!) sejam igualmente mal informados. O mundo real, claro, é muito mais diverso do que o das nossas imaginações, e na realidade objetiva coexistem crenças, comportamentos e conhecimentos muito diferentes entre si.

Poucos anos atrás, Angela e eu começamos a nos perguntar se mais pessoas conseguiriam alcançar seus objetivos caso fossem incentivadas (1) a buscar pessoas que possuíssem um conjunto de informações que elas provavelmente haviam deixado passar, e (2) a copiar e colar deliberadamente os macetes de vida dessas pessoas. Se nós em geral não valorizamos devidamente o quanto podemos aprender com os outros por partirmos do princípio de que já sabemos tudo que eles sabem, talvez seja bom um pouco de incentivo para aproveitar melhor nossas conexões sociais.

Em dois estudos conduzidos pela doutoranda da Wharton Katie Mehr,[10] descobrimos que incentivar as pessoas a copiarem e colarem os melhores macetes de vida umas das outras motivou tanto um aumento da atividade física quanto uma melhor preparação para as aulas em adultos que desejavam fazer mais exercício e em universitários desejosos de melhorar suas notas, respectivamente. Podem marcar aí uma pequena vitória da estratégia.

Nosso estudo seguinte foi mais ambicioso, e também mais complexo. Mais de mil participantes desejosos de turbinar sua prática de atividades físicas foram divididos aleatoriamente em três grupos: um grupo de controle no qual eram apenas incentivados a planejar como iriam aumentar sua atividade, um grupo experimental no qual faziam planos, mas eram também incentivados a usar nossa estratégia de "copiar e colar", e um segundo grupo experimental no qual faziam planos e recebiam algum macete de outra pessoa para copiar (por exemplo, "para cada hora de exercício, você pode ficar quinze minutos nas mídias sociais").

De modo condizente com nossos achados anteriores, vimos que dispor de qualquer técnica nova que pudesse ser copiada para turbinar a atividade física funcionava melhor do que apenas elaborar um plano, independentemente da origem da técnica. No entanto, de modo interessante, era mais útil se as pessoas encontrassem *elas mesmas* estratégias para copiar e colar do que se as estratégias viessem dos outros. Quando examinamos os dados mais a fundo, descobrimos que procurar macetes de atividades físicas para copiar e colar levava as pessoas a encontrarem dicas mais adaptadas a seus próprios estilos de vida. E mais: uma abordagem mais ativa em relação à obtenção de informações aumentava o tempo que os participantes passavam com seus modelos de comportamento, aumentando sua exposição aos bons hábitos. Juntos, esses achados confirmaram nossas suspeitas em relação ao que as pessoas têm a ganhar copiando de modo *deliberado* as estratégias de sucesso usadas por seus pares. Portanto, se você quiser entrar em forma, livros de dicas certamente vão ajudar, mas se puder passar algum tempo com pessoas parecidas com você que estejam em forma e observá-las em busca de ideias, é provável que tenha ainda mais sucesso.

Quando estamos inseguros, uma forma poderosa de as pessoas à nossa volta turbinarem nossa capacidade e nossa autoconfiança é nos mostrando o que é possível. Na verdade, nós muitas vezes somos influenciados muito mais pela observação do que pelos conselhos.[11] Observar os colegas vegetarianos preparando refeições no refeitório e pedindo comida em restaurantes levou Kassie a incorporar técnicas que fizeram o vegetarianismo funcionar para ela. Da mesma forma, os cadetes da Academia da Força Aérea cujas notas melhoraram graças a colegas de esquadrão estudiosos certamente se sentiram pressionados para estar à altura de seus pares. E quando essa pressão aumentou, pelo menos alguns certamente notaram estratégias de estudos que podiam imitar. Mas minhas pesquisas recentes sugerem que, se os cadetes procurassem *deliberadamente* "copiar e colar" dicas de sucesso, poderiam se beneficiar mais ainda. Afinal, se estivéssemos naturalmente extraindo de nossos pares todas as dicas possíveis, incentivos para copiar e colar de nada adiantariam.

Felizmente, é fácil se transformar num copiador e colador proposital. Na próxima vez em que não estiver conseguindo alcançar um objetivo, procure as respostas com pessoas próximas bem-sucedidas. Se quiser dormir mais, um amigo descansado que tenha um estilo de vida parecido talvez possa ajudar. Se quiser se locomover usando o transporte público, não consulte apenas os horários do metrô: converse com um vizinho que já tenha abandonado o carro. Você provavelmente vai avançar mais depressa se encontrar alguém que já tenha alcançado o que deseja alcançar e imitar táticas dessa pessoa, em vez de simplesmente se deixar influenciar por osmose pelas forças sociais.

## COMO INFLUENCIAR OS OUTROS COM NORMAS SOCIAIS

Se você costuma se hospedar em hotéis, provavelmente já viu alguma plaquinha no banheiro pedindo para reutilizar as toalhas e assim ajudar a poupar água. Mas, se você for igual a mim, deve ter estranhado na primeira vez em que viu esse pedido. Quem pode saber quantos tipos de fungo devorador de carne humana são capazes de crescer num banheiro de hotel com alta rotatividade de pessoas? (A verdade é que praticamente nenhum, mas eu vivo pensando nisso.)

Reconhecendo que a ideia de reutilizar toalhas poderia parecer estranha para alguns hóspedes, os psicólogos Noah Goldstein, Bob Cialdini e Vladas Griskevicius se juntaram a um hotel para convencer mais hóspedes a optar pela alternativa ecológica.[12] Eles desconfiavam de que a influência social pudesse ser usada a seu favor: afinal, se as pessoas achavam que reutilizar toalhas parecia estranho, que melhor forma de normalizar esse fato do que esclarecer que na verdade era algo normal? Mas os pesquisadores tinham um problema. Os hóspedes de um hotel não têm como ver o que os outros hóspedes estão fazendo em matéria de utilização de toalhas (um viva para os banheiros privativos!). Para resolver isso, os pesquisadores decidiram simplesmente tentar *descrever* o que era normal. Pelo menos em teoria, as normas sociais deveriam moldar os comportamentos mesmo quando as pessoas apenas leem sobre o que seus pares estão fazendo, em vez de observá-los no ato. Mas a teoria precisava ser testada.

As antigas placas nos banheiros do hotel foram trocadas por outras novas, que declaravam enfaticamente: "Junte-se aos outros hóspedes para ajudar a salvar o meio ambiente", e compartilhava a informação de que 75% dos hóspedes em geral usam suas toalhas mais de uma vez. Os resultados foram encorajadores: as placas novas aumentaram em 18% a reutilização das toalhas. Porém, mais impressionante ainda, um pequeno ajuste na mensagem da placa quase duplicou seu impacto. Quando os clientes foram informados de que a maioria dos hóspedes que ficavam *naquele mesmo quarto* reutilizava as toalhas, 33% mais pessoas optaram por fazer o mesmo. Considero esse o achado mais interessante do estudo. Ele sugere que estamos particularmente dispostos a imitar pessoas cujas circunstâncias se assemelhem às nossas, ainda que de modo superficial.

Um experimento de incentivo ao voto no Facebook fornece mais indícios dessa tendência.[13] Numa tentativa de aumentar o comparecimento às urnas, a maior rede social do mundo informou a usuários norte-americanos selecionados aleatoriamente que muitos dos seus amigos já tinham votado nas eleições de meio de mandato em 2010, e mostraram até seis fotos desses amigos. Enquanto ver qualquer amigo aumentava a probabilidade de um usuário participar do pleito, quando amigos *próximos* eram mostrados os efeitos eram até quatro vezes maiores.

Esses estudos demonstram que, quanto maior nossa proximidade com alguém e quanto mais a situação dessa pessoa se parecer com a nossa, maior a probabilidade de sermos influenciados pelo comportamento dela, ainda que esse comportamento seja apenas descrito, em vez de diretamente observado.\*

---

\* O valor de descrever normas para incentivar a mudança de comportamento — técnica denominada "marketing de normas sociais" — é hoje bem estabelecido, com pesquisas provando que tal atitude pode moldar qualquer comportamento, desde a reutilização de toalhas até o pagamento de impostos (Organização para Cooperação e Desenvolvimento Econômico (OCDE), "Behavioural Insights and Public Policy: Lessons from around the World". Paris: OECD Publishing, 2017. DOI:10.1787/9789264270480-en).

Eles mostram também o poder do uso das normas como ferramenta de influência. Descrever o que é típico pode ser um modo eficaz de ajudar grandes grupos a mudarem seu comportamento para melhor.

Mas não podemos esquecer os sérios dilemas éticos que essa tática contém. Uma parte grande das primeiras pesquisas sobre a influência das normas sociais foi motivada pelo desejo dos cientistas de entenderem como os nazistas conseguiram obter a cumplicidade dos alemães comuns durante o Holocausto.[14] Achados posteriores provaram que a pressão social pode ser usada para nos convencer a fazer coisas extremamente imorais,[15] o que deveria nos fazer pensar duas vezes, e não sem razão. É importante tomar cuidado com o poder potencialmente coercitivo da pressão social.[16]

Depois de explicar a influência das normas sociais, eu sempre lembro a meus alunos de MBA aquilo que eles já escutaram. A maioria de nós ouve desde a infância que "todo mundo está fazendo" não é uma boa desculpa para se comportar mal. Mesmo assim, a pressão social pode ter uma influência tóxica. A boa notícia é que sempre há maneiras de enfraquecê-la: os usos coercitivos da pressão social tendem a ser menos eficazes quando não estamos cara a cara com a pessoa que está nos pressionando para agir, quando temos a oportunidade de refletir e quando podemos debater nossas ações pretendidas com outro cético igual a nós. Assim, antes de embarcar em algum comportamento coletivo que lhe pareça, nem que seja minimamente, incômodo, imprudente ou antiético, recomendo diminuir o passo, esquivar-se de interações diretas com quem quer que esteja exercendo a pressão e conversar com um advogado do diabo (ou, nesse caso, um advogado do bem) para melhorar suas decisões.

Embora as táticas de influência sem dúvida possam ser usadas com propósitos nocivos, elas felizmente não precisam ser uma força do mal, e com frequência não o são. Quando canalizadas para ajudar as pessoas, as normas sociais podem desempenhar um papel valioso na mudança do nosso comportamento para melhor. Scott Carrell teve exatamente essa visão ao ficar sabendo que os cadetes da Academia da Força Aérea estavam tendo dificuldades acadêmicas e que ele talvez pudesse ajudá-los.

## QUANDO O TIRO DAS NORMAS SOCIAIS POSITIVAS SAI PELA CULATRA

Ao receber o telefonema urgente dos líderes acadêmicos sobre a queda vertiginosa nas notas dos cadetes de primeiro ano, Scott se lembrou do seu estudo que demonstrava a influência dos esquadrões no desempenho dos cadetes. Encerrada a ligação, ele se sentou e escreveu um plano detalhado.

Em vez de formar esquadrões de modo aleatório, Scott recomendou aos líderes da academia que formassem os grupos misturando deliberadamente os que tivessem tido os piores desempenhos na seção de escrita e leitura do exame de conclusão do ensino médio com os melhores.* A influência dos alunos mais fortes melhoraria as notas de seus colegas de esquadrão, raciocinou ele, e além disso o projeto não custaria nada.

Com uma promessa dessas, não é de espantar que os oficiais tenham dado o sinal verde rapidamente para Scott e sua equipe prosseguirem com seu plano[17] e autorizado uma abordagem experimental para ele conseguir provar o valor do seu trabalho. Provavelmente outras universidades mundo afora poderiam então capitalizar esse sucesso.

Em 2007 e 2008, sob a meticulosa orientação da equipe de Scott, a administração da academia pôs alguns alunos com desempenho ruim no mesmo esquadrão de alunos de alto desempenho, e cruzou os dedos para que os hábitos de estudo dos melhores fossem contagiosos. (Alunos medianos foram postos em grupos com outros alunos medianos.) Para ter um ponto de comparação, outro conjunto de seleção de esquadrões foi feito do jeito antigo, aleatório. Ao final do experimento, Scott e seus colaboradores avaliaram o desempenho acadêmico dos cadetes de ambos os grupos.

Scott tinha tanta certeza sobre o que iria encontrar que chegou a rascunhar a introdução de um artigo descrevendo seus resultados esperados antes mesmo de receber qualquer dado. Ele mal podia esperar para compartilhar sua história de sucesso e dar a instituições de ensino do mundo inteiro uma chance

---

* Na verdade, a análise dos números feita por Scott apontava para um livro-texto de química novo e mais difícil como o mais provável culpado pela piora recente nas notas dos cadetes. Mas, como o livro tinha passado a ser parte integrante do currículo da instituição, Scott achou que sua ideia fosse a melhor forma de conter uma tendência de piora no desempenho acadêmico dos cadetes de primeiro ano.

de se beneficiar com a inovação da academia. Quando começou a analisar os números das notas dos cadetes, portanto, ficou estarrecido. Devia ter havido algum erro, pensou Scott, e telefonou para sua fonte de dados. "Você por acaso não trocou por acidente os grupos de controle e de tratamento?", perguntou.

Mas o erro estava nas previsões de Scott. Após um exame completo dos dados, os números terríveis se confirmaram. Durante dois anos seguidos, o novo algoritmo de formação dos esquadrões vinha *prejudicando* as notas dos cadetes de primeiro ano em vez de ajudá-los; os cadetes dos esquadrões selecionados propositalmente estavam se saindo pior dos que os cadetes que tinham caído aleatoriamente em seus esquadrões segundo os protocolos habituais. *Ah, droga*, pensou Scott, ao mesmo tempo que dava telefonemas frenéticos para garantir que o novo sistema de formação de esquadrões fosse eliminado antes de a leva seguinte de cadetes chegar.

Mas encerrar o experimento era apenas sua primeira responsabilidade; a segunda era entender *por que* o tiro saíra pela culatra. Scott começou a entrevistar alunos e analisar outros números para tentar compreender aquele resultado. O problema ficou claro bem depressa. Em vez de se misturarem e influenciarem uns aos outros como os pesquisadores pensavam que fosse acontecer, os alunos dos esquadrões formados por alunos de mau e bom desempenho tinham se segregado. Sem nenhum aluno de desempenho mediano para servir de ponte social entre os cadetes nos dois extremos, os esquadrões tinham ficado polarizados, e os maus alunos tinham sofrido. Sem querer, Scott havia demonstrado uma fraqueza grave do que muitos consideravam uma tática de influência sólida e testada.

Imagine um universo social em que os seus colegas de trabalho, colegas de estudos e vizinhos estejam constantemente superando você. Dia após dia, você descobre que ganhou menos, correu mais devagar, tirou notas piores e, de modo geral, se saiu pior em comparação com seus pares campeões. Parece bem ruim, não é? Você talvez sucumbisse ao desânimo e começasse a evitar seus colegas bem-sucedidos. Seria reconfortante qualificar de extraordinária a situação revelada por Scott e simplesmente seguir em frente, mas os indícios me ensinaram que essa não é a melhor solução.[*]

---

[*] Vale a pena observar que o aumento das desigualdades faz dessa uma situação na qual muitos grupos marginalizados se veem com excessiva frequência.

Minha lição aconteceu quando me juntei a um grupo de economistas para ajudar uma grande empresa de manufatura norte-americana a aumentar a taxa de poupança de seus funcionários.[18] Felizmente, a maioria dos trabalhadores já poupava bastante, mas ainda havia milhares de funcionários que poupavam pouco ou nada com os quais se preocupar. Muitos deles nunca haviam se recusado ativamente a poupar, apenas não tinham optado por entrar no programa de previdência da empresa. E essas pessoas nos pareceram boas candidatas para um pouco de pressão social. Se elas achavam que poupar parecia demasiado difícil, pensamos que talvez pudéssemos dissuadi-las disso informando-lhes que muitos de seus colegas de trabalho estavam conseguindo poupar. Talvez nossa mensagem também gerasse um pouco de culpa e de competição saudável.

No entanto, assim como o experimento de Scott, nosso plano produziu o resultado oposto. Na verdade, o fracasso foi duplo. Em primeiro lugar, o simples fato de informar aos funcionários que a maioria de seus colegas poupava *diminuiu* as taxas de adesão ao programa de previdência da empresa. Em segundo lugar, quando aumentamos experimentalmente a taxa de poupadores informada entre funcionários de uma determinada faixa etária de 77% para 92% (randomizando a abrangência da faixa etária usada para as comparações*), as adesões tenderam à baixa. Ou seja: quanto mais forte a norma social por nós transmitida, piores as coisas ficavam. Embora nossos resultados fossem um pouco mais difíceis de explicar do que os de Scott, nosso melhor palpite, com base em pesquisas posteriores, é o seguinte: um pé de meia adequado para a aposentadoria é algo que a pessoa acumula ao longo do tempo. É preciso paciência; não se pode alcançar o mesmo nível dos vizinhos em questão de semanas. Consequentemente, comparações com poupadores disciplinados talvez fossem justamente as mensagens *erradas* para pessoas já preocupadas com o fato de estarem ficando para trás. Nossas correspondências decerto diminuíram mais ainda sua esperança: nós as fizemos sentir que elas jamais conseguiriam recuperar o atraso! Nossos resultados nos fizeram pensar no

---

* Conseguimos modificar experimentalmente os números mostrados às pessoas sem mentir randomizando a faixa etária na qual incluímos cada funcionário ao fazer comparações sociais (por exemplo, outros com idades entre quarenta e cinquenta anos versus aqueles entre quarenta e 45 anos). Meu colaborador frequente John Beshears merece todo o crédito por esse modelo inteligente.

"efeito que se dane" que já descrevi.[19] Se a pessoa vai fracassar, pesquisas mostram que ela muitas vezes prefere então que seja um fracasso retumbante. Alinhado com essa ideia, vimos que aqueles com os menores salários relativos exibiam os resultados negativos mais fortes ao saberem quanto os outros estavam poupando para se aposentar.

Esse estudo e o fracasso das tentativas de engenharia social da Academia da Força Aérea oferecem uma lição importante. Para a influência social funcionar, não pode haver uma diferença muito marcada entre os que têm um bom desempenho e aqueles que precisam de uma força. Se você está querendo nadar mais depressa, não comece treinando com a medalhista de ouro olímpica Katie Ledecky. Ainda que lhe ocorresse copiar e colar os treinos dela, você talvez sentisse, de modo correto, que os limites do seu talento natural iriam interferir nos benefícios de ter acesso ao regime de treino da atleta.

Da mesma forma, o trabalho da minha equipe sobre previdência privada sugere que descrever as conquistas dos outros só é motivador e eficaz quando essas conquistas parecem ser algo que podemos imitar com relativa rapidez. Alguns objetivos exigem uma mudança simples, mas muitos são mais complexos e demandam um comprometimento importante e prologado. Se você quiser se tornar mais sustentável, é possível modificar seus hábitos de consumo energético em um mês e virar um campeão de eficiência. Se quiser praticar mais atividade física, pode mudar seu número diário de passos em, bom, um dia só. Mas não é possível alcançar um objetivo de previdência privada da noite para o dia. Em empreitadas que exigem um esforço sustentado, descobrir que você está *muito* atrás dos seus pares pode fazê-lo desanimar.

As táticas de influência social podem agregar muito mais valor quando seu foco forem objetivos concretos e possíveis de alcançar imediatamente, como ir votar ou passar menos horas nas redes sociais, e não objetivos de prazo mais longo e mais abstratos, como poupar mais dinheiro para a aposentadoria. Por sorte, existe uma forma de fazer os objetivos de longo prazo parecerem mais alcançáveis a curto prazo. No terceiro capítulo deste livro, compartilhei pesquisas sobre a importância de fracionar objetivos grandes em subcomponentes menores: incentivar as pessoas a pouparem cinco dólares por dia em vez de 150 por mês, por exemplo, ou fazer quatro horas de trabalho voluntário por semana em vez de duzentas por ano. Fracionar objetivos grandes pode ajudar a diminuir a diferença entre o que parece factível e o que parece impossível de alcançar, impedindo potencialmente as táticas de influência social de produzirem o efeito contrário. E incentivar mudanças pequenas e concretas pode fazer uma grande diferença a longo prazo, uma vez que se demonstrou que a comunicação repetida de normas sociais modifica o comportamento não uma, nem duas ou três vezes, mas por anos e anos a fio.

## ELE VÊ VOCÊ QUANDO ESTÁ DORMINDO

Talvez um dos aspectos mais estressantes das normas sociais tenha aparecido no meu experimento com os aplausos em sala de aula. A saber, a pressão que as normas criam para que você mude seu comportamento porque percebe que está sendo observado e julgado. Embora essa pressão possa parecer e de fato possa ser um tanto nociva, ela também tem o potencial de incentivar uma mudança de comportamento positiva.

Para entender como se sentir observado altera o comportamento, pense no que aconteceu num dia de 2006 quando 20 mil moradores de Michigan receberam uma estranha carta pelo correio.

À primeira vista, as cartas pareciam ser apenas mais um pedido de voto em políticos numa eleição primária próxima. No entanto, ao serem examinadas mais de perto, elas eram surpreendentemente pessoais. Cada destinatário via uma lista das eleições recentes nas quais havia votado e das que deixara passar, juntamente com um relatório sobre as decisões de comparecimento às urnas de cada um de seus vizinhos. As cartas não só apresentavam registros pessoais de comparecimento às urnas, como também prometiam divulgar dados atualizados para todos os membros da comunidade logo após o dia da votação. Qual era a mensagem? Vá votar ou seja considerado um mau cidadão pelos seus vizinhos.

Você pode estar se perguntando qual político seria tão excêntrico a ponto de enviar uma correspondência tão agressiva, e o seu ceticismo é justificado. Mas essa correspondência não vinha de nenhum candidato: ela fazia parte de um experimento dos cientistas políticos Alan Gerber, Donald Green e Christopher Larimer para testar estratégias baratas capazes de aumentar a participação nas eleições.[20]

Os pesquisadores compilaram mais de 180 mil endereços a partir de listas públicas de eleitores qualificados do estado, e criaram quatro mailings distintos para lembrar às pessoas da eleição próxima. Alguns eleitores em potencial não receberam nenhuma correspondência, e outros receberam lembretes banais para ir votar. Esses grupos foram incluídos no estudo para servir como base de comparação. O restante dos domicílios foi submetido a graus diversos de pressão social para ir votar no dia da eleição. A correspondência que revelava o histórico de participação eleitoral de todos os moradores de um determinado bairro era a mais extrema. Outra listava o histórico de participação de todos que moravam na mesma casa, enquanto uma terceira explicava apenas que pesquisadores estavam fazendo um estudo e que verificariam se o destinatário fora votar.

Na primeira vez em que ouvi falar nesse estudo, por alguns instantes não acreditei, pois ele me parecia Big Brother demais. No entanto, antes de falarmos sobre a dubiedade moral de submeter as pessoas à vergonha pública, permita-me dizer como essa campanha de pressão funcionou. Porque os resultados foram espantosos.

O lembrete simples aumentou a participação em dois pontos percentuais (o que representa muito quando a participação é baixa ou a eleição apertada), enquanto as correspondências falando sobre a pesquisa levaram a um aumento de 2,6 pontos percentuais. Mas as coisas começaram a esquentar mesmo quando as pessoas acharam que teriam de se responsabilizar perante algum conhecido. Entre aqueles avisados que todos com quem moravam iriam descobrir se eles tinham ido ou não votar, a participação aumentou 4,9 pontos percentuais. E quando a ideia de ser denunciado aos vizinhos foi apresentada, a situação ficou de fato extrema. A correspondência que prometia revelar o histórico de votação para todos do quarteirão gerou um aumento de 8,1 pontos percentuais na participação. Que eu saiba, nenhuma outra campanha de propaganda pelo correio jamais produziu um aumento tão grande no comparecimento às urnas.

Essa forma de responsabilização social e seu poder podem soar bastante familiares se, nos dias anteriores ao Natal, você já usou a lendária onisciência do Papai Noel para motivar seus filhos a se comportarem bem (ou se os seus pais usaram essa tática com você). Como nos alertaram os crooners, de Bing Crosby a Frank Sinatra e Mariah Carey, "Ele sabe se você se comportou ou não, então se comporte e pronto!". Pelo menos na minha casa, a ameaça de que o Papai Noel está vendo e pode não trazer presentes se não gostar do que vir funciona que é uma beleza. Em dezembro, o comportamento do meu filho é sempre nota dez. Mas as táticas disciplinares que os pais usam com os filhos muitas vezes não se adaptam a ambientes com estruturas de poder menos assimétricas. O que me leva de volta à incredulidade que senti na primeira vez em que soube desse estudo.

Minha preocupação, como ficou claro, era bem justificada. Embora altamente eficaz, o experimento produziu consequências negativas graves (um jornalista supostamente ficou de tocaia por dias na caixa postal citada nas correspondências para surpreender o responsável por enviá-las), o que ajuda a explicar por que você provavelmente não recebeu uma carta parecida.

Apesar dos defeitos, porém, eu acho esse estudo fascinante, porque ele mostra de maneira retumbante que criar responsabilização social pode mudar dramaticamente nosso comportamento. É fácil usar isso para ajudar a si mesmo, transformando a responsabilização social num dispositivo de comprometimento. Por exemplo, se você disser aos seus colegas de trabalho que tem planos de fazer a prova para virar contador na próxima primavera e se certificar de que eles fiquem sabendo caso não o faça, vai colher os benefícios da responsabilização sem risco de efeito contrário. Pode também pedir a um amigo para ir com você à academia, assim os dois terão de se responsabilizar caso não vão malhar. Isso tem o benefício extra de tornar o exercício mais divertido.*

Mesmo assim, se você quiser usar a responsabilização como uma ferramenta explícita para incentivar os outros a tentarem alcançar seus objetivos, deveria ter em mente a raiva que esse tipo de tática pode gerar. Ameaçar expor alguém ao julgamento alheio pode fazer de você rapidamente um inimigo, e com razão. Dito isso, com um pouco de atenção aos detalhes, a pressão social pode, *sim*, ser usada de forma não ofensiva. Um experimento conduzido na Califórnia em 2013 demonstra isso.

O objetivo era aumentar as adesões a uma iniciativa de energia sustentável que obrigava as pessoas a aceitarem interrupções no seu fornecimento de energia nos dias em que a demanda estivesse mais alta.[21] (Traduzindo: nos dias de calor em que todo mundo estivesse com o ar-condicionado ligado no

---

* Meus colaboradores e eu provamos que pagar um dólar por cada ida à academia na companhia de um amigo aumenta a prática de exercícios 37% mais do que pagar um dólar por cada ida à academia sem qualquer condição. Os pagamentos vinculados a exercícios com amigos aumentaram a responsabilização e o prazer (Rachel Gershon, Cynthia Cryder e Katherine L. Milkman, "Friends with Health Benefits: A Field Experiment, [artigo de trabalho, 2021]).

máximo.) Isso era um desafio por motivos óbvios, mas a equipe da pesquisa tinha um plano inteligente. Em algumas comunidades, em vez de compartilhar com os vizinhos as decisões de adesão de cada residência, os pesquisadores deixaram os próprios moradores espalharem a notícia montando quadros de avisos para qualquer um poder ver quem tinha aderido (e quem não tinha). Em outros bairros, o quadro de avisos só permitia adesões com números de identificação anônimos (de modo que os vizinhos sabiam quantas pessoas tinham aderido antes deles, mas não quem eram).

Diferenças notáveis surgiram. Quando as pessoas se inscreviam nominalmente num quadro de avisos público, a popularidade do programa de energia verde triplicava. Mais importante, porém, não havia efeito negativo: como a inscrição era opcional, não havia a impressão de ser excluído, pelo contrário: a chance de se inscrever publicamente era decerto vista pelas pessoas como uma chance para se gabar. A psicologia é parecida — a questão continua sendo a responsabilização pública —, mas as pessoas reagem de forma totalmente diferente quando a revelação parece ser uma chance de se mostrar.*

A maioria de nós quer passar para os amigos, vizinhos e colegas a imagem de uma pessoa boa, trabalhadora e bem-sucedida.[22] Sendo assim, quando nossas ações são visíveis, há uma forte pressão para fazer a coisa "certa" e um forte desincentivo para fazer a escolha "errada", o que poderia macular nossa boa reputação. Para mobilizar com sucesso esses instintos sem criar efeitos negativos, o melhor é dar às pessoas a chance de serem elogiadas ou de não participarem.

---

* Quando alguém nos denuncia por mau comportamento, isso é o que cientistas denominam ato de "comissão"; mas quando se deixa de chamar a atenção para o nosso bom comportamento trata-se de uma "omissão". E as pesquisas mostram que as omissões nos ofendem bem menos do que as comissões (pense em como é desagradável quando alguém repreende você em comparação com quando alguém simplesmente deixa de chamar a atenção para a sua excelência). Quando os pesquisadores divulgaram as adesões a um programa de energia verde (tipicamente visto como um bom comportamento, pelo menos na Califórnia), a responsabilização que eles criaram ocorreu na forma de uma omissão. Quem não aderiu perdeu uma chance de ser elogiado publicamente, mas como os vizinhos precisavam deduzir do fato de um nome não estar numa lista que alguém não havia aderido, a reprimenda por não ter um comportamento ecológico não era explícita. Denunciar explicitamente os não aderentes aos vizinhos, por sua vez, é um ato de comissão e, portanto, deixou muita gente furiosa (Mark Spranca, Elisa Minsk e Jonathan Baron, "Omission and Commission in Judgment and Choice". *Journal of Experimental Social Psychology*, v. 27, n. 1, pp. 76-105, 1991. DOI:10.1016/0022-1031(91)90011-T).

De modo geral, fica claro que, se você espera incentivar os outros a adotarem comportamentos melhores, pode tirar vantagem do amor que as pessoas têm pela adulação. Por exemplo, as pesquisas mostram que, quando nossas doações de caridade vão ser divulgadas para os outros, a probabilidade de doarmos é maior.[23] Portanto, se você estiver tentando captar fundos, arrume um jeito de permitir que as pessoas divulguem sua generosidade. E se deseja fazer mais funcionários participarem de treinamentos na empresa ou de programas de mentoria, considere divulgar publicamente as listas de aderentes. A pressão social para fazer a coisa "certa" vai aumentar, e conforme a lista for crescendo as normas sociais também agirão a seu favor: ficará claro que aderir é *legal*.

## USAR AS FORÇAS SOCIAIS PARA O BEM

As forças sociais podem ser um importante incentivo à mudança de comportamento, ajudando-nos a superar a insegurança ao apontar o que muitos outros na mesma situação conseguiram fazer. Mas e se o bom comportamento não for tão generalizado assim? E se a maioria das pessoas no seu local de trabalho não estiver reciclando lixo, aconselhando colegas, aderindo a protocolos de segurança ou fazendo o que quer que você gostaria de ajudá-los (e ajudar a si mesmo) a fazer com mais regularidade e constância?

Nem toda esperança está perdida. Estudos mostraram que, se um comportamento está apenas numa tendência de alta,[24] compartilhar informações sobre essa tendência pode fazer as pessoas participarem.* Se descobrir que

---

* Num estudo, centenas de clientes de um café foram divididos em três grupos. Alguns foram informados que 30% dos norte-americanos se esforçam para limitar seu consumo de carne. Outros foram informados que 30% dos norte-americanos tinham *começado* a limitar seu consumo de carne nos últimos cinco anos (indicando uma tendência de alta). Um último grupo não recebeu nenhuma informação sobre os hábitos de consumo de carne nos Estados Unidos. Os clientes que tinham sido informados sobre a tendência de alta na limitação do consumo de carne tinham o dobro da probabilidade de pedir um almoço vegetariano em comparação com aqueles que não tinham recebido informação alguma. E a informação sobre tendência também funcionava muito melhor do que compartilhar a norma estática de que a maioria das pessoas *não* limita o consumo de carne (Gregg Sparkman e Gregory M. Walton, "Dynamic Norms Promote Sustainable Behavior, Even If It Is Counternormative". *Psychological Science*, v. 28, n. 11, pp. 1663-74, 2017. DOI:10.1177/0956797617719950).

apenas 20% dos seus colegas estão inscritos numa nova oficina de programação, você talvez hesite, mas se descobrir que as inscrições dobraram desde o ano passado talvez tenha outra opinião. Uma tendência de alta informa às pessoas que esse comportamento antinormativo vai acabar se tornando aquilo que "todo mundo" está fazendo.

Embora eu tenha me concentrado em como ajudar os outros a alcançarem seus objetivos usando as forças sociais, essa estratégia também é uma ferramenta poderosa para ser usada em você mesmo. Se o seu plano é correr uma maratona, tente treinar com pessoas que sabem como é cruzar a linha de chegada. Marque treinos com elas, e sincronizem seus dispositivos eletrônicos para elas poderem ver suas estatísticas e lhe dar um puxão de orelha se você tiver tido uma semana fraca. E não se esqueça de pedir orientação, para poder copiar e colar o que funcionou para elas.

Não se trata de uma ciência exata, mas pelo visto é uma ciência que não tem sido devidamente valorizada. Conscientemente ou não, muitos de nós se beneficiam das forças sociais. Pergunte a Kassie, que copiou os hábitos alimentares dos amigos e se tornou uma bem-sucedida vegetariana, ou a Scott, que aprendeu como os colegas bons alunos dos cadetes de primeiro ano da Academia da Força Aérea influenciam sem querer seus hábitos de estudos. Se canalizar corretamente o poder das forças sociais, você pode turbinar sua capacidade e sua autoconfiança, e conquistar mais ao mesmo tempo que mostra a colegas e amigos como eles podem fazer o mesmo.

### DESTAQUES DO CAPÍTULO

- Quando você se deparar com uma dúvida ou incerteza em relação a como avançar, uma forma poderosa de as pessoas à sua volta ajudarem a turbinar sua capacidade e sua autoconfiança é mostrando a você que é possível.
- Suas decisões são fortemente influenciadas pelas normas dos seus pares, então é importante estar em boa companhia quando quiser tentar alcançar grandes objetivos, e pode ser prejudicial ter pares com baixo desempenho.
- O simples fato de descrever o comportamento típico (supondo que seja um comportamento desejável) pode ser uma forma eficiente de ajudar os outros a mudarem seu comportamento para melhor.

- Quanto mais próximo você for de alguém, e quanto mais a situação dessa pessoa se parecer com a sua, maior sua probabilidade de ser influenciado pelo comportamento dela.
- Embora um pouco da influência dos seus pares vá afetá-lo sem que seja necessário nenhum esforço, você pode intensificar deliberadamente os efeitos positivos. Faça isso observando os pares que conseguiram alcançar qualquer que seja o seu objetivo, depois copiando e colando seus métodos.
- Como você se importa com a aprovação dos seus pares, sentir-se observado por grupos de outras pessoas modifica o seu comportamento.
- Para usar a visibilidade entre pares a fim de promover a mudança sem criar efeitos negativos, em vez de envergonhar publicamente as pessoas por comportamentos indesejados, dê a elas a chance de conquistar elogios dos outros (ou de não participarem).
- Se um comportamento estiver apenas ficando mais popular, sem ser a norma existente, compartilhar informações sobre essa tendência de alta pode mudar o comportamento das pessoas.
- Se as conquistas dos seus pares parecerem muito fora de alcance, testemunhar ou ficar sabendo sobre normas sociais pode desanimá-lo em vez de incentivá-lo a mudar.
- A pressão social pode ser usada para coagir as pessoas. Portanto, antes de usar as normas sociais para influenciar amigos, parentes ou colegas de trabalho, leve a sério sua responsabilidade moral.
- Se notar alguém pressionando você socialmente de alguma forma que o deixe nervoso, pise no freio, evite interações cara a cara com essa pessoa, e converse com um advogado do diabo para melhorar suas decisões e evitar ser vítima de coerção.

# 8. Mudar para valer

No final de 2018, Angela Duckworth e eu fizemos uma reunião com nosso grupo de pesquisa sobre os resultados preliminares do mais ambicioso estudo sobre mudança de comportamento que qualquer um de nós jamais tinha feito.

"Vocês diriam que esse projeto é um sucesso?", perguntou um dos cientistas envolvidos.

"De jeito nenhum", afirmou Angela, ao mesmo tempo que eu disse: "Com certeza!".[1]

Todo mundo riu.

Havia bons motivos para o nosso desacordo. Tínhamos acabado de fazer um enorme experimento com a cadeia nacional de academias 24 Hour Fitness,[2] na tentativa de transformar um número maior de seus frequentadores em praticantes regulares de atividade física. Cerca da metade dos norte-americanos não se exercita o suficiente (incluindo os inscritos em academias),[3] e estávamos esperançosos de encontrar um jeito barato de incentivar mais atividade física.

Só que o nosso gigantesco estudo não saiu exatamente conforme o planejado.

Dezenas de milhares de inscritos nas unidades da 24 Hour Fitness tinham se candidatado a participar. A maioria parecia empolgada por fazer parte de um programa digital de quatro semanas cujo objetivo era turbinar sua prática de exercícios. Mas o que mais nos importava não era quem se inscrevia ou quão feliz a pessoa estava por participar, e sim quão bem nosso programa funcionava.

Concentrei-me nas boas notícias. Muitas das mais de cinquenta ideias que testamos tinham tido sucesso imediato ao utilizar princípios como a importância do planejamento, os lembretes, a diversão, as normas sociais e as recompensas repetidas. A custo quase zero, encontramos várias formas criativas de aumentar a frequência nas academias enquanto as pessoas participavam do nosso programa.

Parece um sucesso, certo? Foi o que eu pensei.

A má notícia veio quando olhamos para o que acontecia depois de o nosso programa terminar. Quase nenhuma das ideias que tínhamos testado tinha o poder de durar. Verdade seja dita, nosso estudo mostrou que, por meio da repetição e da recompensa, as pessoas convertiam talvez de um quarto a um terço das visitas extras à academia que nós as ajudávamos a fazer ao longo de um mês em hábitos duradouros. Mas o que nós queríamos, na verdade, era descobrir técnicas revolucionárias e baratas para incentivar a atividade física que fossem capazes de alterar o comportamento das pessoas por muitos anos. E isso não tinha acontecido. Daí a sensação de Angela de que havíamos fracassado.

Embora encorajada pelos sucessos de curto prazo, eu compartilhava o desapontamento de Angela por não termos encontrado mais intervenções de quatro semanas com benefícios duradouros. Havíamos diagnosticado com todo o cuidado os obstáculos internos mais importantes que as pessoas enfrentam ao tentar se exercitar com frequência, como considerar os treinos desagradáveis, a inércia e o esquecimento, e tínhamos abordado muitos deles diretamente. Então eu não conseguia entender o que saíra errado. Perplexa, liguei para meu amigo Kevin Volpp, renomado economista e médico que ajudou a construir um dos grupos de pesquisa de economia comportamental aplicada mais bem-sucedidos do mundo.[4]

Eu queria a opinião de Kevin. Por que, na opinião dele, tínhamos conseguido tão pouco sucesso em fazer a mudança de comportamento *durar*?

Kevin me disse palavras tão sensatas que nunca as esqueci: "Quando diagnosticamos alguém com diabetes, nós não fazemos a pessoa tomar insulina durante um mês, depois paramos e esperamos que ela esteja curada".[5] Em medicina, os médicos reconhecem que doenças crônicas exigem tratamento pela vida inteira. Por que imaginamos que com a mudança de comportamento vá ser diferente?

Senti vontade de dar um tapa na testa. Depois que a entendi, a observação de Kevin ficou tão evidente que me envergonhei de ter precisado ouvi-la com todas as letras.

Vários estudos (inclusive os meus) tinham mostrado que alcançar uma mudança de comportamento transformadora é mais como tratar uma doença crônica do que como cuidar de um machucado. Não se pode apenas passar um pouco de pomada e esperar que o paciente se cure para sempre. Os obstáculos internos que impedem a mudança, descritos por mim neste livro — obstáculos como tentação, esquecimento, falta de autoconfiança e preguiça — são como os sintomas de uma doença crônica. Eles não desaparecerem depois que você começa a tratá-los e pronto. Fazem parte da natureza humana, e exigem vigilância constante.

Um experimento que ilustra isso particularmente bem foi feito com dezenas de milhares de domicílios que receberam relatórios sobre gasto doméstico de energia de uma organização chamada Opower.[6] Em relatórios mensais ou trimestrais, a Opower avisa aos domicílios ineficientes energeticamente quanto eles gastaram em comparação com seus vizinhos. Se lembrarmos da influência das normas sociais, não deveria ser nenhuma surpresa saber que a Opower conseguiu fazer milhões de clientes esbanjadores pouparem energia a um custo incrivelmente baixo apenas os avisando de que estavam fora do padrão da vizinhança.

O estudo da Opower que eu considero mais fascinante, porém, comparou como os padrões de uso de energia doméstica diferiam quando as pessoas paravam de receber esses relatórios.

Quando um grupo escolhido aleatoriamente parava de receber atualizações sobre gasto de energia doméstico por dois anos, ele continuava a gastar menos energia do que o grupo que nunca tinha recebido a correspondência da Opower. Mas esses clientes não poupavam tanta energia quanto os que eram selecionados aleatoriamente para *continuar* recebendo os relatórios. Nos domicílios que paravam de receber as mensagens da Opower depois de dois anos, os esforços de economia de energia se deterioravam de 10% a 20% por ano. E isso depois de *dois anos* praticando um novo hábito. Imagine quanta piora teria havido se eles só tivessem recebido os relatórios por um mês. Foi essa a situação com a qual Angela e eu nos deparamos.

Assim como nosso estudo com a rede 24 Hour Fitness, a pesquisa da Opower sugere que o trabalho que fazemos para incentivar a mudança de comportamento com frequência tem benefícios positivos. No entanto, se e quando nosso esforço cessa, deveríamos imaginar que nós mesmos e os outros vamos começar a ter recaídas (e, o quanto antes paramos, maior a recaída que devemos esperar ter).

É possível ver o que acontece quando os esforços para promover a mudança diminuem como um copo meio cheio ou um copo meio vazio. Eu prefiro a perspectiva do copo meio cheio, a de que uma mudança duradoura é possível. O segredo, como sugeriu Kevin, é tratar a mudança como um problema crônico, não temporário.

Quando você usar as ferramentas deste livro para superar quaisquer obstáculos internos que esteja enfrentando na sua jornada de criar a mudança, reconheça que precisará usá-las não uma ou duas vezes, nem durante um mês ou um ou dois anos, mas de forma permanente. Ou pelo menos até não querer mais alcançar o que quer que seja que desejasse alcançar lá atrás.

Karen Herrera, minha aluna que você já conheceu, sabe bem que, quando as barreiras que impedem a mudança são internas, o segredo do sucesso é abordá-las com um conjunto de soluções feito sob medida, e tratar a mudança como um desafio crônico, não temporário. Ela entrou para a universidade ansiosa para usar aquele recomeço e se tornar uma pessoa mais saudável, e com a ajuda de uma nutricionista desenvolveu uma bem-sucedida abordagem que a fez se sentir mais feliz e mais saudável do que nunca. Anos depois de iniciada sua jornada, ela ainda tem encontros regulares com a mesma nutricionista para se pesar (o que proporciona responsabilização), planeja refeições saudáveis, marca na agenda os compromissos de atividade física, controla as calorias num aplicativo e se apoia em estratégias sofisticadas para resistir às tentações, como comer bastante alimentos saudáveis antes de ir a eventos no campus que atraem alunos com pizza ou donuts gratuitos, fazer uma pré-seleção de alternativas saudáveis em cardápios na internet antes de sair para jantar fora com amigos, e satisfazer o desejo por doces com vitaminas de frutas e iogurte, que passou a adorar.[7] Felizmente, com o tempo, ficar em forma se tornou fácil para Karen. Ao se apoiar de maneira constante e regular num conjunto de técnicas consagradas e baseadas na ciência para superar os obstáculos à boa saúde, ela conseguiu fazer a mudança durar.

Assim como Karen, eu descobri que sustentar a mudança diante de obstáculos internos é bem mais fácil do que iniciá-la. Durante muitos anos, consegui organizar minha vida com sucesso usando as estratégias deste livro: agrupamento de tentações para tornar os exercícios divertidos e assim me manter em forma, cercar-me de amigos e colegas que acreditam em mim e são modelos de comportamento para turbinar minha autoconfiança e desafiar minha ambição, mobilizar os recomeços para encarar novos desafios (como escrever este livro, que comecei exatamente no dia em que comprei minha casa própria), e elaborar planos baseados em deixas para evitar a desistência.

Meus melhores resultados foram conseguidos quando utilizei a máxima que Brad Gilbert ensinou a Andre Agassi: o segredo da mudança é entender seu adversário. Estratégias genéricas não vão lhe permitir ter tanto sucesso quanto ataques sob medida ao que impede você de avançar. Uma vez dominado esse plano, manter-se nos trilhos muitas vezes é tão simples quanto continuar usando as táticas que deram certo para você.

É claro que às vezes os obstáculos à mudança se modificam. Da mesma forma que o seu adversário no tênis pode resolver adotar uma estratégia nova no meio de uma partida, forçando você a reconsiderar o que estava fazendo, talvez seja preciso alterar de tempos em tempos sua maneira de abordar a mudança. Alunos que estão se lançando por conta própria muitas vezes me procuram com dificuldades para começar, ou então sofrendo de insegurança, mas acabam descobrindo que estão no caminho certo e acreditam em si mesmos, mas que o trabalho virou uma coisa chata. Se você descobrir que está diante de um obstáculo, revisite a pergunta sobre o que está impedindo seu progresso. Talvez descubra que os obstáculos se modificaram, e que é preciso um plano novo. Os médicos sabem que o tratamento dos pacientes com frequência precisa ser recalibrado de tempos em tempos; com a mudança acontece a mesma coisa.

É claro também que às vezes você vai mirar numa mudança e, apesar de ajustar sua abordagem e lançar mão de todos os truques do manual (literalmente *deste* manual), vai descobrir que ainda não está onde queria estar. Digamos que você esteja querendo dar o pontapé inicial numa rotina de atividade física, mas simplesmente não consegue começar. Quando você não para de empacar num determinado objetivo, é hora de dar um passo para trás, reavaliar a situação, e pensar nela como um todo em vez de ficar se martirizando.

A maioria dos objetivos são apenas meios para um fim maior. Frequentar a academia é só *um* jeito de entrar em forma. Se melhorar sua forma física for seu objetivo maior, existem outras maneiras de alcançá-lo. Você pode usar uma escrivaninha-esteira no trabalho, entrar para um time de basquete, acrescentar uma caminhada acelerada ao seu horário de almoço, mudar seu jeito de ir e voltar do trabalho, ou se exercitar em casa com um aplicativo. Talvez malhar na academia não seja para você o melhor caminho rumo à boa forma física, mas um outro caminho talvez coloque o sucesso ao seu alcance.

Se você já tentou muito alcançar um objetivo usando todos os truques que conseguiu encontrar, mas mesmo assim não está vendo resultados, é um bom momento para considerar novos meios de alcançar o mesmo fim e proporcionar a si próprio um recomeço. Não é só que os obstáculos que você tem pela frente exigem soluções feitas sob medida; você precisa também de *objetivos feitos sob medida*, que reconheçam e se encaixem nos seus pontos fortes e fracos. As dificuldades são diferentes para cada um: um objetivo que para uma pessoa parece uma obrigação, para outra pode ser um prazer, e Mary Poppins já nos ensinou que encontrar um caminho que lhe dê prazer pode fazer milagres.

Com uma abordagem sob medida, adaptada a você e à sua situação, a mudança está ao seu alcance. Minha esperança é de que este livro possa ser seu guia em cada passo do caminho. Se diagnosticar os obstáculos internos que encontra e usar de modo *regular e constante* soluções sob medida para ajudar a alcançar o sucesso, os indícios e a experiência mostram que você realmente pode ir de onde está para onde quer estar.

# Agradecimentos

Quando comecei este projeto, eu não fazia a menor ideia do que seria preciso para escrever um livro destinado ao público em geral. Sou muito grata pelo apoio recebido de um grupo de pessoas extraordinárias, que foram pacientes, compreensivas e generosas tanto com seu tempo quanto com seus conselhos.

Em primeiro lugar, o mais importante: obrigada a meu incrível marido, Cullen Blake, que não só leu várias vezes cada capítulo e escutou minhas ideias sobre o livro em qualquer horário do dia e da noite, mas que também assumiu mais do que a sua justa parte de cuidados pandêmicos com a cria e com a casa para que eu pudesse terminar isto aqui. Cullen, este livro não existiria se não fossem os seus apoio e generosidade infinitos, sem falar na inspiração que você me dá todos os dias (você é o melhor solucionador de problemas que eu conheço).

Obrigada também a meus pais, Ray e Bev Milkman, por seu amor constante, por serem meus maiores fãs e por terem se mudado para a Filadélfia para ajudar a cuidar do neto e muito, muito mais. Sou imensamente grata a vocês. E hoje reconheço que me fazer começar a jogar tênis profissionalmente tantos anos atrás talvez não tenha sido uma loucura tão grande assim: eu aprendi uma coisinha ou duas sobre a vida pelo caminho.

A Cormac Blake, meu amoroso e enérgico filho, obrigada pela sua animação em relação a este livro. Quando eu estava no meio do manuscrito, seus professores da pré-escola me disseram que você havia adquirido uma nova mania: tinha convencido seus coleguinhas de três e quatro anos a escreverem livros, igualzinho à sua mãe; meu coração quase explodiu de orgulho. Embora eu tenha decidido não usar o título que você sugeriu para este manuscrito (*O grande Delaware* me parecia um pouco fora do tema), estas páginas mesmo assim tiveram a sua influência de mais jeitos do que você pensa.

Meu agente literário, Rafe Sagalyn, foi um guia excepcional nesta aventura. Rafe, sou muito grata pelas suas sugestões, pela sua sabedoria e pela sua paciência com as minhas neuroses. Obrigada, em especial, por ter me ajudado a encontrar o caminho que me levou a Niki Papadopoulos e toda a equipe da Portfolio (que inclui Adrian Zackheim, Kimberly Meilun, Regina Andreoni, Amanda Lang, Tara Gilbride, Stefanie Brody, Jarrod Taylor e Brian Lemus); eu não poderia ter desejado uma editora ou uma equipe editorial mais extraordinárias. Niki, obrigada por ter me mostrado pacientemente como criar um capítulo com um arco narrativo, e por ter me ensinado onde fazer pausas e onde me aprofundar. A orientação e o apoio que você me deu não têm preço.

Angela Duckworth não só leu cada palavra deste livro e fez melhorias inestimáveis como também me fez iniciar a aventura mais empolgante da minha carreira acadêmica, que me levou a escrevê-lo. Angela, muitas das ideias nestas páginas nasceram de conversas com você. Obrigada pela sua parceria e inspiração nessa jornada intelectual, e pelo seu apoio constante.

Como sou uma escritora de primeira viagem, realmente foi preciso uma aldeia inteira para me levar até a linha de chegada. Sou particularmente grata a Kassie Brabaw, minha assistente por quase dois anos, que ajudou a melhorar tudo neste volume, desde o estilo até a bibliografia. Kassie, que sorte a minha ter encontrado você, e sou muito grata por todo o tempo e energia que você dedicou a tornar este livro o melhor que ele poderia ser. Obrigada também a Gareth Cook, Kate Rodemann, Jamie Ryerson, Katie Shonk, Mike Hernan e Andy Cassel, por terem lido e feito comentários editoriais construtivos sobre partes do livro (e em alguns casos sobre o livro inteiro), e às minhas assistentes de pesquisa, minhas alunas Meghan Chung, Karen Herrera, Michelle Huang e Ilyssa Reyes, por terem passado o pente-fino no manuscrito final em busca de erros de ortografia.

Sou também incrivelmente grata aos muitos generosos amigos, parentes e colegas que dedicaram seu tempo à leitura da primeira versão deste manuscrito e fizeram observações de valor incalculável. Já agradeci a alguns de vocês

(Cullen, Angela, mamãe e papai), mas obrigada também a Modupe Akinola, Max Bazerman, Rachel Bernard, Dolly Chugh, Annie Duke, Linnea Gandhi, Guy Kawasaki, Sendhil Mullainathan e Aria Woodley por sua valiosa contribuição. Também sou grata a meu amigo Nathaniel Pincus-Roth por toda sua contribuição em relação a títulos, subtítulos e design de capa.

Nenhuma parte do meu trabalho em andamento sobre mudança de comportamento seria possível sem a incrível equipe de pesquisadores, antigos e atuais, da Behavior Change for Good Initiative. Muitíssimo obrigada a Dena Gromet, Joseph Kay, Tim Lee, Yeji Park, Heather Graci, Aneesh Rai, Lauri Bonacorsi, Hung Ho e Pepi Pandiloski. Sou também incrivelmente grata aos extraordinários assistentes de pesquisa que ajudaram neste livro, entre eles Graelin Mandel, Canyon Kornicker e Yunzi Lu.

Obrigada a todos os envolvidos no meu podcast, *Choiceology*, por sua paciência comigo quando implorei para mudar o horário de sessões de gravação por causa de prazos relacionados ao livro; por terem encontrado dezenas de histórias incríveis para o *Choiceology*, muitas das quais acabaram vindo parar nas páginas deste livro; e por tudo que vocês me ensinaram sobre como me comunicar em relação ao assunto ciência. Um agradecimento particularmente forte ao *showrunner* Andy Sheppard, da Pacific Content, mas obrigada também a Annie Rueter, da Pacific Content, e a Patrick Ricci, Matt Bucher, Mark Riepe e Tami Dorsey da Charles Schwab. Que sorte a minha trabalhar com todos vocês!

Eu estaria sendo omissa se não agradecesse também a meus extraordinários colaboradores acadêmicos no trabalho que me levou a escrever este livro. Em especial, sou muito grata a Max Bazerman (realmente o melhor orientador do mundo), John Beshears (que me ensinou a ser uma boa cientista e uma boa colaboradora, e a pensar como uma economista), Todd Rogers (que fez eu me viciar nos "empurrõezinhos" e no paternalismo libertário e me apresentou a Angela), Hengchen Dai (minha primeira aluna e um raio de sol que proporcionou um recomeço à minha carreira) e Dolly Chugh e Modupe Akinola (minhas "irmãs" e companheiras do Clube do Não... como eu poderia sobreviver sem o apoio de vocês?). Obrigada também a meus incríveis alunos Edward Chang, Aneesh Rai e Erika Kirgios, que tiveram uma paciência heroica comigo quando eu estava escrevendo este livro, e me inspiram todos os dias com sua energia e seu comprometimento para fazer do mundo um lugar melhor por meio da ciência. E obrigada a meus outros brilhantes colaboradores cujo trabalho figura nestas páginas, entre eles: Shlomo Benartzi, Colin Camerer, Gretchen Chapman, James Choi, Bob Cialdini, Cindy Cryder, Lauren Eskreis--Winkler, Amanda Geiser, Rachel Gershon, James Gross, Samantha Horn, Alexa Hubbard, Steven Jones, Tim Kautz, Joowon Klusowski, Ariella Kristal, Rahul Ladhania, David Laibson, Sunny Lee, George Loewenstein, Jens Ludwig, Brigitte Madrian, David Mao, Katie Mehr, Barbara Mellers, Julia Linson, Rob Mislavsky, Sendhil Mullainathan, Pepi Pandiloski, Jason Riis, Silvia Saccardo, Marissa Sharif, Jann Spiess, Gaurav Suri, Joachim Talloen, Jamie Taxer, Yaacov Trope, Lyle Ungar, Kevin Volpp, Ashley Whillans e Jonathan Zinman.

Aos muitos outros cientistas extraordinários cujas pesquisas aparecem no manuscrito e que verificaram para garantir que eu não tinha dito nada impreciso, obrigada pelo seu trabalho inspirador e pelo seu tempo. Essa lista inclui Dan Ariely, John Austin, Linda Babcock, Scott Carrell, Gary Charness, Alia Crum, Ayelet Fischbach, Jana Gallus, Alan Gerber, Uri Gneezy, Noah Goldstein, Peter Gollwitzer, Kirabo Jackson, Dean Karlan, Julia Minson, Ethan Mollick, Mitesh Patel, Marissa Sharif, Stephen Spiller, Kevin Werbach, Wendy Wood, David Yeager e Erez Yoeli.

Sou também muito grata aos alunos, amigos e líderes que me deixaram contar suas histórias neste livro, entre os quais Judy Chevalier, Jordan Goldberg, Karen Herrera, Steve Honeywell, Bob Pass, Prashant Srivastava, Prasad Setty e Nick Winter.

Por fim, um grande obrigada a meu agente de palestras, David Lavin, que me incentivou a escrever este livro e ajudou a dar o empurrãozinho para que ele encontrasse um lar feliz na Portfolio.

# Notas

## INTRODUÇÃO [pp. 13-21]

1. Andre Agassi, *Open: An Autobiography*. Nova York: Vintage, 2009, p. 101. [Ed. bras.: *Agassi*. Rio de Janeiro: Intrínseca, 2019.]
2. McCarton Ackerman, "Andre Agassi: From Rebel to Philosopher". ATP Tour, 9 jul. 2020. Disponível em: <www.atptour.com/en/news/atp-heritage-agassi-no-1-fedex-atp-rankings>. Acesso em: 31 ago. 2020.
3. Steve Tignor, "1989: Image Is Everything — Andre Agassi's Infamous Ad". Tennis.com, 30 ago. 2015. Disponível em: <www.tennis.com/pro-game/2015/08/image-everything-andre-agassis-infamous-ad/55425>. Acesso em: 1 out. 2020.
4. Andre Agassi, op. cit., p. 172.
5. Ibid., p. 117.
6. Andre Agassi Rankings History, ATP Tour. Disponível em: <www.atptour.com/en/players/andre-agassi/a092/rankings-history>. Acesso em: 31 ago. 2020.
7. "TENNIS: Agassi Has Streisand, but Loses Bolletieri". *The New York Times*, 10 jul. 1993. Disponível em: <www.nytimes.com/1993/07/10/sports/tennis-agassi-has-streisand-but-loses-bolletieri.html>. Acesso em: 31 ago. 2020.
8. Andre Agassi, op. cit., p. 179.
9. Ibid., p. 185.
10. Brad Gilbert Rankings History, ATP Tour. Disponível em: <www.atptour.com/en/players/brad-gilbert/g016/rankings-history>. Acesso em: 31 ago. 2020.
11. Gilbert Rankings History, ATP Tour.
12. Brad Gilbert, *Winning Ugly*. Nova York: Fireside, 1993.
13. Andre Agassi, op. cit., p. 185.
14. Ibid., p. 186.

15. Jen Vafidis, "Andre Agassi: Remembering Tennis Legend's Golden Olympics Moment". *Rolling Stone*, 27 jul. 2016. Disponível em: <www.rollingstone.com/culture/culture-sports/andre-agassi-remembering-tennis-legends-golden-olympic-moment-248765>. Acesso em: 31 ago. 2020.

16. Andre Agassi, op. cit., p. 28.

17. Ibid., p. 187.

18. "Winning Ugly: Mental Warfare in Tennis — Tales from Tour and Lessons from the Master". *Publishers Weekly*, jun. 1993. Disponível em: <www.publishersweekly.com/978-1-55972-169-1>. Acesso em: 1 out. 2020.

19. Andre Agassi, op. cit., p. 187.

20. Robin Finn, "US Open '94: The New Agassi Style Now Has Substance". *The New York Times*, 12 set. 1994. Disponível em: <www.nytimes.com/1994/09/12/sports/us-open-94-the-new-agassi-style-now-has-substance.html>. Acesso em: 31 ago. 2020.

21. US Open Prize Money Progression". ESPN, 11 jul. 2012. Disponível em: <www.espn.com/espn/wire/_/section/tennos/id/8157332>. Acesso em: 31 ago. 2020.

22. Robin Finn, op. cit.

23. Andre Agassi, op. cit., p. 196.

24. Ibid.

25. Robin Finn, op. cit.

26. Richard H. Thaler e Cass R. Sunstein, "Libertarian Paternalism". *American Economic Review*, v. 93, n. 2, pp. 175-9, 2003. DOI:10.1257/000282803321947001.

27. Steven A. Schroeder, "We Can Do Better — Improving the Health of the American People". *New England Journal of Medicine*, v. 357, n. 12, pp. 1221-8, 2007. DOI:10.1056/NEJMsa073350.

28. Behavior Change for Good Initiative, "Creating Enduring Behavior Change", Wharton School, Universidade da Pensilvânia. Disponível em: <https://bcfg.wharton.upenn.edu>. Acesso em: 3 fev. 2020.

29. David S. Yeager et al., "A National Experiment Reveals Where a Growth Mindset Improves Achievement". *Nature*, v. 573, n. 7774, pp. 364-9, 2019. DOI:10.1038/s41586-019-1466-y.

30. Daniella Meeker et al., "Nudging Guideline-Concordant Antibiotic Prescribing: A Randomized Clinical Trial". *JAMA Internal Medicine*, v. 174, n. 3, pp. 425-31, 2014. DOI:10.1001/jamainternmed.2013.14191.

31. Aneesh Rai et al., "The Benefits of Specificity and Flexibility on Goal-Directed Behavior over Time" (artigo de trabalho, 2020).

32. John Beshears et al., "Using Fresh Starts to Nudge Increased Retirement Savings" (artigo de trabalho, 2020).

33. John Beshears et al., "Creating Exercise Habits: The Trade-Off between Flexibility and Routinization". *Management Science*, out. 2020. DOI:10.1287/mnsc.2020.3706.

34. Eric M. VanEpps, Julie S. Downs e George Loewenstein, "Advance Ordering for Healthier Eating? Field Experiments on the Relationship between the Meal Order-Consumption Time Delay and Meal Content". *Journal of Marketing Research*, v. 53, n. 3, pp. 369-80, 2016. DOI:10.1509/jmr.14.0234.

35. Hal E. Hershfield, Stephen Shu e Shlomo Benartzi, "Temporal Reframing and Participation in a Savings Program: A Field Experiment". *Marketing Science*, v. 39, n. 6, pp. 1033-201, 2020. DOI:10.1287/mksc.2019.1177.

36. David W. Nickerson e Todd Rogers, "Do You Have a Voting Plan?: Implementation Intentions, Voter Turnout and Organic Plan Making". *Psychological Science*, v. 21, n. 2, pp. 194-9, 2010. DOI:10.1177/0956797609359326.

37. Agassi Rankings History, ATP Tour.

38. John Berkok, "On This Day: Andre Agassi Takes over Top Spot for the First Time in 1995". Tennis.com, 10 abr. 2020. Disponível em: <www.tennis.com/pro-game/2020/04/on-this-day-andre-agassi-reaches-world-no-1-first-time-1995-25th-anniversary/88332>. Acesso em: 30 set. 2020.

## 1. COMO COMEÇAR [pp. 23-43]

1. Google Inc., declaração referente ao ano fiscal encerrado em 31 dez. 2011 (entregue em 26 jan. 2012), 25. Disponível em: <www.sec.gov/Archives/edgar/data/1288776/000119312512025336/d260164d10k.htm#toc260164_8>. Acesso em: 31 mar. 2020.

2. Shai Bernstein, Timothy McQuade e Richard Townsend, "Do Household Wealth Scocks Affect Productivity? Evidence from Innovative Workers During the Great Recession", National Bureau of Economic Research (artigo de trabalho, nov. de 2017). DOI:10.3386/w24011.

3. Timothy Gubler, Ian Larkin e Lamar Pierce, "Doing Well by Making Well: The Impact of Corporate Wellness Programs on Employee Productivity", *Management Science*, v. 64, n. 11, pp. 4967-87, 2018. DOI:10.1287/mnsc.2017.2883.

4. Prasad Setty, conversa com a autora no Google PiLab Research Summit, Mountain View, Califórnia, 11 maio 2012.

5. Rebeca J. Mitchell e Paul Bates, "Measuring Health-Related Productivity Loss", *Population Health Management*, v. 14, n. 2, pp. 93-8, abr. 2011. DOI:10.1089/pop.2010.0014.

6. Prasad Setty, conversa.

7. GBD 2013 Mortality and Causes of Death Collaborators, "Global, Regional and National Age-Specific All-Cause and Cause-Specific Mortality for 240 Causes of Death, 1990-2013: A Systematic Analysis for the Global Burden of Disease Study 2013". *The Lancet*, v. 385, n. 9963, pp. 117-71, jan. 2015. DOI:10.1016/s0140-6736(14)61682-2.

8. "Infant Mortality", Centers for Disease e Control and Prevention, última revisão 27 mar. 2019. Disponível em: <www.cdc.gov/reproductivehealth/maternalinfanthealth/infantmortality.htm>. Acesso em: 9 jul. 2020.

9. Marian Willinger, Howard J. Hoffmann e Robert B. Hartford, "Infant Sleep Position and Risk for Sudden Infant Death Syndrome: Report of Meeting Held January 13 and 14, 1994, National Institutes of Health, Bethesda, MD", *Pediatrics*, v. 93, n. 5, pp. 814-9, 1994.

10. Felicia L. Trachtenberg et al., "Risk Factor Changes for Sudden Infant Death Syndrome after Initiation of Back-to-Sleep Campaign". *Pediatrics*, v. 129, n. 4, pp. 630-8, mar. 2012. DOI:10.1542/peds.2011-1419.

11. Bryan Bollinger, Phillip Leslie e Alan Sorensen, "Calorie Posting in Chain Restaurants", *American Economic Journal: Economic Policy*, v. 3, n. 1, pp. 91-128, fev. 2011. DOI:10:1257/pol.3.1.91.

12. Centers for Disease Control and Prevention, "CDC's Advisory Committee on Immunization Practices (ACIP) Recommends Universal Annual Influenza Vaccinaton". Disponível em: <www.cdc.gov/media/pressrel/2010/r100224.htm>. Acesso em: 17 maio 2019.

13. Centers for Disease Control and Prevention, "Flu Vaccination Coverage, United States, 2016-17 Influenza Season". Disponível em: <www.cdc.gov/flu/fluvaxview/coverage-1617estimates.htm>. Acesso em: 17 maio 2019.

14. Katherine M. Harris et al., "Seasonal Flu Vaccination: Why Don't More Americans Get It?". RAND Corporation, 2011. Disponível em: <www.rand.org/pubs/research_briefs/RB9572.html>. Acesso em: 17 maio 2019.

15. American Academy of Pediatrics, "Reducing Sudden Infant Death with 'Back to Sleep'". Disponível em: <www.aap.org/en-us/advocacy-and-[plicy/aap-health-initiatives/7-great-achievements/Pages/Reducing-Sudden-Infant-Death-with-Back-to-.aspx>. Acesso em: 17 maio 2019.

16. Scott Harrison, *Thirst*. Nova York: Crown Publishing, 2018, pp. 49-53.

17. Michael S. Shum, "The Role of Temporal Landmarks in Autobiographical Memory Processes". *Psychological Bulletin*, v. 124, n. 3, pp. 423-42, nov. 1998. DOI:10.1037/0033-2909.124.3.423.

18. Christopher J. Bryan et al., "Motivating Voter Turnout by Invoking the Self". *PNAS*, v. 108, n. 31, pp. 12 653-56, ago. 2011. DOI:10.1073/pnas.1103343108.

19. Susan A. Gelman e Gail D. Heyman, "Carrot-Eaters and Creature-Believers: The Effects of Lexicalization on Children's Inferences about Social Categories". *Psychological Science*, v. 10, n. 6, pp. 489-93, 1999. DOI:10.1111/1467-9280.00194.

20. Gregory M. Walton e Mahzarin R. Banaji, "Being What You Say: The Effect of Essencialist Linguistic Labels on Preferences". *Social Cognition*, v. 22, n. 2, pp. 193-213, 2004. DOI:10:1521/soco.22.2.193.35463.

21. Katy Milkman, "A Clean Slate", *Choiceology*, 7 jan. 2019. Disponível em: <www.schwab.com/resource-center/insights/content/choiceology-season-2-episode-5>. Acesso em: 20 dez. 2019.

22. John C. Norcross, Marci S. Mrykalo e Matthew D. Blagys, "'Auld Lang Syne': Success Predictors, Change Processes, and Self-Reported Outcomes of New Year's Resolvers and Nonresolvers". *Journal of Clinical Psychology*, v. 58, n. 4, pp. 397-405, abr. 2002. DOI:10.1002/jclp.1151.

23. Hengchen Dai, Katherine L. Milkman e Jason Riis, "The Fresh Start Effect: Temporal Landmarks Motivate Aspirational Behavior". *Management Science*, v. 60, n. 10, pp. 1-20, jun. 2014. DOI:10.1287/mnsc.2014.1901.

24. Hengchen Dai, Katherine L. Milkman e Jason Riis, "Put Your Imperfections behind You: Temporal Landmarks Spur Goal Initiation When They Signal New Beginnings", *Psychological Science*, v. 26, n. 12, pp. 1927-36, nov. 2015. DOI:10.1177/0956797615605818.

25. Wendy Liu, "Focusing in Desirability: The Effect of Decision Interruption and Suspension on Preferences". *Journal of Consumer Research*, v. 35, n. 4, pp. 640-52, dez. 2008. DOI:10.1086/592126.

26. Bob Pass, conversa telefônica com a autora, 31 jan. 2020.

27. Todd F. Heatherton e Patricia A. Nichols, "Personal Accounts of Successful Versus Failed Attempts at Life Change". *Personality and Social Psychology Bulletin*, v. 20, n. 6, pp. 664-75, dez. 1994. DOI:10.1177/0146167294206005.

28. Shaun Larcom, Ferdinand Rauch e Tim Willems, "The Benefits of Forced Experimentation: Striking Evidence from the London Underground Network", *Quarterly Journal of Economics*, v. 132, n. 4, pp. 2019-55, nov. 2017. DOI:10.1093/qje/qjx020.

29. Wendy Wood, Leona Tam e Melissa Guerrero-Witt, "Changing Circumstances, Disrupting Habits", *Journal of Personality and Social Psychology*, v. 88, n. 6, pp. 918-33, jun. 2005. DOI:10.1037/0022-3514.88.6.918.

30. Hengchen Dai, Katherine L. Milkman e Jason Riis, "The Fresh Start Effect", op. cit., pp. 1-20.

31. Hengchen Dai, "A Double-Edged Sword: How and Why Resetting Performance Metrics Affects Motivation". *Organizational Behavior and Human Decision Processes*, v. 148, pp. 12-29, set. 2018. DOI:10.1016/j.obhdp.2018.06.002.

32. Estatísticas de Orlando Cabrera, ESPN. Disponível em: ‹www.espn.com/mlb/player/stats/_/id/3739/orlando-cabrera›. Acesso em: 8 jun. 2020.

33. Estatísticas de Jarrod Saltalamacchia, ESPN. Disponível em: ‹www.espn.com/mlb/player/stats/_/id/28663/jarrod-saltalamacchia›. Acesso em: 8 fev. 2020.

34. Hengchen Dai, "A Double-Edged Sword", op. cit., pp. 12-29.

35. Daniel Acland e Matthew R. Levy, "Naivete, Projection Bias, and Habit Formation in Gym Attendance". *Management Science*, v. 61, n. 1, pp. 146-60, jan. 2015. DOI:10.1287/mnsc.2014.2091.

36. Katherine L. Milkman, Julia A. Minson e Kevin G. M. Volpp, "Holding the Hunger Games Hostage at the Gym: An Evaluation of Temptation Bundling". *Management Science*, v. 60, n. 2, pp. 283-99, nov. 2013. DOI:10.1287/mnsc.2013.1784.

37. Richard H. Thaler e Shlomo Benartzi, "Save More Tomorrow®: Using Behavioral Economics to Increase Employee Saving". *Journal of Political Economy*, v. 112, n. S1, pp. S164-87, 2004. DOI:10.1086/380085.

38. John Beshears et al., "Using Fresh Starts to Nudge Increased Retirement Savings", op. cit.

39. Hengchen Dai, Katherine L. Milkman e Jason Riis, "Put Your Imperfections behind You", op. cit., pp. 1927-36.

40. Ibid.

41. Marie Hennecke e Benjamin Converse, "Next Week, Next Month, Next Year: How Perceived Tempral Boundaries Affect Initiation Expectations". *Social Pscyhological and Personality Science*, v. 8, n. 8, pp. 918-26, mar. 2017. DOI:10.1177/1948550617691099.

42. Mariya Davydenko e Johanna Peetz, "Does It Matter If a Week Starts on Monday or Sunday? How Calendar Format Can Boost Goal Motivation". *Journal of Experimental Social Psychology*, v. 82, pp. 231-7, 2019. DOI:10.1016/j.jesp.2019.02.005.

43. Kathleen Craig e Forbes Finance Council, "The State of Savings in America". *Forbes*, 10 fev. 2020. Disponível em: ‹www.forbes.com/sites/forbesfinance council/2020/02/10/the-state-of-savings-in-america/#48a61 d5d48fb›. Acesso em: 2 out. 2020.

44. John Beshears et al., "Using Fresh Starts", op. cit.

45. Prasad Setty, e-mail para a autora, 1 jul. 2019.

46. Laszlo Bock, conversa com a autora no webinar Humu, 15 jul. 2020.

47. Tara Parker-Pope, "Will Your Resolutions Last Until February?". Well (blog), *The New York Times*, 31 dez. 2007. Disponível em: ‹http://well.blogs.nytimes.com/2007/12/31/will-your-resolutions-last-to-february›. Acesso em: 28 set. 2020.

48. Eric Spitznagel, "David Hasselhoff: The Interview". *Men's Health*, 17 maio 2012. Disponível em: ‹www.menshealth.com/trending-news/a19555092/david-hasselhoff-interview›. Acesso em: 25 jun. 2020.

## 2. IMPULSIVIDADE [pp. 44-63]

1. Conselho Regional de Estocolomo, "AB Storstockholms Lokaltrafik SL och Länet 2018". Disponível em: <www.sll.se/globalassets/2.-kollektivtrafik/fakta-om-sl-och-lanet/sl_och_lanet_2018.pdf>. Acesso em: 6 out. 2020.

2. Rolighetsteorin, "Piano Stairs — TheFun Theory.com", vídeo no YouTube, 1:47, 7 out. 2009. Disponível em: <www.youtube.com/watch?time_continue=6&v=2lXh2n0aPyw>. Acesso em: 21 jan. 2022.

3. Ibid.

4. Dena M. Bravata et al., "Using Pedometers to Increase Physical Activity and Improve Health: A Systematic Review". *Journal of the American Medical Association*, v. 298, n. 19, pp. 2296-304, 2007.

5. Ted O'Donoghue e Matthew Rabin, "Present Bias: Lessons Learned and to Be Learned". *American Economic Review*, v. 105, n. 5, pp. 273-9, 2015. DOI:10.1257/aer.p20151085.

6. *Mary Poppins*, direção de Robert Stevenson, 1964 (Burbank, CA: Buena Vista Distribution Company, 1980), VHS.

7. Jasper Rees, "A Spoonful of Sugar: Robert Sherman, 1925-2012, The Arts Desk", última modificação em 6 mar. 2012. Disponível em: <www.theartsdesk.com/film/spoonful-sugar-robert-sherman-1925-2012>. Acesso em: 23 jul. 2019.

8. Kaitlin Woolley e Ayelet Fishbach, "For the Fun of It: Harnessing Immediate Rewards to Increase Persistence in Long-Term Goals". *Journal of Consumer Research*, v. 42, n. 6, pp. 952-66, 2016. DOI:10.1093/jcr/ucv098.

9. Stefano DellaVigna e Ulrike Malmendier, "Paying Not to Go to the Gym". *American Economic Review*, v. 96, n. 3, pp. 694-719, 2006. DOI:10.1257/aer.96.3.694.

10. Justin Reich e José Ruipérez-Valiente, "The MOOC Pivot". *Science*, v. 363, n. 6423, pp. 130-1, 2019. DOI:10 .1126/science.aav7958.

11. Klaus Wertenbroch, "Consumption Self-Control by Rationing Purchase Quantities of Virtue and Vice". *Marketing Science*, v. 17, n. 4, pp. 317-37, 1998. DOI:10.1287/mksc.17.4.317.

12. Kaitlin Woolley e Ayelet Fishbach, op. cit., pp. 952-66.

13. Ibid.

14. Cinzia R. De Luca et al., "Normative Data from the Cantab. I: Development of Executive Function over the Lifespan". *Journal of Clinical and Experimental Neuropsychology* 25, n. 2, pp. 242-54, 2010. DOI:10.1076/jcen.25.2.242.13639.

15. Katherine L. Milkman, Julia A. Minson e Kevin G. M. Volpp, "Holding the Hunger Games Hostage at the Gym: An Evaluation of Temptation Bundling". *Management Science*, v. 60, n. 2, pp. 283-99, nov. 2013. DOI:10.1287/mnsc.2013.1784.

16. Erika L. Kirgios et al., "Teaching Temptation Bundling to Boost Exercise: A Field Experiment". *Organizational Behavior and Human Decision Processes* (artigo de trabalho, 2020).

17. Kaitlin Woolley e Ayelet Fishbach, op. cit., pp. 952-66.

18. Jana Gallus, conversa telefônica com a autora, 17 maio 2019.

19. Jana Gallus, "Fostering Public Good Contributions with Symbolic Awards: A Large-Scale Natural Field Experiment at Wikipedia". *Management Science*, v. 63, n. 12, pp. 3999-4015, 2017. DOI:10.1287/mnsc.2016.2540.

20. Kevin Werbach, conversa com a autora. Filadélfia, 25 jun. 2019.

21. Katie Gibbs Masters, "5 Tips to Becoming a 'Savvy' Social Media Marketer". Cisco Blogs, 22 abr. 2013. Disponível em: <https://blogs.cisco.com/socialmedia/5-tips-to-becoming-a-savvy-social-media-marketer>. Acesso em: 30 mar. 2020.

22. Oliver Chiang, "When Playing Videogames at Work Makes Dollars and Sense". *Forbes*, 9 ago. 2010. Disponível em: <www.forbes.com/2010/08/09/microsoft-workplace-training-technology-videogames.html#2f408a176b85>. Acesso em: 3 fev. 2022.

23. "Examples of Gamification in the Workplace", Racoon Gang, 19 abr. 2018. Disponível em: <https://raccoongang.com/blog/examples-gamification-workplace>. Acesso em: 21 jan. 2022.

24. Ethan R. Mollick e Nancy Rothbard, "Mandatory Fun: Consent, Gamification and the Impact of Games at Work". *Wharton School Research Paper Series*, SSRN, 30 set. 2014. Disponível em: <https://papers.ssrn.com/sol3/papers.cfm?abstract_id=2277103>. Acesso em: 21 jan. 2022.

25. Ethan Mollick, conversa com a autora. Filadélfia, 20 jun. 2019.

26. Johan Huizinga, *Homo Ludens: A Study of the Play-Element in Culture*. Nova York: Roy Publishers, 1950, p. 10.

27. Katie Selen e Eric Zimmerman, *Rules of Play: Game Design Fundamentals*. Cambridge, MA: MIT Press, 2003, p. 94.

28. Katy Milkman, "A Spoonful of Sugar". *Choiceology*, 25 maio 2020. Disponível em: <www.schwab com/resource-center/insights/content/choiceology-season-5-episode-6>. Acesso em: 5 out. 2020.

29. Mitesh Patel et al., "Effect of a Game-Based Intervention Designed to Enhance Social Incentives to Increase Physical Activity Among Families". *JAMA Internal Medicine*, v. 177, n. 11, pp. 1586-93, 2017. DOI:10.1001/jamainternmed.2017.3458.

30. Taylor Lorenz, "How Asana Built the Best Company Culture in Tech". Fast Company, última modificação 29 mar. 2017. Disponível em: <www.fastcompany.com/3069240/how-asana-built-the-best-company-culture-in-tech>. Acesso em: 23 jul. 2019.

31. "These are the 18 Coolest Companies to Work for in NYC". Uncubed. Disponível em: <https://uncubed.com/daily/these-are-the-coolest-companies-to-work-for-in-nyc>. Acesso em: 23 jul. 2019.

32. Roy Maurer, "Virtual Happy Hours Help Co-Workers, Industry Peers Stay Connected". Society for Human Resource Management, 6 abr. 2020. Disponível em: <www.shrm.org/hr-today/news/hr-news/pages/virtual-happy-hours-help-coworkers-stay-connected.aspx>. Acesso em: 24 jun. 2020.

## 3. PROCRASTINAÇÃO [pp. 64-85]

1. Nava Ashraf et al., "Evaluating Microsavings Programs: Green Bank of the Philippines (A)". Caso n. 909-062 da Harvard Business School Case, jun. 2009, revisado em fev. 2014. Disponível em: <www.hbs.edu/faculty/Pages/item.aspx?num=37449>. Acesso em: 3 fev. 2022.

2. Pew Trusts, "What Resources Do Families Have for Financial Emergencies?". Pew Trusts, 18 nov. 2015. Disponível em: <www.pewtrusts.org/en/research-and-analysis/issue-briefs/2015/11/emergency-savings-what-resources-do-families-have-for-financial-emergencies>. Acesso em: 26 jul. 2019.

3. Ibid.

4. National Statistical Coordination Board, Population Income and Employment Division and Health Education and Social Welfare Division, *Philippine Poverty Statistics* (Makati City, Filipinas: 2000). Disponível em: <https://psa.gov.ph/sites/default/files/1997%20Philippine%20Poverty%20Statistics.pdf>. Acesso em: 3 fev. 2022.

5. Dean Karlan, e-mail para a autora, 7 maio 2020.

6. Nava Ashraf et al., "Evaluating Microsavings Programs", op. cit.

7. Dan Ariely, *Predictably Irrational: The Hidden Forces That Shape Our Decisions*. Nova York: HarperCollins, 2008, p. 141. [Ed. bras.: *Previsivelmente irracional*. Rio de Janeiro: Sextante, 2020.]

8. Dan Ariely e Klaus Wertenbroch, "Procrastination, Deadlines, and Performance: Self-Control by Precommitment". *Psychological Science*, v. 13, n. 3, pp. 219-24, 2002. DOI:10.1111/1467-9280.00441.

9. Nava Ashraf, Dean Karlan e Wesley Yin, "Tying Odysseus to the Mast: Evidence from a Commitment Savings Product in the Philippines". *Quarterly Journal of Economics*, v. 121, n. 2, pp. 635-72, 2006. DOI:10.1162/qjec.2006.121.2.635.

10. Homero, *Odisseia*. Trad. norte-americana de Robert Fitzgerald. Nova York: Vintage, 1990, pp. 215-6.

11. Adèle Hugo e Charles E. Wilbour, *Victor Hugo, by a Witness of His Life*. Nova York: Carleton, 1864, p. 156.

12. Robert Henry Strotz, "Myopia and Inconsistency in Dynamic Utility Maximization". *Review of Economic Studies*, v. 23, n. 3, pp. 165-80, 1955. DOI:10.1007/978-1-349-15492-0_10.

13. Richard H. Thaler e Hersh M. Shefrin, "An Economic Theory of Self-Control". *Journal of Political Economy*, v. 89, n. 2, pp. 392-406, 1981. DOI:10.1086/260971.

14. Thomas Schelling, *Strategies of Commitment and Other Essays*. Cambridge, MA: Harvard University Press, 2006.

15. Todd Rogers, Katherine L. Milkman e Kevin G. Volpp, "Commitment Devices: Using Initiatives to Change Behavior". *Journal of the American Medical Association*, v. 311, n. 20, pp. 2065-6, 2014. DOI:10.1001/jama.2014.3485.

16. Aplicativo Moment, "Moment: Less Phone, More Real Life". Apple. Disponível em: <https://inthemoment.io>.

17. Ryan Ocello, "Self-Exclusion List Violations Remain a Small but Persistent Problem for PA Land-Based Casinos". Penn Bets, 14 fev. 2018. Disponível em: <www.pennbets.com/mohegan-sun-pa-self-exclusion-violations>. Acesso em: 26 jul. 2019.

18. Nava Ashraf, Dean Karlan e Wesley Yin, "Tying Odysseus to the Mast", op. cit., pp. 635-72.

19. Dean Karlan, conversa por e-mail com a autora, 15 fev. 2020.

20. Dan Ariely e Klaus Wertenbroch, "Procrastination, Deadlines, and Performance: Self-Control by Precommitment". *Psychological Science*, v. 13, n. 3, pp. 219-24, 2002. DOI:10.1111/1467-9280.00441.

21. Katherine L. Milkman, Julia A. Minson e Kevin G. M. Volpp, "Holding the Hunger Games Hostage at the Gym: An Evaluation of Temptation Bundling". *Management Science*, v. 60, n. 2, pp. 283-99, nov. 2013. DOI:10.1287/mnsc.2013.1784.

22. Jordan Goldberg, palestra na Wharton School, Universidade da Pensilvânia, 21 fev. 2019.

23. "Biography: Jordan Goldberg", Expert Word/Author Index, stickK. Disponível em: <www.stickk.com/blogs/author?authorId=31&category=expertWord>. Acesso em: 7 out. 2020.

24. Nick Winter, conversa telefônica com a autora, 15 jul. 2019.

25. Nick Winter, "The Motivation Hacker". nickwinter.net, 6 abr. 2013. Disponível em: <www.nickwinter.net/the-motivation-hacker>. Acesso em: 12 dez. 2019.

26. Nick Winter, *The Motivation Hacker* (edição independente, 2013).

27. Xavier Giné, Dean Karlan e Jonathan Zinman, "Put Your Money Where Your Butt Is: A Commitment Contract for Smoking Cessation". *American Economic Journal: Applied Economics*, v. 2, n. 4, pp. 213-35, 2010. DOI:10.1257/app.2.4.213.

28. Heather Royer, Mark Stehr e Justin Sydnor, "Incentives, Commitments, and Habit Formation in Exercise: Evidence from a Field Experiment with Workers at a Fortune 500 Company". *American Economic Journal: Applied Economics*, v. 7, n. 3, pp. 51-84, 2015. DOI:10.1257/app.20130327.

29. Janet Schwartz et al., "Healthier by Precommitment". *Psychological Science*, v. 25, n. 2, pp. 538-46, 2014. DOI:10.1177/0956797613510950.

30. A. Mark Fendrick et al., "The Economic Burden of Non-Influenza-Related Viral Respiratory Tract Infection in the United States". *Archives of Internal Medicine*, v. 163, n. 4, pp. 487-94, 2003. DOI:10.1001/archinte.163.4.487.

31. Daniella Meeker et al., "Nudging Guideline-Concordant Antibiotic Prescribing: A Randomized Clinical Trial". *JAMA Internal Medicine*, v. 174, n. 3, 2014, pp. 425-31. DOI:10.1001/jamainternmed.2013.14191.

32. Todd Rogers, Katherine L. Milkman e Kevin G. Volpp, "Commitment Devices", op. cit., pp. 2065-6.

33. Leon Festinger, *A Theory of Cognitive Dissonance*. Stanford, CA: Stanford University Press, 1962.

34. Karen Herrera, conversa telefônica com a autora, 22 nov. 2019.

35. Aneesh Ray et al., "The Benefits of Specificity and Flexibility on Goal-Directed Behavior over Time" (artigo de trabalho, 2020).

36. Hal Hershfield, Stephen Shu e Shlomo Benartzi, "Temporal Reframing and Participation in a Savings Program: A Field Experiment". *Marketing Science*, v. 39, n. 6, pp. 1033-201, 2020. DOI:10.1287/mksc.2019.1177.

37. Marshall Corvus, "Why the Self-Help Industry Is Dominating the U.S.". Medium, 24 fev. 2019. Disponível em: <https://medium.com/s/story/no-please-help-yourself-981058f3b7cf>. Acesso em: 26 jul. 2019.

38. Ted O'Donoghue e Matthew Rabin, "Doing It Now or Later". *American Economic Review*, v. 89, n. 1, pp. 103-24, 1999. DOI:10.1257/aer.89.1.103.

39. Dan Ariely e Klaus Wertenbroch, "Procrastination, Deadlines, and Performance", op. cit., pp. 219-24.

40. Hengchen Dai et al., "The Effect of Interactive Reminders on Medication Adherence: A Randomized Trial". *Preventive Medicine*, v. 103, pp. 98-102, out. 2017. DOI:10.1016/j.ypmed.2017.07.019.

## 4. ESQUECIMENTO [pp. 86-108]

1. "Disease Burden of Influenza", Centers for Disease Control and Prevention, atualizado em 1 out. 2020. Disponível em: <www.cdc.gov/flu/about/burden/index.html>. Acesso em: 5 out. 2020.

2. "The 2009 H1N1 Pandemic: Summary Highlights, April 2009-April 2010". Centers for Disease Control and Prevention, atualizado em 16 jun. 2010. Disponível em: <www.cdc.gov/h1n1flu/cdcresponse.htm>. Acesso em: 2 out. 2020.

3. Giuliana Viglione, "How Many People Has the Coronavirus Killed?". *Nature*, 1 set. 2020. Disponível em: <www.nature.com/articles/d41586-020-02497-w>. Acesso em: 2 out. 2020.

4. Prashant Srivastava, conversa com a autora, set. 2009.

5. "Dow Jones Industrial Average, June 2007 to June 2008", *Wall Street Journal*. Disponível em: <www.wsj.com/market-data/quotes/index/DJIA/historical-prices>. Acesso em: 12 fev. 2020.

6. Andrew Glass, "Barack Obama Defeats John McCain, November 4, 2008". *Politico*, 4 nov. 2015. Disponível em: <www.politico.com/story/2015/11/this-day-in-politics-nov-4-2008-215394>. Acesso em: 8 out. 2020.

7. Michael Cooper e Dalia Sussman, "McCain and Obama Neck and Neck, Poll Shows". *The New York Times*, 21 ago. 2008. Disponível em: <www.nytimes.com/2008/08/21/world/americas/21iht-poll.4.15519735.html>. Acesso em: 2 out. 2020.

8. "What Is the Electoral College?", National Archives, última revisão 23 dez. 2019. Disponível em: <www.archives.gov/electoral-college/about>. Acesso em: 30 mar. 2020.

9. Federal Elections Commission, "2000 Presidential General Election Results", atualizado em dez. 2001. Disponível em: <https://web.archive.org/web/20120912083944/http://www.fec.gov/pubrec/2000presgeresults.htm>. Acesso em: 6 out. 2020.

10. Drew DeSilver, "*In past elections*, U.S. Trails Most Developed Countries in Voter Turnout". Pew Research Center, 21 maio 2018. Disponível em: <www.pewresearch.org/fact-tank/2018/05/21/u-s-voter-turnout-trails-most-developed-countries>. Acesso em: 3 fev. 2022.

11. Todd Rogers e Masahiko Aida, "Vote Self-Prediction Hardly Predicts Who Will Vote, and Is (Misleadingly) Unbiased". *American Politics Research*, v. 42, n. 3, pp. 503-28, set. 2013. DOI:10.1177/1532673X13496453.

12. Peter Gollwitzer et al., "How to Maximize Implementation Intention Effects". In: Christopher R. Agnew (Org.), *Then a Miracle Occurs: Focusing on Behavior in Social Psychological Theory and Research*. Nova York: Oxford University Press, 2009, pp. 137-67.

13. Todd Rogers, e-mail para a autora, 8 ago. 2019.

14. Judy Chevalier, e-mail para a autora, 12 set. 2019.

15. "Adults Forget Three Things a Day, Research Finds", *Telegraph*, 23 jul. 2009. Disponível em: <www.telegraph.co.uk/news/uknews/5891701/Adults-forget-three-things-a-day-research-finds.html>. Acesso em: 3 fev. 2022.

16. Hermann Ebbinghaus, *Memory: A Contribution to Experimental Psychology*. Trad. norte-americana de H. A. Ruger e C. E. Bussenius. Nova York: Teachers College, Columbia University, 1913 [1885].

17. Lee Averell e Andrew Heathcote, "The Form of the Forgetting Curve and the Fate of Memories". *Journal of Mathematical Psychology*, v. 55, n. 1, pp. 25-35, fev. 2011. DOI:10.1016/j.jmp.2010.08.009.

18. Dean Karlan, e-mail para a autora, 1 abr. 2019.

19. Peter G. Szilagyi et al., "Effect of Patient Reminder/Recall Interventions on Immunization Rates: A Review". *Journal of the American Medical Association*, v. 284, n. 14, pp. 1820-7, nov. 2000. DOI:10.1001/jama.284.14.1820.

20. Peter A. Briss et al., "Reviews of Evidence Regarding Interventions to Improve Vaccination Coverage in Children, Adolescents, and Adults". *American Journal of Preventive Medicine*, v. 18, n. 1, pp. 97-140, jan. 2000. DOI:10.1016/S0749-3797(99)00118-X.

21. Alan S. Gerber, Donald P. Green e Christopher Larimer, "Social Pressure and Voter Turnout: Evidence from a Large-Scale Field Experiment". *American Political Science Review*, v. 102, n. 1, pp. 33-48, fev. 2008. DOI:10.1017/S000305540808009X.

22. Dean Karlan et al., "Getting to the Top of Mind: How Reminders Increase Saving". *Management Science*, v. 62, n. 12, pp. 3393-3411, dez. 2016. DOI:10.1287/mnsc.2015.2296.

23. John Austin, Sigurdur O. Sigurdsson e Yonata S. Rubin. "An Examination of the Effects of Delayed Versus Immediate Prompts on Safety Belt Use". *Environment and Behavior*, v. 38, n. 1, pp. 140-9, jan. 2006. DOI:10.1177/0013916505276744.

24. Peter Gollwitzer e Veronika Brandstatter, "Implementation Intentions and Effective Goal Pursuit". *Journal of Personality and Social Psychology*, v. 73, n. 3, pp. 186-99, jul. 1997. DOI:10.1037/0022-3514.73.1.186.

25. Peter Gollwitzer, "Implementations Intentions: Strong Effects of Simple Plans". *American Psychologist*, v. 54, n. 7, pp. 493-503, 1999. DOI:10.1037/0003-066X.54.7.493.

26. Douglas Hintzman, "Repetition and Memory". *Psychology of Learning and Motivation*, v. 10, pp. 47-91, 1976. DOI:10.1016/S0079-7421(08)60464-8.

27. Marcel Proust, *In Search of Lost Time* [Em busca do tempo perdido]. Trad. inglesa de John Sturrock. Londres: Penguin, 2003.

28. Todd Rogers e Katherine L. Milkman, "Reminders through Association". *Psychological Science*, v. 27, n. 7, pp. 973-86, maio 2016. DOI:10.1177/0956797616643071.

29. Autor desconhecido, *Rhetorica ad Herennium*. Londres: Loeb Classic Library, 1954. Disponível em: <http://penelope.uchicago.edu/Thayer/E/Roman/Texts/Rhetorica_ad_Herennium/1*.html>. Acesso em: 24 jun. 2020.

30. Jennifer McCabe, "Location, Location, Location! Demonstrating the Mnemonic Benefit of the Method of Loci". *Teaching of Psychology*, v. 42, n. 2, pp. 169-73, fev. 2015. DOI:10.1177/0098628315573143.

31. Tom Ireland, "'Hello, Can We Count on Your Vote?' How I Hit the Phones for Three Different Parties". *The Guardian*, 6 maio 2015. Disponível em: <www.theguardian.com/politics/2015/may/06/hello-can-we-count-your-vote-phone-canvassing-for-three-parties-election>. Acesso em: 2 out. 2020.

32. "Phone Calls from Political Parties and Candidates". *Canadian Radio-Television and Telecommunications Commission*, modificado em 3 abr. 2020. Disponível em: <https://crtc.gc.ca/eng/phone/rce-vcr/phone.htm>. Acesso em: 2 out. 2020.

33. Vindu Goel e Suhasini Raj, "In 'Digital India,' Government Hands Out Free Phones to Win Votes". *The New York Times*, 18 nov. 2018. Disponível em: <www.nytimes.com/2018/11/18/technology/india-government-free-phones-election.html>. Acesso em: 2 out. 2020.

34. Johannes Bergh, Dag Arne Christensen e Richard E. Matland, "When Is a Reminder Enough? Text Message Voter Mobilization in a European Context". *Political Behavior*, 2019. DOI:10.1007/s11109-019-09578-1.

35. "Political Calls You Might Receive". Australian Communications and Media Authority, atualizado em 29 jan. 2018. Disponível em: <www.donotcall.gov.au/consumers/consumer-overview/political-calls-you-might-receive>. Acesso em: 2 out. 2020.

36. Todd Rogers, conversa telefônica com a autora, 26 jul. 2019.

37. David Nickerson e Todd Rogers, "Do You Have A Voting Plan? Implementation Intentions, Voter Turnout, and Organic Plan Making". *Psychological Science*, v. 21, n. 2, pp. 194-9, fev. 2010. DOI:10.1177/0956797609359326.

38. Katherine L. Milkman et al., "Using Implementation Intentions Prompts to Enhance Influenza Vaccination Rates". *Proceedings of the National Academy of Sciences*, v. 108, n. 26, pp. 10 415-20, jun. 2011. DOI:10.1073/pnas.1103170108.

39. Katherine L. Milkman et al., "Planning Prompts as a Means of Increasing Preventative Screening Rates". *Preventive Medicine*, v. 56, n. 1, pp. 92-3, jan. 2013. DOI:10.1016/j.ypmed.2012.10.021.

40. Jason Riis, conversa com a autora. Filadélfia, 16 out. 2019.

41. Lloyd Thomas, conversa com a autora. Londres, 27 jun. 2019.

42. Paschal Sheeran, Thomas L. Webb e Peter M. Gollwitzer, "The Interplay between Goal Intentions and Implementation Intention". *Personality and Social Psychology Bulletin*, v. 31, n.1, pp. 87-98, jan. 2005. DOI:10.1177/0146167204271308.

43. Amy N. Dalton e Stephen A. Spiller, "Too Much of a Good Thing: The Benefits of Implementation Intentions Depend on the Number of Goals". *Journal of Consumer Research*, v. 39, n. 3, pp. 600-14, out. 2012. DOI:10.1086/664500.

44. Atul Gawande, *The Checklist Manifesto*. Nova York: Macmillan, 2010. [Ed. bras.: *Checklist: Como fazer as coisas benfeitas*. Rio de Janeiro: Sextante, 2011.]

45. Alex B. Haynes et al., "A Surgical Safety Checklist to Reduce Morbidity and Mortality in a Global Population". *New England Journal of Medicine*, v. 360, n. 5, pp. 491-9, 2009. DOI:10.1056/NEJMsa0810119.

46. Kirabo Jackson e Henry Schneider, "Checklists and Work Behavior: A Field Experiment". *American Economic Journal: Applied Economics*, v. 7, n. 4, pp. 136-68, out. 2015. DOI:10.1257/app.20140044.

47. Todd Rogers, conversa telefônica com a autora, 26 jul. 2019.

48. Prashant Srivastava, conversa telefônica com a autora, 26 jul. 2019.

## 5. PREGUIÇA [pp. 109-30]

1. Steve Honeywell, conversa telefônica com a autora, 18 dez. 2019.

2. Mitesh Patel, palestra na Wharton School da Universidade da Pensilvânia, 11 abr. 2019.

3. Mitesh S. Patel et al., "Generic Medication Prescription Rates after Health System-Wide Redesign of Default Options within the Electronic Health Record". *JAMA Internal Medicine*, v. 176, n. 6, pp. 847-8, 2016. DOI:10.1001/jamainternmed.2016.1691.

4. *The Little Red Hen*. Org. de Diane Muldrow. Nova York: Golden Books, 1954.

5. Esopo, "The Ant and the Grasshopper". *Aesop's Fables*, 1867, Lit2Go. Disponível em: <https://etc.usf.edu/lit2go/35/aesops-fables/366/-the-ant-and-the-grasshopper>. Acesso em: 5 out. 2020.

6. Herbert Simon, *Administrative Behavior: A Study of Decision-Making Processes in Administrative Organizations*. Nova York: Free Press, 1945, p. 120.

7. Mitesh Patel, palestra.

8. "The Nudge Unit", Penn Medicine. Disponível em: <https://nudgeunit.upenn.edu>. Acesso em: 5 out. 2020.

9. Richard Thaler e Cass Sunstein, Nudge. New Haven, CT: Yale University Press, 2008. [Ed. bras.: *Nudge: Como tomar melhores decisões sobre dinheiro, saúde e felicidade*. Rio de Janeiro: Objetiva, 2019.]

10. Brigitte C. Madrian e Dennis F. Shea, "The Power of Suggestion: Inertia in 401(k) Participation and Savings Behavior". *Quarterly Journal of Economics*, v. 116, n. 4, pp. 1149-7, 2001. DOI:10.2139/ssrn.223635.

11. M. Kit Delgado et al., "Association between Electronic Medical Record Implementation of Default Opioid Prescription Quantities and Prescribing Behavior in Two Emergency Departments". *Journal of General Internal Medicine*, v. 33, n. 4, pp. 409-11, 2018. DOI:10.1007/s11606-017-4286-5.

12. John Peters et al., "Using Healthy Defaults in Walt Disney World Restaurants to Improve Nutritional Choices". *Journal of the Association for Consumer Research*, v. 1, n. 1, pp. 92-103, 2016. DOI:10.1086/684364.

13. Gretchen B. Chapman et al., "Opting In vs Opting Out of Influenza Vaccination". *Journal of the American Medical Association*, v. 304, n. 1, pp. 43-4, 2010. DOI:10.1001/jama.2010.892.

14. Kareem Haggag e Giovanni Paci, "Default Tips". *American Economic Journal: Applied Economics*, v. 6, n. 3, pp. 1-19, jul. 2014. DOI:10.1257/app.6.3.1.

15. Katy Milkman, "Creatures of Habit". *Choiceology*, 18 nov. 2019. Disponível em: <www.schwab.com/resource-center/insights/content/choiceology-season-4-episode-6>. Acesso em: 18 dez. 2019.

16. George F. Loewenstein et al., "Risk as Feelings". *Psychological Bulletin*, v. 127, n. 2, pp. 267-86, mar. 2001. DOI:10.1037/0033-2909 127.2.267.

17. Wendy Wood e David Neal, "A New Look at Habits and the Habit-Goal Interference". *Psychological Review*, v. 114, n. 4, pp. 843-63, out. 2007. DOI:10.1037/0033-295X.114.4.843.

18. Katy Milkman, "Creatures of Habit", op. cit.

19. B. F. Skinner, "Operant Behavior". *American Psychologist*, v. 18, n. 8, pp. 503-15, 1963. DOI:10.1037/h0045185.

20. Gary Charness e Uri Gneezy, "Incentives to Exercise". *Econometrica*, v. 77, n. 3, pp. 909-31, 2009. DOI:10.3982/ECTA7416.

21. Charles Duhigg, *The Power of Habit*. Nova York: Random House, 2012. [Ed. bras.: *O poder do hábito*. Rio de Janeiro: Objetiva, 2012.]

22. James Clear, *Atomic Habits*. Nova York: Avery, 2018. [Ed. bras.: *Hábitos atômicos*. Rio de Janeiro: Alta Books, 2019.]

23. Brian M. Galla e Angela L. Duckworth, "More than Resisting Temptation: Beneficial Habits Mediate the Relationship between Self-Control and Positive Life Outcomes". *Journal of Personality and Social Psychology*, v. 109, n. 3, pp. 508-25, 2015. DOI:10.1037/pspp0000026.

24. Ian Larkin Timothy e Lamar Pierce, "Doing Well by Making Well: The Impact of Corporate Wellness Programs on Employee Productivity". *Management Science*, v. 64, n. 11, pp. 4967-87, jun. 2018. DOI:10.2139/ssrn.2811785.

25. Taylor L. Brooks et al., "Strategies Used by Older Adults with Asthma for Adherence to Inhaled Corticosteroids". *Journal of General Internal Medicine*, v. 29, n. 11, pp. 1506-12, 2014. DOI:10.1007/s11606-014-2940-8.

26. Karyn Tappe et al., "Habit Formation among Regular Exercisers at Fitness Centers: An Exploratory Study". *Journal of Physical Activity and Health*, v. 10, n. 4, pp. 607-13, 2013. DOI:10.1123/jpah.10.4.607.

27. David T. Neal et al., "The Pull of the Past". *Personality and Social Psychology Bulletin*, v. 37, n. 11, pp. 1428-37, 2011. DOI:10.1177/0146167211419863.

28. Katy Milkman, "Creatures of Habit", op. cit.

29. Shepard Siegel et al., "Heroin Overdose Death: Contribution of Drug-Associated Environmental Cues". *Science*, v. 216, n. 4544, pp. 436-7, 1982. DOI:10.1126/science.7200260.

30. John Beshears et al., "Creating Exercise Habits Using Incentives: The Trade-Off between Flexibility and Routinization". *Management Science*, v. 67, n. 7, pp. 4139-71, jul. 2021.

31. Walter Isaacson, *Benjamin Franklin: An American Life*. Nova York: Simon & Schuster, 2003, pp. 43-4.

32. Gina Trapani, "Jerry Seinfeld's Productivity Secret". *Lifehacker*, 24 jul. 2007. Disponível em: <https://life hacker.com/jerry-seinfelds-productivity-secret-281626>. Acesso em: 24 jul. 2019.

33. Lora E. Burke et al., "Self-Monitoring in Weight Loss: A Systematic Review of the Literature". *Journal of the American Dietetic Association*, v. 111, n. 1, pp. 92-102, 2011. DOI:10.1016/j.jada.2010.10.008.

34. Jackie Silverman e Alixandra Barasch, "On or Off Track: How (Broken) Streaks Affect Consumer Decisions" (artigo de trabalho, 2020).

35. Gaby Judah, Benjamin Gardner e Robert Aunger, "Forming a Flossing Habit: An Exploratory Study of the Psychological Determinants of Habit Formation". *British Journal of Health Psychology*, v. 18, n. 2, pp. 338-53, 2013. DOI:10.1111/j.2044-8287.2012.02086.x.

## 6. AUTOCONFIANÇA [pp. 131-52]

1. Katy Milkman em conversa com Max Bazerman. Boston. MA, 2007.

2. Paul Barreira, Matthew Basilico e Valentin Bolotnyy, "Graduate Student Mental Health: Lessons from American Economics Departments" (artigo de trabalho, 2018). Disponível em: <https://scholar.harvard.edu/files/bolotnyy/files/bbb_mentalhealth_paper.pdf>. Acesso em: 22 jan. 2022.

3. Katy Milkman, e-mail para Max Bazerman, 8 jan. 2012.

4. Max Bazerman, e-mail para a autora, 13 jan. 2012.

5. Lauren Eskreis-Winkler, conversa telefônica com a autora, 1 nov. 2019.

6. Katy Milkman, "Your Own Advice". *Choiceology*, 7 out. 2019. Disponível em: <www.schwab.com/resource-center/insights/content/choiceology-season-4-episode-3>. Acesso em: 20 dez. 2019.

7. Albert Bandura, "Self-Efficacy: Toward a Unifying Theory of Behavioral Change". *Psychological Review*, v. 84, n. 2, p. 191, 1977. DOI:10.1037/0033-295X.84.2.191.

8. Michael P. Carey e Andrew D. Forsyth, "Teaching Tip Sheet: Self-Efficacy". *American Psychological Association*, 2009. Disponível em: <www.apa.org/pi/aids/resources/education/self-efficacy>. Acesso em: 25 jun. 2020.

9. Albert Bandura, op. cit., p. 191.

10. Jennifer A. Linde et al., "The Impact of Self-Efficacy on Behavior Change and Weight Change among Overweight Participants in a Weight Loss Trial". *Health Psychology*, v. 25, n. 3, pp. 282-91, 2006. DOI:10.1037/0278-6133.25.3.282.

11. Robert W. Lent, Steven D. Brown e Kevin C. Larkin, "Relation of Self-Efficacy Expectations to Academic Achievement and Persistence". *Journal of Counseling Psychology*, v. 31, n. 3, pp. 356-62, 1984. DOI:10.1037/0022-0167.31.3.356.

12. Craig R. M. McKenzie, Michael J. Liersch e Stacey R. Finkelstein, "Recommendations Implicit in Policy Defaults". *Psychological Science*, v. 17, n. 5, pp. 414-20, maio 2006. DOI:10.1111/j.1467-9280.2006.01721.x.

13. Lauren Eskreis-Winkler, Ayelet Fishbach e Angela L. Duckworth, "Dear Abby: Should I Give Advice or Receive It?". *Psychological Science*, v. 29, n. 11, pp. 1797-806, 2018. DOI:10.1177/0956797618795472.

14. Lauren Eskreis-Winkler et al., "A Large- Scale Field Experiment Shows Giving Advice Improves Academic Outcomes for the Advisor". *Proceedings of the National Academy of Sciences*, v. 116, n. 30, pp. 14808-10, 2019. DOI:10.1073/pnas.1908779116.

15. E. Aronson, "The Power of Self-Persuasion". *American Psychologist*, v. 54, n. 11, pp. 875-84, 1999. DOI:10.1037/h0088188.

16. Katy Milkman, "Your Own Advice", op. cit.

17. Linda Babcock et al., "Gender Differences in Accepting and Receiving Requests for Tasks with Low Promotability". *American Economic Review*, v. 107, n. 3, pp. 714-47, 2017. DOI:10.1257/aer.20141734.

18. Junta de Serviços Gerais de Alcoólicos Anônimos, Perguntas & Respostas sobre Apadrinhamento, Alcoholics Anonymous World Services, Inc., 2017. Disponível em: <www.aa.org/assets/en_us/p-15_Q&AonSpon.pdf>. Acesso em: 5 out. 2020.

19. Yang Song, George Loewenstein e Yaojiang Shi, "Heterogeneous Effects of Peer Tutoring: Evidence from Rural Chinese Middle Schools". *Research in Economics*, v. 72, n. 1, pp. 33-48, 2018. DOI:10.1016/j.rie.2017.05.002.

20. Alia J. Crum e Ellen J. Langer, "Mind-Set Matters: Exercise and the Placebo Effect". *Psychological Science*, v. 18, n. 2, pp. 165-71, 2007. DOI:10.1111/j.1467-9280.2007.01867.x.

21. Anton de Craen et al., "Placebos and Placebo Effects in Medicine: Historical Overview". *Journal of the Royal Society of Medicine*, v. 92, n. 10, pp. 511-5, out. 1999. DOI:10.1177/014107689909201005.

22. Alison Wood Brooks, "Get Excited: Reappraising Pre-Performance Anxiety as Excitement". *Journal of Experimental Psychology: General*, v. 143, n. 3, p. 1144, 2014. DOI:10.1037/a0035325.

23. Catherine Good, Joshua Aronson e Michael Inzlicht, "Improving Adolescents' Standardized Test Performance: An Intervention to Reduce the Effects of Stereotype Threat". *Journal of Applied Developmental Psychology*, v. 24, n. 6, pp. 645-62, 2003. DOI:10.1016/j.appdev.2003.09.002.

24. Alia Crum, entrevista à autora, 16 jun. 2020.

25. Samantha Dockray e Andrew Steptoe, "Positive Affect and Psychobiological Processes". *Neuroscience and Biobehavioral Reviews*, v. 35, n. 1, pp. 69-75, set. 2010. DOI:10.1016/j.neubiorev.2010.01.006.

26. Alia J. Crum et al., "Mind over Milkshakes: Mindsets, Not Just Nutrients, Determine Ghrelin Response". *Health Psychology*, v. 30, n. 4, pp. 424-9, 2011. DOI:10.1037/a0023467.

27. David Mikkelson, "The Unsolvable Math Problem". Snopes, 4 dez. 1996. Disponível em: <www.snopes.com/fact-check/the-unsolvable-math-problem>. Acesso em: 12 dez. 2019.

28. Jack Welch e Suzy Welch, "Are Leaders Born or Made? Here's What's Coachable — and What's Definitely Not". LinkedIn, 1 maio 2016. Disponível em: <www.linkedin.com/pulse/leaders-born-made-heres-whats-coachable-definitely-jack-welch>. Acesso em: 20 dez. 2019.

29. Matthew Futterman, "Seattle Seahawks Coach Pete Carroll Wants to Change Your Life". *Chicago Tribune*, 10 jan. 2020. Disponível em: <www.chicagotribune.com/sports/national-sports/sns-nyt-seattle-seahawks-pete-carroll-wants-change-your-life-20200110-v6movm4yufgkdb-67cz3m2qx6ia-story.html>. Acesso em: 20 nov. 2019.

30. Winona Cochran e Abraham Tesser, "The 'What the Hell' Effect: Some Effects of Goal Proximity and Goal Framing on Performance". In: Leonard L. Martin e Abraham Tesser (Orgs.), *Striving and Feeling: Interactions among Goals, Affect, and Self-Regulation*. Mahwah, NJ: Lawrence Erlbaum Associates, 1996, pp. 99-120.

31. Marissa A. Sharif, e-mail para a autora, 10 jan. 2020.

32. Marissa A. Sharif e Suzanne B. Shu, "The Benefits of Emergency Reserves: Greater Preference and Persistence for Goals That Have Slack with a Cost". *Journal of Marketing Research*, v. 54, n. 3, pp. 495-509, jun. 2017. DOI:10.1509/jmr.15.0231.

33. Carol S. Dweck, *Mindset: The New Psychology of Success*. Nova York: Random House, 2016. [Ed. bras.: *Mindset: A nova psicologia do sucesso*. Rio de Janeiro: Objetiva, 2017.]

34. Ibid.

35. David S. Yeager et al., "A National Experiment Reveals Where a Growth Mindset Improves Achievement". *Nature*, v. 573, n. 7774, pp. 364-9, 2019. DOI:10.1038/s41586-019-1466-y.

36. Harvard Business Review Staff, "How Companies Can Profit from a 'Growth Mindset'". *Harvard Business Review*, nov. 2014. Disponível em: <https://hbr.org/2014/11/how-companies-can-profit-from-a-growth-mindset>. Acesso em: 6 out. 2020.

37. Carol S. Dweck, "Mindsets and Human Nature: Promoting Change in the Middle East, the Schoolyard, the Racial Divide, and Willpower". *American Psychologist*, v. 67, n. 8, pp. 614-22, 2012. DOI:10.1037/a0029783.

38. Claude M. Steele, "The Psychology of Self-Affirmation: Sustaining the Integrity of the Self". *Advances in Experimental Social Psychology*, v. 21, n. 2, pp. 261-302, 1988. DOI:10.1016/S0065-2601(08)60229-4.

39. Crystal C. Hall, Jiaying Zhao e Eldar Shafir, "Self-Affirmation among the Poor". *Psychological Science*, v. 25, n. 2, pp. 619-25, 2013. DOI:10.1177/0956797613510949.

40. David Shariatmadari, "Daniel Kahneman: 'What Would I Eliminate If I Had a Magic Wand? Overconfidence'". *The Guardian*, 18 jul. 2015. Disponível em: <www.theguardian.com/books/2015/jul/18/daniel-kahneman-books-interview>. Acesso em: 6 out. 2020.

41. Claudia A. Mueller e Carol S. Dweck, "Praise for Intelligence Can Undermine Children's Motivation and Performance". *Journal of Personality and Social Psychology*, v. 75, n. 1, pp. 33-52, 1998. DOI:10.1037/0022-3514.75.1.33.

## 7. CONFORMIDADE [pp. 153-74]

1. Scott Carrell, conversa telefônica com a autora, 14 nov. 2019.
2. Noah J. Goldstein e Robert B. Cialdini, "Using Social Norms as a Lever of Social Influence". In: A. R. Pratkanis (Org.), *The Science of Social Influence: Advances and Future Progress*. Filadélfia: Psychology Press, 2007, pp. 167-92.
3. Scott E. Carrell, Richard L. Fullerton e James E. West, "Does Your Cohort Matter? Measuring Peer Effects in College Achievement". *Journal of Labor Economics*, v. 27, n. 3, pp. 439-64, jul. 2009. DOI:10.1086/600143.
4. Esther Duflo e Emmanuel Saez, "The Role of Information and Social Interactions in Retirement Plan Decisions: Evidence from a Randomized Experiment". *Quarterly Journal of Economics*, v. 118, n. 3, pp. 815-42, 2003. DOI:10.1162/00335530360698432.
5. Bruce Sacerdote, "Peer Effects with Random Assignment: Results for Dartmouth Roommates". *Quarterly Journal of Economics*, v. 116, n. 2, pp. 681-704, 2001. DOI:10.1162/0033 5530151144131.
6. Lucas C. Coffman, Clayton R. Featherstone e Judd B. Kessler, "Can Social Information Affect What Job You Choose and Keep?". *American Economic Journal: Applied Economics*, v. 9, n. 1, pp. 96-117, 2017. DOI:10.1257/app.20140468.
7. Esther Duflo e Emmanuel Saez, op. cit., pp. 815-42.
8. Kassie Brabaw, conversa com a autora. Filadélfia, PA, jun. 2019.
9. Lee Ross, David Greene e Pamela House, "The 'False Consensus Effect': An Egocentric Bias in Social Perception and Attribution Processes". *Journal of Experimental Social Psychology*, v. 13, n. 3, pp. 279-301, 1977. DOI:10.1016/0022-1031(77)90049-x.
10. Katie S. Mehr et al., "Copy-Paste Prompts: A New Nudge to Promote Goal Achievement". *Journal of the Association for Consumer Research*, v. 5, n. 3, pp. 329-34, 2020. DOI:10.1086/708880.
11. F. Marijn Stok et al., "Don't Tell Me What I Should Do, but What Others Do: The Influence of Descriptive and Injunctive Peer Norms on Fruit Consumption in Adolescents". *British Journal of Health Psychology*, v. 19, n. 1, pp. 52-64, 2014. DOI:10.1111/bjhp.12030.
12. Noah J. Goldstein, Robert B. Cialdini e Vladas Griskevicius, "A Room with a Viewpoint: Using Social Norms to Motivate Environmental Conservation in Hotels". *Journal of Consumer Research*, v. 35, n. 3, pp. 472-82, mar. 2008. DOI:10.1086/586910.
13. Robert M. Bond et al., "A 61-Million-Person Experiment in Social Influence and Political Mobilization". *Nature*, v. 489, pp. 295-8, set. 2012. DOI:10.1038/nature11421.
14. Solomon E. Asch, "Opinions and Social Pressure". *Scientific American*, v. 193, n. 5, pp. 17-26, nov. 1955. DOI:10.1038/scientificamerican1155-31.
15. Stanley Milgram, "Behavioral Study of Obedience". *Journal of Abnormal and Social Psychology*, v. 67, n. 4, pp. 371-8, out. 1963. DOI:10.1037/h0040525.
16. Stanley Milgram, "Some Conditions of Obedience and Disobedience to Authority". *Human Relations*, v. 18, n. 1, pp. 57-76, 1965. DOI:10.1177/001872676501800105.
17. Scott E. Carrell, Bruce I. Sacerdote e James E. West, "From Natural Variation to Optimal Policy? The Importance of Endogenous Peer Group Formation". *Econometrica*, v. 81, n. 3, pp. 855-82, maio 2013. DOI:10.3982/ECTA10168.
18. John Beshears et al., "The Effect of Providing Peer Information on Retirement Savings Decisions". *Journal of Finance*, v. 70, n. 3, pp. 1161-201, fev. 2015. DOI:10.1111/jofi.12258.

19. Winona Cochran e Abraham Tesser, "The 'What the Hell' Effect", op. cit., pp. 99-120.

20. Alan S. Gerber, Donald P. Green e Christopher Larimer, "Social Pressure and Voter Turnout: Evidence from a Large-Scale Field Experiment". *American Political Science Review*, v. 102, n. 1, pp. 33-48, fev. 2008. DOI:10.1017/S000305540808009X.

21. Erez Yoeli et al., "Powering Up with Indirect Reciprocity in a Large-Scale Field Experiment". *Proceedings of the National Academy of Sciences*, v. 110, suplemento 2, pp. 10424-9, jun. 2013. DOI:10.1073/pnas.1301210110.

22. Daniel Sznycer et al., "Cross-Cultural Regularities in the Cognitive Architecture of Pride". *Proceedings of the National Academy of Sciences*, v. 114, n. 8, pp. 1874-9, fev. 2017. DOI:10.1073/pnas.1614389114.

23. Dean Karlan e Margaret A. McConnell, "Hey Look at Me: The Effect of Giving Circles on Giving". *Journal of Economic Behavior & Organization*, v. 106, pp. 402-12, 2014. DOI:10.1016/j.jebo.2014.06.013.

24. Chad R. Mortensen et al., "Trending Norms: A Lever for Encouraging Behaviors Performed by the Minority". *Social Psychological and Personality Science*, v. 10, n. 2, pp. 201-10, dez. 2017. DOI:10.1177/1948550617734615.

## 8. MUDAR PARA VALER [pp. 175-80]

1. Angela Duckworth, conversa com a autora. Filadélfia, PA, 2018.

2. Katherine L. Milkman et al., "A Mega-Study Approach to Evaluating Interventions" (artigo de trabalho, 2020).

3. Brian W. Ward et al., "Early Release of Selected Estimates Based on Data from the 2015 National Health Interview Survey". *National Center for Health Statistics*, 2015, p. 120. Disponível em: <www.cdc.gov/nchs/data/nhis/earlyrelease/earlyrelease201605.pdf>. Acesso em: 3 fev. 2022.

4. "Center for Health Incentives and Behavioral Economics". Universidade da Pensilvânia. Disponível em: <https://chibe.upenn.edu>. Acesso em: 24 mar. 2020.

5. Kevin Volpp, conversa telefônica com a autora, 2018.

6. Hunt Allcott e Todd Rogers, "The Short-Run and Long-Run Effects of Behavioral Interventions: Experimental Evidence from Energy Conservation". *The American Economic Review*, v. 104, n. 10, pp. 3003-7, 2014. Disponível em: <www.jstor.org/stable/43495312>. Acesso em: 22 jan. 2022.

7. Karen Herrera, conversa telefônica com a autora, 22 nov. 2019.

# Índice remissivo

24 Hour Fitness, 53, 175, 178

Academia da Força Aérea dos Estados Unidos, 153-4, 156-7, 161, 163-5, 167, 173
Acorns, 80
*Administrative Behavior* (Simon), 111
adversário, conhecer o, 15, 17-8, 20-1, 179
*Agassi* (Agassi), 14
Agassi, Andre, 13-8, 20-1, 179
Aida, Masahiko, 88
Akinola, Modupe, 139
Alcoólicos Anônimos (AA), 140
Alemanha nazista, 163
alunos, 179; agrupamento de tentações e, 53; conselhos e, 137-8; da Academia da Força Aérea, 153-4, 161, 167, 173; da Academia da Força Aérea, 156-7, 164-5; mindset de crescimento e, 148-9; no experimento das palmas, 154-5, 168; prazos e, 70; procrastinação e, 66-8; transferência de, 33-4
Analyst Institute, 100*n*
Andaya, Omar, 64-5, 67, 70, 80
Andrews, Julie, 46
aniversários, 30-1, 40, 42
Ano-Novo, resoluções de, 27-31, 41-2, 48, 89
ansiedade, 142

antibióticos, 76-7, 83
anticoncepcionais, 128
Ariely, Dan, 66-8, 71, 82
Asana, 61
Ashraf, Nava, 64, 67
Atlanta Braves, 36
Audible, academias, 53
audiolivros, 51-4, 72
Austin, John, 91
autoafirmação, 149
autoajuda, indústria da, 81
autoconfiança, 131-52, 160, 177; autoeficácia e, 135; conselhos e, 134-41, 151, 160; elogios e, 151; excessiva, 47, 135, 149; expectativas e, 141-5; fracasso e, 145-9; importância da, 149-51
autocontrole e força de vontade, 48-50, 62, 72, 81, 83; hábitos e, 118
autodescritivos, rótulos, 28
autoeficácia, 135

Babcock, Linda, 139
bancos, 66-7, 69; contas poupança bloqueadas em, 65-8, 70, 78, 80-2; quitação de dívidas e, 107; *ver também* poupança
Bandura, Al, 135

Bazerman, Max, 131-4, 141, 144
Beeminder, 81
Behavior Change for Good Initiative, 10
Benartzi, Shlomo, 38
Beshears, John, 38, 119, 121, 123, 125
bombeiros, 114-6
Boston Red Sox, 35
Brabaw, Kassie, 157-60, 173
Bush, George W., 88

Cabrera, Orlando, 36
cachorro, comida de, 62
Caesars Entertainment, 91n
café, preparação de, 116, 118
calorias, 25
candidatos a vagas de emprego, 150
capítulos, na percepção temporal, 28-9, 32
captchas, experimento de tarefas com, 147
carne, consumo de, 172n
Carrell, Rich, 153-4, 156
Carrell, Scott, 153-4, 156-7, 173, 164-7
Carroll, Pete, 145
cérebro, 114
Chang, Michael, 15
*Checklist* (Gawande), 106
checklists, 106-7
Chugh, Dolly, 132, 139
Cialdini, Bob, 161
ciência comportamental, 17, 104-5, 112, 116, 127, 149
"cigarra e a formiga, A" (Esopo), 110
cintos de segurança, 92-3
círculo mágico, 58, 61
Cisco, 57
Clear, James, 117
colonoscopia, 103
comprometimento, dispositivos de, 104; duros, 78; fracionados, 80, 167; monetários, 72-6, 78, 80; promessas, 76-80, 101; responsabilização social como, 169-70; restrições autoimpostas, 66-72; suaves, 76-80
conformidade e normas sociais, 153-74; efeito de falso consenso e, 159; estratégia "copiar e colar", 157-61; ética e, 163; influência tóxicas e, 163; influenciar os outros com, 161-3; marketing e, 162n; no experimento das palmas, 154-5, 168; positivas, efeitos negativos das, 164-8; previdência privada e, 157, 166-7; responsabilização, 168-72; uso para o bem, 172-3; voto e, 162, 167-70
conselhos, 134-41, 150, 160
contracepção, 128
"copiar e colar", estratégia de, 157-61
*Corcunda de Notre-Dame, O* (Hugo), 69
Corredeiras da Recuperação, 60-1
corrida, 29-30, 48, 146, 173
covid-19 (coronavírus), pandemia de, 62, 86
crenças, 143-4; dizer é acreditar, efeito, 138, 140
crise financeira de 2008, 87
Crum, Alia, 141-4
cupons, 96-7

Dai, Hengchen, 27-8, 30-1, 34-8, 41, 72
Dantzig, George, 144
Darwin, Charles, 115n
De Barriga para Cima, campanha, 25-6
defaults, 112-3, 118, 120, 128
deixas, planejamento com base em, 93-8, 104-7
dentes: escovação, 118, 129; fio dental, 94, 96, 119, 129
dependência de drogas, 122
Diaz, Guillermo, 77n
dietas *ver* hábitos alimentares e dietas
dinheiro, como dispositivo de comprometimento, 72-6, 78, 80
dispositivos de comprometimento monetário, 72-6, 78, 80
dissonância cognitiva, 78-9, 102, 138
DIU, 128n
diversão, 48-9, 68, 104, 170; abordagem Mary Poppins, 46, 49, 62; círculo mágico e, 58, 61; gamificação, 56-61; obrigatória, 59; trabalho e, 54-9
dizer é acreditar, efeito, 138, 140
doações, 73, 172

Doctor, Jason, 77n
dourar a pílula (abordagem Mary Poppins), 46, 49, 61-2
Dream Theater, 139
Duckworth, Angela, 9-12, 104-5, 118, 137, 158-60, 175-7
Duhigg, Charles, 117
Dweck, Carol, 148

Ebbinghaus, Hermann, 90, 93, 95
economia comportamental, 18, 81, 119, 150
eficiência, 111
Eskreis-Winkler, Lauren, 134-41, 150
eleições: Colégio Eleitoral nas, 88; presidenciais dos Estados Unidos em 2008, 87-8, 98-9; *ver também* voto
elogios, 151
*Em busca do tempo perdido* (Proust), 96
emergências, margem para, 146-7
emoções, 143
empolgação, 142
empurrãozinho, 18, 112, 119
energia, uso de, 167, 170-1, 177
engenharia, 20, 45, 50
Esopo, 110
espacial, programa, 104
esquecimento, 86-108, 177; checklists e, 107; dispositivos mnemônicos e, 98; gatilhos de planejamento e, 98-103, 106; memorização e, 95-7; número de objetivos e, 106; padrão de degradação exponencial no, 90, 93; palácios da lembrança e, 97; planejamento com base em deixas e, 93-8, 104-7; sistemas de lembretes e, 91-3; vacina contra a gripe e, 26, 86, 89, 101-3, 113; voto e *ver* voto
estereótipos, 151
Estocolmo, estação de metrô de Odenplan, 44-5, 48
estresse, 143n
Evive Health, 86, 91, 101-3, 107
exercícios, 19, 45n, 46-8, 50, 53-4, 95, 113, 129, 167, 179; audiolivros e, 51-4, 72; autoconfiança e, 135; camareiras de hotel e, 141-4; conselhos e, 138; corrida, 29-30, 48, 146, 173; estratégia de "copiar e colar" e, 160; experimento da 24 Hour Fitness, 53, 175, 178; gamificação e, 61; monitoramento de, 127; uso de academias, 30, 34, 46-7, 50-3, 62, 78, 95, 117, 119-20, 123-4, 129, 170, 180
expectativas, 141-5

Facebook, 162
falso consenso, efeito, 159
Farmer's Dog, The, 61
Festinger, Leon, 78
Filipinas, 64-5; Green Bank nas, 64-5, 67-8, 70, 80-1
Fischbach, Ayelet, 48-9
fisiologia, efeito das crenças na, 143
flexibilidade, 66-9, 147; gerenciamento de funcionários e, 82-3; tolerância para emergências, 146-7
força de vontade *ver* autocontrole e força de vontade
Fox, Craig, 77n
fracasso, 127; recuperação após, 145-9
Franklin, Benjamin, 126-7
Friedberg, Mark, 77n
funcionários: benefícios e programas para, 24, 119, 123-5, 172; gerenciamento de, 61, 82-3, 140

"galinha ruiva, A", 110
Galla, Brian, 118
Gallus, Jana, 54-7
gamificação, 56-61
gatilhos, planejamento de, 98-103, 106
Gawande, Atul, 106
General Electric (GE), 145
Gerber, Alan, 168
gerentes, 61, 83, 140
Gigerty, Mary Kay, 65n
Gilbert, Brad, 14-7, 20-1, 179
Goldberg, Jordan, 72
Goldstein, Noah, 77n, 161
golfe, 146n

Gollwitzer, Peter, 94-6, 98
Google, 19, 23, 27, 34, 38, 40, 111; gerador de momentos criado na, 40; projeto de escritórios na, 61; uso de academias por funcionários na, 119, 123-5; uso de benefícios para funcionários no, 24
Gore, Al, 88
gratificação instantânea, 46, 62; gamificação e, 56-61; implementação (planejamento com base em deixas), 93-8, 104-7; intenções, 89; retardada, 49; *ver também* esquecimento; preguiça
Green Bank, 64-5, 67-8, 70, 80-1
Green, Donald, 168
Greene, David, 159
gripe, vacina contra a, 26, 86-7, 89, 101-3, 113
Griskevicius, Vladas, 161
Gromet, Dena, 137
grupos estigmatizados, 149

hábitos, 114-9; acoplagem de, 129; elásticos, 119-26, 147; familiaridade e, 123; flexibilidade e, 120-1, 124-6; instintos versus, 115n; preguiça e, 114-26; rigidez e, 125
hábitos alimentares e dietas, 19, 26, 32, 39, 47-8, 50, 62, 69, 113, 119, 120; autoconfiança e, 135; conselhos e, 138; efeito que se dane e, 145; Herrera e, 79, 178; Vigilantes do Peso e, 147n
*Hábitos atômicos* (Clear), 117
Harrison, Scott, 28
Hasselhoff, David, 41
heroína, 122
Herrera, Karen, 79, 178
Holocausto, 163
Honeywell, Steve, 109-10
hormônios, 143n
hotel: camareiras de, 141-4; toalhas de, 161-2
House, Pamela, 159
Hugo, Victor, 68
Huizinga, Johan, 58n

implementação, intenções de (planejamento com base em deixas), 93-8, 104-7
impulsividade, 44-63, 68, 83; abordagem Mary Poppins (dourar a pílula), 46, 49, 62; gamificação e, 56-61; restrições autoimpostas e, 66-72; sofisticados versus ingênuos e, 81, 83; tornar o trabalho divertido e, 54-9, 61-2; viés do presente e, 45, 48, 55; *ver também* tentação
imunização *ver* vacinas
ingênuos versus sofisticados, 81, 83
institutos nacionais de saúde (EUA), 25
Issenberg, Sasha, 100n

jogos de azar, 69
*Jogue para vencer* (Gilbert), 14
julgamento sobre os outros, 151

Kahneman, Daniel, 150
Karlan, Dean, 64, 67, 70
Kennedy, John F., 104
Kesting, Stephen, 114-6
Kirgios, Erika, 53n
Knight, Tara, 77n

Langer, Ellen, 141-2, 144
Larimer, Christopher, 168
Lee, Sunny, 123n
lembretes, sistemas de, 91-3
levantamento de fundos, 172
liberdade, 18, 66-70, 74, 78, 83; *ver também* flexibilidade
Linder, Jeffrey, 77n
Londres, metrô de, 33
lua, ida à, 104

Major League Baseball (MLB), 34-6
Mangini, Mike, 138
Mary Poppins, abordagem (dourar a pílula), 46, 49, 61-2
Massachusetts Institute of Technology (MIT), 66-7, 71
McCain, John, 87

medicamentos, 83, 121, 123, 176, 179; antibióticos, 76-7, 83; anticoncepcionais, 128; comprimidos inócuos e, 142; de marca e genéricos, 110, 112
médicos, 76-8, 83, 176, 179; receitas de medicamentos de marca versus genéricos por, 110, 112
meditação, 125
Meeker, Daniella, 77*n*
Mehr, Katie, 159
memória: checklists e, 107; deixas e, 95; dispositivos mnemônicos e, 98; memorização e, 95-7; palácios da memória e, 97; *ver também* esquecimento
mentalidade de olho no prêmio, 47
mentores, 131-4, 140, 144, 172
Microsoft, 57
milênio, 29
milkshake, experimento do, 143
mindset: de crescimento, 148; fixo, 148, 151
Minson, Julia, 51*n*
Mislavsky, Rob, 123*n*
Mollick, Ethan, 57-9
Moment, aplicativo, 69
monitoramento de evolução, 127
Montreal Expos, 36
morte: prematura, causas de, 19, 20, 45*n*; problemas de saúde, 31-2; síndrome da morte súbita infantil, 24-6
motivação, 143
*Motivation Hacker, The* (Winter), 74
motoristas, e cintos de segurança, 92-3
mudança: conhecer o adversário e, 15, 17-8, 20-1, 179; duradoura, 175-80
mudança de carreira, 32
mudança de casa, 32
Munique, 93-4

Nasa, 104
Nickerson, David, 99
normas sociais *ver* conformidade e normas sociais

Obama, Barack, 87
obesidade, 25
objetivos: como meios para um fim maior, 180; fracionamento, 79, 167; número de, 106; sob medida, 180
Odenplan, estação de metrô em Estocolmo, 44-5, 48
*Odisseia* (Homero), 68
Opower, 177-8
órgãos, doadores de, 113*n*
orientadores de alojamento, 157-8
*origem das espécies, A* (Darwin), 115*n*

palmas, experimento das, 154-5, 168
Papai Noel, 169
pares, 156; *ver também* conformidade e normas sociais
Pass, Bob, 31-2
passagens aéreas, 67
Patel, Mitesh, 109-10, 112
penalidades, 82; duras, 78; prazos e, 66-8, 71, 78, 82; suaves, 78-9
Pension Protection Act (lei dos Estados Unidos), 113*n*
perfeccionismo, 14
*Person You Mean to Be, The* (Chugh), 132*n*
perturbações, 36-7, 42, 53
piloto automático, 116, 118-9
pipoca, experimento da, 121-3
planejamento, 104; com base em deixas, 93-8, 104-7; gatilhos e, 98-103, 106; para coisas em excesso, 106
*Poder do hábito, O* (Duhigg), 117
pólio, vacina contra a, 47
pombos, 116-7, 121
Pottruck Fitness Center, 51-3
poupança, 37-40, 64-5, 67, 69, 80, 120; cofrinhos e, 69; contas bancárias bloqueadas e, 65-8, 70, 78, 80-2; defaults e, 113; influência social e, 157, 166-7; intenção de implementação para, 94; lembretes para, 91; previdência social e, 82

prazos, 67, 71, 83; autoimpostos, 66-72; penalidades e, 66-8, 71, 78, 82
preguiça, 89, 109-30, 177; caminho de menor resistência na, 110-2, 119, 129; como vantagem, 112; defaults e, 112-4, 118, 120, 128; eficiência e, 111; hábitos e, 114-26; piloto automático e, 116, 118-9; sistemas de ver e esquecer e, 112-4, 118, 120, 128
presente, viés do, 45, 48, 55; *ver também* impulsividade; procrastinação
previdência privada *ver* poupança
previdência social, 82
procrastinação, 17, 49, 64-85; comprometimentos suaves e, 76-80; dispositivos de comprometimento monetário e, 72-6; em trabalhos de classe, 66-8; lidando com a, 66-8; restrições autoimpostas e, 66-72; *ver também* prazos
promessas, 76-80, 101
Proust, Marcel, 96

que se dane, efeito, 145-6, 167

Rai, Aneesh, 79
ratos, 116-7, 121-2
reabilitação, programas de, 59-61
recomeços, 27-42, 48, 123n; aniversários e, 30-1, 40, 42; busca de oportunidades para, 41-2; datas e calendários nos, 38-42; desvantagem dos, 34-7; jogadores de beisebol e, 34-7; percepção temporal em capítulos e, 28-9, 32; perturbadores, 36, 42, 53; resoluções de Ano Novo, 27-31, 41-2, 48, 89; sensação dos, 27; transições físicas e, 32-3, 42
*Regras do jogo* (Zimmerman e Salen), 58n
relacionamentos, 32
remédios, receitas de, *ver* medicamentos
resetar *ver* recomeços
responsabilização, 168-72
restaurantes, 25, 67
restrições: autoimpostas, 66-72; duras, 78; suaves, 78
*Rhetorica ad Herennium*, 97

Riis, Jason, 27-8, 30-1, 33, 38, 41, 72
Rogers, Todd, 88-9, 91, 93, 95-6, 98-103, 105-6
Ross, Lee, 159
Rothbard, Nancy, 57-9
Rothfeld, Alan, 77n
rótulos autodescritivos, 28
Rubin, Yonata, 91

Salen, Katie, 58n
Saltalamacchia, Jarrod, 36
SAP, 57
Schelling, Thomas, 69
Seattle Seahawks, 145
Seinfeld, Jerry, 127
sereias, 68
Setty, Prasad, 23-4, 26-7, 38, 40
Sharif, Marissa, 146, 148
Sherman, Bob e Richard, 46
Sigurdsson, Sigurdur, 91
Simon, Herbert, 111
Skinner, B. F., 116-7, 121
smartphones e uso de mídias sociais, 69, 75, 83, 113, 116, 167
sofisticados versus ingênuos, 81, 83
Srivastava, Prashant, 86-7, 89, 101-3, 107
startups, 19
Steele, Claude, 149
Stich, Michael, 16
stickK, 30, 72, 81
Strahl, Nancy, 59-61
Strotz, Robert, 69
sucesso, 127
Sunstein, Cass, 18
Super Bowl, 145

tabagismo, 19, 26, 29, 75, 78
tábua rasa *ver* recomeços
teletrabalho, 62
tempo, gerenciamento de, 67
tempo, percepção do, em capítulos, 28-9, 32
tênis, 17, 32n, 125, 179; Agassi e o, 13-7, 20-1, 179; Gilbert e o, 14-7, 20-1, 179; Pass e o, 31-2

tentações, 48, 62, 68, 82, 177; agrupamento de, 49-54; efeito que se dane e, 145; gerenciamento de funcionários e, 82-3; procrastinação e *ver* procrastinação; restrições autoimpostas e, 66-72; *ver também* impulsividade
teoria econômica, 27, 33, 55, 66-8, 71, 74
Texas A&M, 33-4
Texas Rangers, 36
Thaler, Richard, 18, 69
*Thirst* (Harrison), 28
Thomas, Lloyd, 104-5
trabalho, como transformar em diversão, 54-9, 62
treinadores, 145

Universidade da Pensilvânia, 51, 109, 112, 126
Universidade de Munique, 93-4
US Open, 15-6, 21
USA Today, 13

vacinas, 26, 91, 107; contra a gripe, 26, 86-7, 89, 101-3, 113; contra a pólio, 47
vegetarianismo, 158-60, 173
vendedores, 57-8
ver e esquecer, sistemas de, 112-4, 118, 120, 128

*Victory Lab, The* (Issenberg), 100n
Vigilantes do Peso, 147n
Volkswagen, 44-5
Volpp, Kevin, 51n, 176-8
voluntariado, 79, 167
voto, 93, 95, 105-7; influência social e, 162, 167-70
voto, 88-91, 98-102

Walmart, 19
Welch, Jack, 145
Wertenbroch, Klaus, 66, 71, 82
Wikipédia, 55-7
Winter, Nick, 73-4
Wisdom, Jessica, 123n
Wood, Wendy, 121-2
Wooley, Kaitlin, 48-9

Yeager, David, 148
Yin, Wesley, 64-7
Yukon Arctic Ultra, 30

Zahab, Ray, 29-30, 42
Zappos, 62
Zimmerman, Eric, 58n

ESTA OBRA FOI COMPOSTA PELA ABREU'S SYSTEM EM INES LIGHT
E IMPRESSA EM OFSETE PELA LIS GRÁFICA SOBRE PAPEL PÓLEN SOFT
DA SUZANO S.A. PARA A EDITORA SCHWARCZ EM MARÇO DE 2022

A marca FSC® é a garantia de que a madeira utilizada na fabricação do papel deste livro provém de florestas que foram gerenciadas de maneira ambientalmente correta, socialmente justa e economicamente viável, além de outras fontes de origem controlada.